U0165608

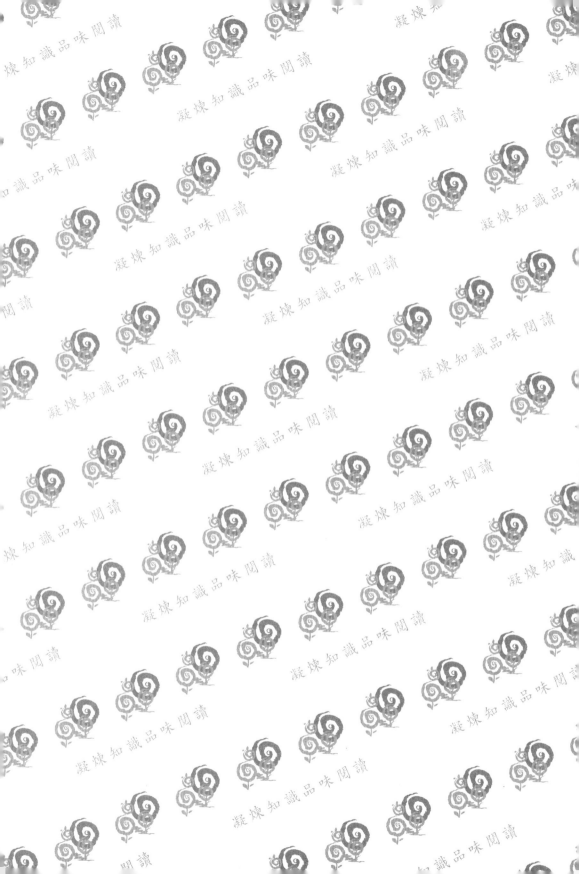

序《國局與世變》叢書

二十世紀的序幕是從革命開始的。在中國,在俄國,在亞洲,在歐洲,以破壞為手段的革命主義者,與舊制度(Old regimes)維護者做激烈的戰鬥。另一方面,這個經歷革命的世代,也迎接並見證了他們心目中的「新世紀」的降臨——現代性;而革命破壞與捍衛舊制這兩股勢力的辯證性開展,書寫了波瀾壯闊的歷史詩篇。

這個歷史詩篇的高潮,無疑是1914年至1918年之間的第一次世界大戰。如所周知,這場為時四載的大戰深遠地改變了世界的面貌。在政治上,它具體表現在幾個著名傳統帝國的解體:俄羅斯帝國、日耳曼帝國、奧匈帝國,與土耳其的鄂圖曼帝國。另外,世界上出現第一個以標榜無產階級專政為號召的共產主義國家——蘇俄。在經濟上,美國經濟規模超過英國,成為世界第一;英國因為巨大戰爭開支而黃金外流,最終英鎊遭到擠兌而無法兌換黃金,美元逐逐漸取代了英鎊的霸權。

二戰與近代世界秩序的確立

一戰雖然給世界帶來深遠改變,但並沒有在實質意義上為世界秩序定下格局;從1939年開打到1945年結束的六年二戰,才是近代世界秩序確立的關鍵。

在二戰尾聲的1945年2月,美、英、蘇三國領導人羅斯福、邱吉爾、史達林在寒冷的蘇聯雅爾達舉行會議,安排禍首納粹德國未來的國土分配,與戰後國際秩序的架構。雅爾達會議很不幸地未能重建一個和平的世界秩序,而是迅速在東歐出現了所謂的「鐵幕」(Iron Curtain);最具體形象,自然是象徵區隔自由與專制兩個世界的柏林圍牆。在此一日後被稱之為雅爾達體系(或雅爾達—波茨坦體系The Yalta-Potsdam System)中,世界格局以美國和蘇聯兩極為中心;兩強以鬥而不破的冷戰形式,各自宣揚其自由民主與極權專制的價值觀,並於全球範圍內進行霸權的爭奪。

冷戰形式作為世界秩序運作的基調，劃分了兩個對立的世界陣營；由於它穩固而長期存在的情況，而且兩大陣營也在消極意義裡於經濟上或文化上或甚至政治上持續交流，這讓世上大多數人默認與接受這種國際體系現象。

蘇聯解體、冷戰結束、美國獨霸

歷史的拐點出現在約半個世紀之後，其代表事件是1980年代後期的東歐民主運動——所謂的「蘇東波浪潮」（1988～1993）。

在這波驚心動魄的東歐民主化運動中，無疑以1991年年底蘇聯解體為最高潮；在美、蘇兩大巨頭雷根與戈巴契夫的攜手合作下，結束了世界長達半個世紀的「冷戰」對峙格局，雅爾達體系劃下句點，而立國69年的蘇聯，也從此灰飛煙滅成了歷史。立陶宛於蘇聯解體前一年的1990年3月率先宣布獨立，於是其他14個加盟共和國鑒於過往的集體主義與極權主義的痛苦經驗也就紛紛效法，這樣俄國在極短時期內便失去了約1/4的土地，與1/2的人口（約1.5億人）。俄國作為與美國長期對峙的超級強權，其國內生產總值（GDP）在1979年排名第二，1990年次於日本排名第三，到了1992年蘇聯解體後，竟然已經遠遠落後中國、日本、南韓、臺灣與印度等等這些亞洲國家，成為第33名，國力退步極為嚴重。在政治意義上，由於作為主權國家的蘇聯已經不復存在，國際體系因此進入新的重組。

與此同時，美國領導的由35個國家組成的聯軍和伊拉克之間發生的一場二戰以來最大的局部戰爭之一——1990年至1991年間的波灣戰爭（Persian Gulf War），獲得了空前的勝利。伊拉克最終接受聯合國安理會決議，並從科威特撤軍。這個展現當代各種新式高科技武器（例如精確導引武器PGM，precision-guided munition）的聯合軍事行動，確認了美國卓越的領袖地位，這樣的成績讓她成為冷戰結束後世界唯一霸權（sole superpower）的角色，已經無庸置疑。職是之故，整個世界局勢至此進入了一個全新階段。

中國的歷史機遇與崛起

就在1991年年底蘇聯解體時刻，經歷1989年六四天安門事件而受到西方制裁的共產中國，獲得了美國終止經濟制裁的機遇。於此一期間，在已經退位的政治強人、88歲高齡的鄧小平的強力主導下，中國從1992年起正式宣告了市場經濟導向的「改革開放」（對內改革，對外開放）為國家最高指導政策，主張效法亞洲四小龍發展經驗，強調以生產力為基礎的發展觀。

「改革開放」政策是鄧小平在文革結束後的1978年底所提出的國家發展策略，但是一直受到保守派的質疑與挑戰，1989年六四事件帶來的國內衝擊與國際騷動，更是對鄧小平開放政策的直接打擊。但是從1990年上海證券交易所、深圳證券交易所相繼成立，中國大陸資本市場誕生來看，鄧小平推動的「實事求是」開放政策，是中國國家發展的主要路線，不容置疑。

1992年1月鄧小平南巡後，「改革開放」才在鄧小平的堅實政治實力與過人的意志下，正式定位為國家政策。於是從江澤民主政時期（1993～2003）開始，經過胡錦濤時期（2003～2013），到習近平主政（2013～）的前期階段，民營企業在「改革開放」政策下因為中央鬆綁以及獲得外資注入活水而蓬勃發展，讓中國見證了百年罕見的持續一整個世代的開放紅利。統計數字具體說明此一以民企為主導的經濟發展威力：到了2020年左右，民營經濟所扮演的角色，為中國貢獻了50%以上的稅收、60%以上的GDP、70%以上的技術創新、80%以上的城鎮就業、以及90%以上的市場主體數量。必須指出的是，「改革開放」施行的市場經濟不會是放任的資本主義模式經濟。鄧小平在1985年5月就曾說過：「我們堅持社會主義，不走資本主義的邪路。」

在「改革開放」政策實踐的這段期間，中國的經濟體量與國力不斷增長，贏得全世界無數的讚嘆。代表性指標是2010年發生的兩件大事：製造業規模正式超越美國，成為世界第一；生產總值超越日本，成為全球第二。關於製造業總量，二十世紀美國有三個戰略對手：德國、俄國和日本，但這三個國家在製造業總量上都沒有超過美國，最高時也只是達到美國的70%。美國製造業在1985年觸及全球總量28%的高點後，隨

後不斷下滑。2008年世界金融海嘯危機爆發時，美國製造業產值占全球份額降至18.5%，嚴重影響了美國就業人口。另一方面，中國憑藉其廉價勞動力、土地等生產要素成本之優勢和經濟復甦，以及利用2008年西方世界的金融危機加速趕超，遂在2010年登上世界第一的寶座。

另一個更值得關注的重大事件，是中國國內生產總值（GDP）的大突破。2006年中國GDP總量超過英法，2007年超越德國成為第三大經濟體。到了2010年時，中國國內生產總值遽升至1.337兆美元，超越日本的1.288兆美元，晉身為僅次於美國（3.522兆美元）的全球第二大經濟體。《紐約時報》將這一超越稱為中國國力增強的「里程碑」。中國這種大型經濟體的高速經濟成長趨勢到了2020年，其經濟規模甚至來到了世界霸主美國經濟規模的70%（中國站到上世紀末日本經濟巔峰時期的相似位置）。很多經濟學家因此預測，大約在2030年左右，中國的經濟總量會超過美國，成為世界第一大經濟體。

在此一共產主義國家的經濟奇蹟下，富強理想已經不再是空中樓閣，道路自信，理論自信，制度自信，文化自信等所謂的「四個自信」，成了中國菁英們追求所謂「大目標」的重要動力。但是另一方面，「黃禍」意義的「中國威脅論」也逐漸引起西方的關注，尤其是作為西方領袖的美國。

中國威脅：圍堵或交往

關於「中國威脅論」，美國在1990年代中期，有一場對華政策的大辯論，辯論的主題是對於當下走市場經濟路線的共產中國，美國的策略是什麼？是繼續採取冷戰時期的「圍堵主義」（Containment）？還是改走「交往主義」（Engagement）？辯論結果是兩派主張各有利弊，最後選擇了折衷主義的所謂「圍堵／交往主義」（Congagement），即是既有圍堵也有接觸，或者更正確的說，「圍堵為體，交往為用」。

美國的中國論述受到幾個時代思潮的影響：1940年代冷戰兩極對抗結構、五〇年代麥卡錫主義（McCarthyism）極右意識形態、六〇年代反帝國主義、反越戰浪潮、七〇年代中美建交的和解，八〇年代中國施行「改革開放」政策改走市場經濟的影響，九〇年代蘇聯解體後的效

應，以及2018年起的中美貿易戰，兩國關係嚴重惡化，冷戰再起發展。

大體而言，冷戰之後的西方對於中國的發展，基本上有四種主要論述：崛起論、崩潰論、演變論與威脅論。

崛起論

崛起論認為進入二十一世紀，中國國際地位到達十九世紀初以來的巔峰。蘇聯解體和隨之而來的俄羅斯混亂、歐洲各國相對衰落，以及日本的經濟失衡與軍事力量的限制，這些提供中國有利的崛起條件。在習近平時期的戰狼外交出現之前，胡錦濤和溫家寶等第四代中國領導人的外交政策，也常常用中國「和平崛起」的說法，視「和平崛起論」為該階段的中國大戰略。

崩潰論

至於崩潰論，它基本上可以區分為兩類：積極論與溫和論。積極崩潰論宣稱，改革開放後的中國勢力已經達到最高峰、將會下滑；國企虧損、金融呆帳、財政惡化與貪汙蔓延，導致中國債務每年以15%或20%、甚至更高的速度在成長，中國的債務危機一定會發生，計劃經濟模式已經耗盡了力量，終將屈服於市場經濟。另一方面，中國現在正失去對周邊的控制，而且與周邊地區交惡，爆發嚴重武裝衝突的「大戰區」（Great War Zone）的機率大增。積極崩潰論另外有一個從體制角度出發的版本，主張中共的政治體制已經沒有出路，成了一種黑幫組織，黑幫老大憑著掌握著刀靶子與槍桿子捏住體制本身，使9000萬黨員淪為奴隸和個人使用的工具。

溫和崩潰論認為，中國在改革開放後產生數種危機，有錢權交易的貪腐肆虐、所得分配上貧富懸殊、農工階層地位邊緣化擴大、社會道德倫理淪喪、以及自然生態環境嚴重破壞等等。由於中國政府極權、壟斷媒體，缺乏言論自由，這些危機因為無法獲得彰顯與獲得適當控制，終將爆發並帶來社會崩潰。雖然中國即將因為這些危機而不可避免地進入「拉丁美洲化」狀態，但是他們卻指出，中共政權不會在短期內崩潰，因此這一派理論又可稱為「潰而不崩論」。

演變論

　　演變論是一種相對溫和的看法。在歸類上，它也可以算是崩潰論的範疇。演變論觀點很分歧，大體而言有兩類：內部瓦解論與世俗化論。前者的代表性說法是，封閉性的極權共產主義社會，在與開放體系的自由民主社會接觸後，會由量變轉化為質變，造成在內部瓦解。美國國務卿杜勒斯（John Foster Dulles）在1956年蘇共二十大和「波匈事件」發生後，公開宣稱美國的政策是促進蘇聯、東歐和中國等社會主義國家的自由化，將希望寄託在共產黨的第三、第四代人身上，堅信共產主義將會從內部瓦解。

　　至於世俗化論方面，它認為中國在進入自由國際體系後（例如1971年的加入聯合國與聯合國安全理事會，1972年的加入WHO世界衛生組織，1979年的加入IOC國際奧委會，2001年的加入WTO世貿組織等等），必須與西方遵守國際社會的遊戲規則，與西方互補合作，良性競爭，最終消解其以鬥爭為綱的集體主義意識形態。2016年美國經濟史學者提出了一個浪漫的概念「中美國」（Chimerica），用以描述當時中美互相依存的共生關係（the symbiotic relationship），也可以歸類在這個世俗化論範疇。

威脅論

　　至於威脅論，它是一種非常廣泛的說法，以上所談的三種關於冷戰後中國的論述：崛起論、崩潰論、演變論，廣義而言，在不同程度上都帶有威脅論的意思。因此就相對狹義的論點來說，中國威脅論主要還是指在2010年中國成為第二大經濟體與成為世界第一大製造業國之後，特別是在2012年習近平出任黨總書記與2013年擔任國家主席後所推動的一系列措施及其反彈。

　　習近平推出的諸多措施及其反彈，包括有：2012提出民族主義概念的「實現中華民族偉大復興中國夢」的治國策略，以及該年爆發的南海主權爭議，2014年香港爆發激烈反中、爭取真普選的公民抗命運動「雨傘革命」，2015年起大力推動境外的「一帶一路」造成相關弱勢國家的

債務陷阱，2016年起推動個人崇拜與集權、同年共機開始頻繁繞臺文攻武嚇臺灣，2018年修憲將國家主席改為終身制、與同年爆發中美貿易戰。到了2019年爭議更多。首先是武漢爆發肺炎，隨後迅速擴散至世界各地，逐漸變成一場全球性大瘟疫。其次是批評臺灣抗拒統一的發言：「制度不同，不是統一的障礙，更不是分裂的藉口」。另外是香港爆發「反送中運動」（抗議損害港人在「一國兩制」及《基本法》下所列明的獨立司法管轄權地位）。其他還有國內人權狀況惡化。進入2022年後，則是積極增加海軍軍艦特別是航母數量，為全球最大的海軍，以及與侵略烏克蘭的俄羅斯親密地站在同一陣線等等。

中國威脅論的論點很多很雜，簡約而言，主要論點有積極建軍、窮兵黷武；在國際組織中威脅利誘非洲、中南美洲等弱小國家，在國際組織中以優勢票數杯葛西方民主國家；在地緣政治方面的動作是積極擴張軍事實力，造成區域緊張；「以疫謀霸」——在世界各地大剌剌搜刮各類資源與糧食、併購有價值的科技公司；在國內裡侵犯人權（尤其是新疆種族滅絕指控）等等。

「東升西降論」與民族主義

經濟力與軍事力崛起的中國，在習近平主政時期展現出與西方一較長短的氣魄——「東升西降論」。習近平東升西降論的現實實踐，是他2012年11月提出的「實現中華民族偉大復興中國夢」治國理念。外界一般將其核心目標概括為「兩個一百年」，即在2021年中共建黨百年到2049年中共建政百年時，在全面建成小康社會基礎上，全面建設社會主義現代化國家，最終則是實現「中華民族的偉大復興」。這個官方的格局弘大的宣示，其底氣主要還是來自迅速累積的經濟實力與不斷推升的科技、軍事能力。

東升西降論作為一個大國的進取發展策略，其意識形態的動力是一種的反西方的民族主義，它在國家發展戰略上，與鄧小平1992年的帶有審慎意識特徵的「韜光養晦主義」發展路線相左。必須指出的是，具有西方批判性與攻擊性質的民族主義，在習近平上臺前已經在中國大陸開

始出現。最典型的例子是1996夏出版的《中國可以說不 —— 冷戰後時代的政治與情感抉擇》一書。所謂「中國可以說不」，其真正的意思就是「中國可以對美國說不」，特別是針對美國的「中國遏制論」而發，儘管書中的反日情緒也是十分高漲。

　　這本由從未跨出國門的五位30餘歲文質彬彬書生撰稿的，標誌著九〇年代鮮明反美的中國民族主義情緒升溫的書籍，創下號稱300萬冊銷售量的成績，引起西方的注意並先後被譯成數種外語。書中批判了所謂的「孽債累累的美利堅合眾國」，宣稱她勢必面臨一場世紀末式的總清算，並且還挾洋自重地引用英國歷史學湯恩比（Arnold J. Toynbee）的論點說：「中國將是世界的希望」。在反美方面，臺灣問題是本書著墨的焦點之一，對美國派遣航母到臺海周邊維持和平，作者們視為對中國的凌迫，說「全世界的危險勢力每時每刻都在引導臺灣的偏航」。他們選擇回到1900年夏義和團的氛圍，呼籲中國青年要有民族自豪感 ——「要準備打仗」，要大家認真考慮：小打不如大打，晚打不如早打。並且警告美國說：將來若有那麼一天，美國人在臺灣問題上逼迫我們再奉陪一次，那麼華盛頓就要準備建造一座更大更寬的陣亡軍人牆，預備刻上更多的美國青年的名字。整體而言，這本獲得官方新華社、中新社發稿介紹、江澤民贊同的民粹主義風格的民族主義書籍，對造成納粹猶太人大屠殺（the Holocaust）式的中華民族千年罕見大浩劫 —— 文革，以及對人權與人性尊嚴史無前例集體踐踏與大破壞的各類政治運動，隻字未提，沒有做出任何的反省。但這幾位愛國主義熱血青年卻堅信：「世界上一切的和平進步，無一不得惠於中國的功德」。

　　這一年還有另外一部強烈民族主義的反美作品《中美較量大寫真》，它是中共建國以來，首次以暢銷書形式對中美衝突做詳盡論述的作品。本書採用紀實體文學手法，從批判「中國威脅論」出發，控訴美帝明裡暗裡再度祭出冷戰時期的「遏制政策」，來達到最終阻止中國發展與現代化的目的。它從五〇年代的韓戰開始，一直寫到1995年10月美國總統柯林頓與中共總書記江澤民在紐約的會面，敘述中美之間長達半世紀的衝突，而臺灣問題則是其中關鍵因素。寫此書的目的，根據作者，是要讓中國人民看看，美國是怎樣不斷變幻手法，製造麻煩，向中

國施加強大壓力。至於貫穿全書精神的則是：落後就要挨人欺負，我們必須發展強大。

值得注意的是，1996年是兩岸爆發嚴重衝突的一年。這年3月臺灣舉辦第一次總統直接選舉。大選前夕，中共對基隆及高雄外海發射飛彈。中華民國國軍以及所屬飛彈部隊隨即進入最高警戒狀態。美國也馬上派遣兩艘航空母艦到臺灣附近海域，並進行大規模的海空聯合演習。另一方面，解放軍海軍潛艇部隊也緊急全部出海抗衡。臺海進入臨戰狀態，各國準備在臺撤僑。

與《中國可以說不》互相輝映的民族主義作品，是十三年後於2009年（中國成為世界第二大經濟體前夕）出版的另一本暢銷書《中國不高興》。它開宗明義地說：《中國可以說不》是中國只想領導自己；《中國不高興》則是中國有能力領導世界。《中國不高興》的作者主張在外交上，要與西方有條件的決裂；在大目標上，要告別晦氣重重的歷史悲情，告別自我矮化的精神歷史，成為英雄國家，為世界除暴安良。值得一提的是，九〇年代後出現的極端民族主義，在現實中的對照是2012年出現的那句名言：「反美是工作，留美是生活」。至於政商兩棲，號稱愛國藝人者在國內賺足眼球，也賺足財富，最後選擇將金錢轉移美國，享受自由人生，這種案例也是不勝枚舉。

另外必須指出的是，晚清之前的中國世界觀，是一種具有包容性的以儒家德性倫理為基礎的天下主義；傳統上中國並沒有國家主義或民族主義的概念。來自西方的民族主義成為近代中國富強觀念的重要論述，是在清末若干流亡海外（特別是日本）的菁英，如國民黨前身的同盟會革命派人士，與維新變法派支持者如梁啟超等開始傳播開來的。在當時的歷史格局裡，來自日文的民族主義這一個詞彙，主要是作為喚起民眾的救亡工具。它首先是用來反對滿洲人在中國的統治（排滿主義），這是近代中國關於民族主義的第一義。第二義則是反帝，反對帝國主義對中國的主權侵犯以及與中國訂定的不平等條約。在精神上，無論是廣義或狹義的民族主義，它作為批判性的、抵抗意義的特色，與1990年代以後崛起的排他性、攻擊性的中國民族主義，有非常明顯的區別。

小結：修昔底德陷阱不可避免嗎？

二〇一〇年代從中國內部蔓延開來的「東升西降論」，不僅僅是靜態的自我期許，而是動態的擴張主義，它直接挑戰了二戰結束以來的冷戰國際體系，特別是挑戰了維持國際體系的世界霸主美國。如此一來，這就進入了所謂的「修昔底德陷阱」（Thucydides Trap）：新崛起的強權挑戰當下的霸主地位，必定爆發武力衝突。

美國總統川普主政時期的智囊、鷹派政治人物曾經指出，美國歷史上有過三次重大危機：獨立革命，內戰，和一九三〇年代的「經濟大蕭條」；但當下的美國正在經歷第四次重大危機——「修昔底德陷阱」。他認為美國前三次重大危機無一不以戰爭結束，至於這一次，爆發大規模衝突以解決危機，也將是不可避免的。

環視當下時空，2022年春俄國領導人普丁武力入侵烏克蘭，造成數百萬無辜百姓在寒冬裡流離失所。此舉不僅引起了俄羅斯周邊國家的警惕，紛紛從之前的中立角色，向歐盟靠攏；另一方面，這個戰爭也給原本各行其是的歐洲國家帶來大團結的效應，以各種資源支持烏克蘭，造成俄國意外的挫敗。而在此前中國領導人宣稱與俄國的「友好關係無上限」，不願在國際上表態譴責俄國的侵略行為，在私底下甚至還藉機大量收購俄羅斯的廉價能源，與世界主流的杯葛犯罪加害者的人道主義做法背道而馳，更讓世人對中國的曖昧態度起疑，將中俄視為「邪惡軸心」。2022年夏北約（NATO）在馬德里召開的會議中，控訴俄羅斯為當代世界「最重大與直接的威脅」，而且史無前例地將遠在天邊的中國定位為潛在敵人，宣稱中國「系統性挑戰」（systemic challenges）北約的安全、利益，與價值。

當下，人類的物質技術已經發展到移民火星不是夢想的時刻，但現實裡我們比過去任何時候都接近第三次世界大戰的危機中——瘟疫橫行，戰爭爆發，經濟衰退。2020年初以來從武漢爆發開來的冠狀病毒，肆虐全球，世界死亡人數已經超過570萬，至今仍未熄滅。於此同時，俄羅斯在2022年春入侵烏克蘭，爆發二戰以來最大的戰爭型態之一，至今這兩個同文同種的民族仍在廝殺當中，雙方傷亡人數不斷增加。對於

此刻仍在螺旋升高的種種重大危機，政治菁英們與學者專家是否有足夠的智慧去拆除引信，目前事實上還看不到可以樂觀以待的契機。

　　一年多前我受到相交多年的前輩好友、資深出版人五南文化圖書公司楊榮川董事長的親睞，邀我策劃一套叢書。基於知識份子的使命感，將這套叢書訂名為《國局與世變》，希望透過海內外這些資深學者專家的無私奉獻，能在混沌的世局裡點起一盞智慧的明燈。如果這些思辨能夠為世界帶來和平，為世人帶來幸福，那也就不枉費楊董事長的託付了。

丘為君
2022/7/5

「普世價值」與「亞洲價值」的對決

　　余杰是臺灣中文出版界近年來出版量為數可觀、銷售量也相當驚人的作家。他撰寫的書，往往與時事相關，不過他也有志於做歷史的考察，討論他所關注人物的歷史發展，或是具有價值重估性質的重要歷史事件。《小國巨人：李登輝與李光耀》，是余杰在2024年要推出的新著，非常高興有機會可以事先拜讀書稿，並將我閱讀後的心得，與各位讀友們分享。

　　雖然不是專業的學術研究者，但是余杰努力閱讀、吸收相關的學術研究成果，並檢視有關史料，進而將它做普及化的工作。也就是說，余杰易於閱讀的著作，相當程度是以學術為基礎的普及作品，這本新書《小國巨人：李登輝與李光耀》也是這樣的著作。看到這本書的目錄，就發現余杰努力地將兩個人共同擁有的歷史背景，或是不同的價值走向，透過章節結構的串聯，成為一本相當吸引人的著作。首先，他透過「國族與價值認同的轉換和調適」這個主題，思考李登輝跟李光耀兩個血緣都是客家人，而且曾經都是左派，在政治路線選擇的歧異。如我們所熟知的，李光耀強調的是「亞洲的價值」，而李登輝強調「普世價值」，此一主題正突顯他們兩個所追尋的道路，也就是自由、民主、人權的「普世價值」與以「亞洲價值」為名，壓制自由民主人權價值的路線。

　　他們都曾歷經日本的統治，而且都曾經在日本部隊服務，他們所認識的日本又有什麼不一樣，因而有了「日治時代的愛與恨」這個章節。李光耀和李登輝都曾經留學歐美，李光耀留學英國，而李登輝留學美國，在留學的過程中，對於英國或美國文化的認識，兩個人也是不同的樣態。李光耀對於工黨有相當程度的偏好，但是相對地對於英國傳統秩序與價值則未必掌握；李登輝則建立了他所認識的美國傾向，注意到美國與臺灣密切的關係。就兩個人的國家認同而言，都各自努力在他自己的國度，建構一個主權國家。李光耀所處的新加坡，從殖民地一路成為

馬來西亞聯邦的一員，進而成為「新加坡」的主權獨立過程；李登輝則是由原本「中國認同的李登輝」，再逐步走向「臺灣認同的李登輝」，面對中華人民共和國的威脅與打壓，則試圖建構「中華民國在臺灣」的「兩國論」論述。

　　而無論是新加坡或是臺灣，國家發展歷程與他們兩人參加的政黨有密切的關係。只是對李光耀而言，他參加的黨不但掌控了國家權力，也是由他一人主導的「他的黨」；而李登輝為了從政、為了他的政治理想，加入了國民黨，可是國民黨卻不是李登輝「他的黨」。因此，這也造成了李光耀與人民行動黨的關係，如膠似漆，在歷史脈絡中密不可分；而李登輝則在推動臺灣成為自由國家之後，最後黯然離開了「不是他的黨」。在統治國家的過程中，他們對於反對黨的態度也是截然不同。李光耀為了維繫他和「他的黨」的統治地位，作為威權的教父，不僅強力壓制反對黨，甚至箝制媒體發展；而李登輝固然希望國民黨的政權可以維繫，但更重要的是追求自由民主，在普世價值之下，則必然不能排斥政黨輪替的可能。

　　這兩位在華人世界受到注目的領袖，他們曾經有相當程度的互動，只是，從一開始彼此合作的樣態，由於價值理念不同——特別對中國立場的不同，終究無法成為長久的朋友。就此而言，李光耀與李登輝對於共產中國的定位是全然不同。當然，這與他們所處的環境也有密切的關係，終究新加坡透過中國有獲取更大經濟價值的可能，而臺灣則必須面對來自中華人民共和國文攻武嚇、持續的併吞威脅。這樣發展的結果，一樣是海洋國家的兩個國度，李光耀選擇與中國合作擁抱，而李登輝則必須選擇破除大一統思想，為臺灣／中華民國作為獨立於中華人民共和國之外的主權國家而努力。最後，新加坡與臺灣都曾經是亞洲四小龍的成員，問題是：新加坡與臺灣在經濟的奇蹟之下，臺灣進而推動了政治的自由民主改革，成為華人文化圈特有的成就，而這是新加坡所沒有的。究竟新加坡和臺灣的「奇蹟」，何者能夠比較持久？這也是余杰這本書關照的主題。無論如何，余杰在他的自序中已經明白表達了他的關切與立場，那就是李光耀之路是歧途，而李登輝之路才是正道。

　　這也是余杰寫作的特色，愛惡分明，勇於表現個人的選擇與立場，

將他的意見透過著作與讀友分享。在某種程度上，他試圖透過著作，將所認識、所喜好的人物或思想，在與讀友分享之餘，同時儘量發揮他的影響力。相對於迎合市場或是讀者，誠實地面對自己，積極地與讀者對話，這樣的余杰是不是更像個知識分子呢？！

臺灣國立政治大學臺灣史研究所教授

薛化元

亞洲菁英的抉擇：理想主義與現實主義

一

　　我的朋友余杰邀請我為他的書《小國巨人：李登輝與李光耀》作序，我欣喜他又一傑作付梓，深感有幸能為之序，但同時也頗感惶恐。首先，余杰著述極為豐碩，已是超過八十本著書出版上市、擁有廣大讀者群的重磅作家；他一年可以完成四本書，如此佳績是我所望塵莫及。其次，余杰探觸的課題十分多元，常有非常寬闊的視野與非凡的洞見。對照我們在學術界裡寫論文，多半將議題侷限在窄小的時間、空間裡，而他上山下海的能量與時代批判的大無畏勇氣，實非我等象牙塔裡的學者所能望其項背。這裡我只能以作為讀者的方式，略為抒發個人閱讀的若干心得。

二

　　在新冠疫情大流行的三年期間（2020-2023），世界看到了三位令人敬重的傑出華裔思想家的辭世——余英時（2021）、張灝（2022）、林毓生（2022），他們都是在一九三〇年代出生，從呱呱落地到懵懂之際就要經八年對日抗戰與四年國共內戰的苦難；以及成年後在海外見識了祖國所經歷的多個大規模災難，例如大躍進、大饑荒、文化大革命等等。他們後來都將這些自身經歷的戰爭苦難，與共產中國所發生各種駭人聽聞的倒行逆施政治運動，灌注在他們一生的學術探索裡：余英時的反智論、張灝的幽暗意識，與林毓生的創造性轉化。

　　相對來看，本書所書寫的是更早的一九二〇年代出生的兩位亞洲代表性政治菁英——李登輝與李光耀，他們出世時——1923年，一次世界大戰已經結束。他們是享受了二十世紀「喘息時刻」的「戰間世代」（Interwar generation）的人物。這兩位傑出的政治家不曾在戰火連連的中國本土生活過。雖然他們在青少年時期也經歷過戰爭的洗禮，但在二

戰結束前後，他們基本上已經成人，而且幸運地進入了當時一流的高等學府，在那個時代裡受到當時最好的培育。出生富商家庭背景的李光耀在1946-1950年留學英國。出生中產階級的李登輝早在1943年便赴日，在京都大學學習農業經濟。後來更在1952年與1965年先後兩度留學美國，繼續農業經濟研究——愛荷華大學與康乃爾大學。兩人在青年時期都展現了追求知識的強烈意志，在學業上也都表現出不凡的成績。這種知識上的長期準備，與遊學海外所獲得的寬廣見識，都為他們日後從事政治事業，打下紮實的思想基礎。

在成長的過程中，二李都有殖民地生活的經驗，這種特殊的背景，讓他們在戰後亞洲的「去殖民化運動」驚濤駭浪中，能產生出早熟的人格，比其他同世代需要為基本生存而奮鬥的多數人，可以更早思考自己與國家的命運歸屬。臺灣的李登輝自認在二十二歲以前是日本人，之後才開始學習作為中國人，晚年則回歸為「新臺灣人」。這種認同的變化，與外部環境的變化有關。1931年「滿洲事變」（九一八事變）後，隨著滿洲的占領，「大亞細亞主義」思想也漸漸成為日本帝國主義政府的官方理論。1936年李登輝十三歲時，日本在臺灣的殖民統治產生了微妙變化，文官總督時代結束，進入後期武官總督時代，日本當局以「皇民化、工業化、南進基地化」三原則統治臺灣。臺灣人民基本上是被統治者視為「日本人」，當然，這些殖民地的「日本人」與本土的日本人還是有所區別的。

李登輝這種日本殖民地生活經驗，與新加坡的李光耀是不同的。李光耀在十八歲之前是英國殖民地子民，十八歲後新加坡被日本統治三年半（1942-1945），直到他二十二歲。他回憶說：「因為這三年半期間，我看到了權力的意義，也看到了權力、政治以及政府可以如何相輔相成。我也了解困在權力狀況的人們，為了生活必須如何回應。」他顯然意識到，在仰人鼻息的環境裡，權力才是最務實的硬道理。作為英國殖民地子民，李光耀在英國求學（1946-1950）時，卻有過被種族歧視的不好經驗（被歸類為中國人而不是新加坡人），不過他自己對作為負面符號的「中國」所知甚少。但這種刺激，對他日後想努力認識中華文化——特別是儒家文化，可能不無關聯。

李光耀於1950年二十七歲之際學成歸國，開始其律師事業。由於具有左派的政治理念，他傾向替下層民眾伸張正義，打抱不平。1954年李光耀成立具有馬克思主義色彩的「人民行動黨」（PAP），作為政治事業的起點，一開始也是站在反對派角色，宣揚左翼民族主義。在國家認同上，他趨近馬來西亞，反對英國殖民主義，當時的政治理念是爭取馬來西亞從英國獨立，然後將新加坡安置在馬來西亞，為新加坡爭取自治地位。

必須指出的是，這兩位一九二○年代出生的知識菁英，在青年時期發展其人生觀與世界觀的過程中，如本書作者所指出的那樣，都受到過馬克思主義的影響。而這種現象在那個世代的熱血青年中，其實是相當普遍的。

歐戰之後，滿目瘡痍的歐陸與一九二○年代末期爆發的「經濟大蕭條」（Great Depression），成為歐美發展社會主義與共產主義的溫床。這個趨勢在當時於物質層面還十分落後的中國，更是獲得可觀的發展。就在蘇聯於1922年成立之前，中國共產黨已經在北洋軍閥政府主政時期的1921年7月建黨。特別是隨著「新文化運動」領袖陳獨秀在1920年春轉向馬克思主義，標榜追求民主與科學的近代中國啟蒙運動至此為之變色，具有進步意識的知識陣營開始步向分裂，自由主義在新知識分子心目中的地位，逐漸讓位於新興起的、激進的馬克思主義思潮。這種左翼大潮，在一九三○年代的中西知識界都變成了思潮的主流。青年李登輝一九四○年代在京都大學學習時，就已經接觸該校的日本馬克思主義先鋒河上肇教授的著作。用他的話來說：「大學時期，我遍讀馬克思及恩格斯的著作，對馬克思的主要著作《資本論》也曾深加鑽研，反覆讀過好幾遍。」

至於戰後留英的李光耀，則是受到溫和社會主義費邊社的影響，特別是費邊社的代表性人物拉斯基（Harold Laski）的影響。費邊社曾經協助創立英國政經學院（LSE, 1895），也協助創立勞工黨（Labour Party, 1900）。其核心理念是反對馬克思的武力革命路線，主張比較溫和的漸進式改革與議會路線。李光耀在新加坡成立的「人民行動黨」，雖然與馬共負責人林清祥合作，但黨的核心精神，主要還是比較接近費

邊社會主義，而不是走武裝革命的共產黨路線。

三

　　李光耀能在很短的時間裡獲得他長期的絕對政治權力，依我個人粗淺的觀察，基本上是經過三個步驟。第一步是從英國政府手中爭取權益——新加坡自治的身分。李光耀於1954年11月創立「人民行動黨」，憑藉著他無礙的辯才與個人的魅力，以不到四年的時間，從英國政府手中為新加坡爭取到自治邦地位；人民行動黨在首次選舉中勝出，李光耀出任新加坡自治邦政府總理，這年他才三十六歲。他1950年學成歸國時大約在二十七歲左右，十年之間就取得這樣可觀的成績，算是青年有成。但是他並不以寄人籬下、擔任英國殖民地的「特首」身分自滿。因為在東姑拉曼等人與英國政府的周旋下，馬來亞聯合邦已經於1957年8月31日從大英帝國手中獨立。而那個時候，在馬來半島南端要塞的新加坡，卻還在大英帝國的管轄內，並沒有與馬來亞聯合邦同時獲得獨立。

　　第二步是透過政治鬥爭手段，進一步鞏固權力。在出任新加坡自治邦政府總理之後，青年李光耀初嚐權力滋味。為了鞏固自我權力，李光耀在1961年開始驅逐同志。人民行動黨內以李光耀為首的「反共分子」與黨內「親共分子」決裂，將創黨元勳之一、馬共成員林清祥逐出黨外。其戲劇性的發展情況，一如蔣介石1927年4月在上海發動「清黨」一般。此後，李光耀逐漸淡去他的左翼色彩，政治上表現出向右傾斜的強硬路線。1963年2月，尚未獨立的新加坡在李光耀帶領下，配合馬來亞、英國殖民政府政府發起大規模的反共保安行動，整肅新加坡境內共產黨，逮捕了他的昔日同志林清祥。在肅清共產黨後，1963年7月，李光耀在倫敦與馬來亞東姑拉曼政府達成協議，讓新馬正式合併。當時，新加坡連同馬來亞聯合邦、砂拉越以及北婆羅洲（現沙巴）共組成立馬來西亞聯邦，進而因此完全脫離英國統治。

　　第三步，與馬來西亞分離而獲得絕對權力。在1963至1965年間，新加坡屬於馬來西亞聯邦制下的一個州，而人民行動黨則作為一個馬來西亞政黨存在。由於馬來西亞以馬來族占大多數，實行「馬來人優先」的

政策，但是若加入華人比例占多數的新加坡，則馬來西亞境內的華人數目就會超過馬來人，這樣對馬來西亞的馬來菁英便是一個重大的威脅，其「馬來人優先」政策勢必會受到華人杯葛而窒礙難行。由於雙方利益考量不同，政治立場歧異，最後馬來西亞決定促使新加坡退出聯邦並讓其獨立。1965年8月9日，新加坡被馬來西亞逐出聯邦。而這個看似具有悲劇性色彩的事件，反而是促成李光耀在新加坡掌握絕對權力的契機。他從1965年擔任新加坡共和國總理，到1990年六十七歲卸任，共25年。如果加上殖民地時期的總理任期（1959-1990），便是長達31年。這種獨裁紀錄在發達國家中絕對是異數了。有媒體封給他「二十世紀最成功的獨裁者之一」這個稱謂，應該是實至名歸。

四

　　對照李光耀耀眼的政治生涯，李登輝的權力歷程就顯得辛苦多了，用余杰的話來說——大器晚成。李登輝在臺灣所處的政治環境，比李光耀的新加坡更加複雜。首先，由於日本帝國主義在二戰失敗，日本政府放棄臺灣主權，這個突然的重大變化，讓他在1945年二十二歲之際，沒有選擇地由一個日本國民變成中華民國國民；他雖然懂得漢字，但是必須從頭學習國民黨政府帶來的「國語」。其次，在大陸慘敗於共產黨的蔣介石政府，從中國大陸帶來了一個迥異的日本殖民統治方式，特別是其鐵板一塊、箝制民主發展、戕害人權的僵化反共政策與其所造成的白色恐怖。在這種先天的限制下，作為一位有共產黨經歷的臺籍知識菁英，要在國民黨一黨專政的政治環境中尋求政治機會，簡直是緣木求魚。

　　受到1972年6月擔任行政院長的蔣經國看重，擁有優秀學識背景與非凡學歷的李登輝，被當成重點人才培養，四十九歲擔任政務委員，接著一路青雲直上，1975年擔任臺北市長；1981年臺灣省主席；1984年副總統；到了1988年1月蔣經國總統突然過世而依照憲法接任總統大位時，他已經來到一般公務員退休的年紀六十五歲。從四十九歲接觸國政，到六十五歲接掌國政，李登輝整整準備了16年之久。而李登輝這個

掌握大權的年紀，已經是李光耀想要交棒的時刻。

在李登輝崛起的一九七○年代，臺灣無論是在外交或內政上，都經歷了前所未見的巨變。在蔣介石統治的末期，1971年10月中華民國退出聯合國，外交上遭逢重大挫敗。接下來，厄運不斷。美國總統尼克森1972年10月訪華，計畫推動美中兩國的「關係正常化」，美方這背後的目的有兩個：希望中共幫忙美國擺脫越戰，以及想利用中蘇矛盾來向蘇聯施壓。北京政府當時還處於文化大革命的低谷，1972至1974年為中國知青大逃港的巔峰期。在中國當下的惡劣政治現實下，美方適時遞出的橄欖枝，對搖搖欲墜的北京政權，無異於雪中送炭。

在這樣的背景下，我們終於看到了尼克森與周恩來在1972年2月簽署的《上海公報》。雙方聲明：「中美兩國關係走向正常化是符合所有國家的利益的；雙方都希望減少國際軍事衝突的危險；任何一方都不應該在亞洲──太平洋地區謀求霸權，每一方都反對任何其他國家或國家集團建立這種霸權的努力。」

臺灣問題是《上海公報》的亮點。在這裡，中方重申自己立場：臺灣是中國的一個省，解放臺灣是中國內政，別國無權干涉；美國武裝力量和軍事設施必須從臺灣撤走。中國政府堅決反對任何旨在製造「一中一臺」、「一個中國、兩個政府」、「兩個中國」、「臺灣獨立」和鼓吹「臺灣地位未定」的活動。

美方聲明：美國認識到，在臺灣海峽兩邊的所有中國人都認為只有一個中國，臺灣是中國的一部分。美國政府對這一立場不提出異議（not to challenge）。它重申它對由中國人自己和平解決臺灣問題的關心。考慮到這一前景，它確認從臺灣撤出全部美國武裝力量和軍事設施的最終目標。在此期間，它將隨著這個地區緊張局勢的緩和逐步減少在臺美軍設施和武裝力量。

在毛澤東於1976年9月過世之後，如所周知，表現出美中解凍的「關係正常化」的推動並未中止，最終是兩國於1979年1月正式建交。當時的美國總統卡特在處理臺灣問題的三項原則是：美對臺斷交、撤軍、廢約（主要是《中美共同防禦條約》）。弔詭的是，在美國行政部門做出與共產黨妥協、讓步的動作上，國會部門卻出人意表地通過國內

法意義的《臺灣關係法》（Taiwan Relations Act），授權美方政府建立一個實質大使館來管理美國和臺灣的「事實上的外交關係」；並且規定「美國將向臺灣提供必要數量的防衛物資及技術服務，以使臺灣能夠維持足夠的自衛能力。」本法基本上視為美國協防臺灣的法源，而且基於現實需要，本法回溯至1979年1月1日生效。

除了外交，臺灣內政在一九七〇年代也是波濤洶湧的局面。1970年4月蔣經國應美國國務卿魯斯克（David Dean Rusk）邀請，以行政院副院長身分訪問美國，在華府與美國總統尼克森會談後，走訪紐約，遭遇了臺獨異議人士黃文雄和鄭自才企圖開槍刺殺。這件震驚海內外的槍殺未遂案件，雖然沒有改變蔣經國接下來的其他密集國是拜會行程，但至少已經讓他意識到臺灣人對蔣氏父子威權統治的不滿程度。這是1972年5月蔣經國升任行政院長後，啟動十項革新政策，大舉任用臺籍人士的重要因素之一。

蔣經國的新政策雖然帶來新氣象，但是在他父親蔣介石總統1975年春過世之前的絕對權威底下，他的作為還不能向民主邁進，只能做到像新加坡的李光耀一樣的「開明專制」地步。然而臺灣民間追求自由的動能，卻像地底下的岩漿，蓄勢待發。延續一九五〇年代的《自由中國》與一九六〇年代的《文星》雜誌的批判精神，「黨外雜誌」（與更具有指標性意義的「黨外運動」）從一九七〇年代開始，如潮水般，一波波接踵而至：有標榜自由主義路線的知識型態《大學雜誌》（1968創刊），也有走左統反帝反臺獨路線、打出「鄉土」口號的《夏潮雜誌》（1976年創刊）。但更耀眼的，也是具有主流意義的，是走強調本土與民主立場的政論型雜誌，代表性的有：《臺灣政論》（1975創刊）、《八十年代》（1979創刊），與《美麗島》（1979創刊）等等。這些黨外雜誌，特別是政論型雜誌，與黨外運動互為表裡，儘管雜誌不斷地為國民黨政府當局所查禁，但是稍作人事整頓後，他們又以新面目再次上市。雖然黨外雜誌的壽命多半不長，但在憲法保障「言論自由」的大傘下，象徵著「臺灣之春」的此起彼落的黨外運動與黨外雜誌，確實是一九七〇年代，尤其是在政治強人蔣介石過世後，一股讓獨裁者不可忽視的強大抗議潮流。而1977年底爆發的「中壢事件」與1979年底的「美

麗島事件」，更是黨外運動與黨外雜誌運動所催生下的產物。

　　蔣經國在1978年正式擔任總統職務，掌握大權。但是在他握有權力的一九七〇年代，臺灣除了有黨外運動，還有兩個重大的思潮在展開：1971年年初爆發的民族主義性質的保釣運動，與稍後的具有本土意識覺醒的「鄉土文學論戰」。這裡無法展開這兩大思潮在一九七〇年代臺灣發展的具體論述。非常簡略的說，保釣是一種具有民族主義性質的愛國主義運動，它的核心問題在主權捍衛，但是作為一種群眾運動，它在發展過程中產生了價值偏離，在國家認同上出現失焦現象──偏向中共，並且有進一步導向批判臺灣當局無能的狀況。

　　而發生在1977-1978年的「鄉土文學論戰」，則修正了先前保釣運動的大中華傾向的民族主義。這個表面上是關於臺灣文學之寫作方向和路線探討的辯論，實際上是一個類似中國在一九二〇─一九三〇年代的「文學革命」與「革命文學」路線、攸關意識型態的辯論──為藝術而藝術，還是為人生而藝術。在這個充滿火藥味的論戰中，具有本土意識傾向的鄉土文學，被主張中華民族文藝的黨國護衛者貼上「狼來了」的「工農兵文學」標籤，批判為流於地方主義，有分離主義（臺獨）的嫌疑。而鄉土文學的擁護者則認為，以書寫臺灣當下社會現狀的鄉土文學──社會寫實主義（social realism），其實是現實主義文學，不是帶有馬克思色彩的社會主義文學（socialist realism）。

　　博學多聞的李登輝在步入權力核心的一九七〇年代，正是臺灣三大思潮風起雲湧之際。以他長期準備所獲得的思想高度，李登輝不可能在內心對這些思潮沒有深刻的感受。就他在1988年六十五歲掌握政治實權後所開展的大政來看，除了保釣運動之外，追求民主與本土意識的思想潮流，都為李登輝精神所接收，並左右了臺灣後來在一九八〇年代以後的民主轉型。

五

　　本書非僅僅是李登輝與李光耀兩人的傳記，而是一本比較政治學的著作。在書寫上，作者敘述了二李的思想狀態、發展，與影響，以及更

重要的，他們的思想所產生的物質變化——國家政策的設定，與國家發展的方向。

在這個議題上，李登輝與李光耀在人類文明的開展上，如同余杰所指出的那樣，分別創立了兩個重要且有對立意義的成功模式：臺灣模式與新加坡模式。這兩個模式之所以重要，在我粗淺的認識看來，是因為它打破了華人世界幾千年來的發展陷阱，或者借用英國學者艾爾文（Mark Elvin）的說法，「高度均衡陷阱」（The high-level equilibrium trap），即是中國在千年的發展中，儘管有無數的人才，也有高水準的科學成就，並累積過可觀的財富，但從未經歷過本土意義的工業革命，從而成為一個在政治經濟學意義上，能做有效管理的高度物質文明的發達國家。

二李在大陸之外所創造的發展模式，基本上突破了中國本土發展的「高度均衡陷阱」限制。新加坡在1970年，人均GDP在926美元左右。到了李光耀卸任總理的1990年，到達11862美元，奇蹟似地成長近13倍。2022年新加坡更是創造了人均GDP82805美元的高水準成績。相對而言，臺灣在李登輝登上政治舞臺的一九七〇年代初期，人均GDP僅僅是不到四百美元的開發中國家，不到新加坡一半。到了李登輝卸任總統的2000年，人均GDP已經跨過一萬美元的門檻為14844美元，成長高達37倍。臺灣在2022年的人均GDP為32679美元，雖然離新加坡所締造的驚人紀錄還有努力的空間，但在2023年已經超越日、韓來看，就臺灣半個多世紀來一直受到來自海峽對岸強大的共產黨武力的生存威脅而言，也屬於人類文明發展的奇蹟了。

余杰將李光耀的新加坡模式，稱之為「亞洲價值模式」，李登輝的臺灣模式為「普世價值模式」。在我看來，這個非常睿智的論點是本書的論述核心。新加坡的「亞洲價值模式」彰顯民族主義、集體主義，與儒家倫理的威權主義，而「普世價值模式」則強調保障人權、和平與愛、捍衛自由主義之憲政民主。余杰基本上認同美國政治學家杭廷頓的見解：李光耀的民族主義，在他過世後就會消失；而李登輝的民主主義，在他過世之後還會繼續存在。

李光耀的「亞洲價值模式」，根據BBC在2015年3月李光耀過世時

的分析報導，是「在政治和社會方面控制，以求達到社會穩定，集中力量發展經濟，創造財富，再用財富改善社會，以及提高民眾生活水平。」就發展而言，在我們的觀察，李光耀的「亞洲價值模式」基本上是「摸著石頭過河」走出來的。作為一位無神論者，他其實並沒有特別的政治理想，即便是推動新加坡的去殖民化，也是利益考量。他是一個利益導向的現實主義者（realist）而不是一個實踐政治理念的理想主義者（idealist）。用政治學的術語來說，李光耀是一名具有負面價值的馬基維利主義（Machiavellianism）信奉者：在敵意競爭情境下，可以為了達成目的而不擇手段。這可以從他從政之路過程裡獲得檢驗，在權力的關鍵時刻，他可以不惜犧牲革命同志林清祥以保障自我的權益。而他在新加坡獲得絕對權力之後，又可以用各種理由箝制輿論與打擊異議分子，以鞏固自我的權威。又例如他可以一方面在國內對共產黨予以毫不留情的打擊。另一方面在國際社會上，到了中國大陸，他可以昧著良知，寬容中共的「六四」天安門武力鎮壓，和顏悅色地交好自毛澤東以後的中共各個世代的領導人，讓他變成了中國共產黨高層心目中「中國人民的老朋友」。

對照李登輝的「普世價值」導向領導來看，他在青少年時期受到日本武士道精神很深刻的洗禮。中年（1961年三十八歲之際）接受基督教信仰；晚年（1988年起）掌握大權後，基本上在兩蔣離世後的「後強人時代」，堅持政治寬容與自由民主的開放路線：釋放政治犯、與反對勢力對話而不是鎮壓、耐心地與黨內保守勢力、既得利益者溝通周旋、審慎地導引臺灣往民主的方向發展。他的政治信念可以在他剛取得政治大權不久的六四天安門事件反應，一覽無遺。李登輝於1989年6月4日當晚發表聲明：「中共所採取毫無人性的做法，必將受到歷史的裁判，為抗議中共以武力鎮壓民主運動，登輝要以最沉痛的心情，代表中華民國政府和人民，呼籲全世界所有愛好自由，重視人權的國家與人士，對中共暴行給予最嚴厲的譴責。」

李登輝在1990年5月就職中華民國第八任總統的演說〈開創中華民族的新時代〉中，再次強調他的治國理念：「環顧世局，我們正處於一個風雲變化的大時代。全人類對政治民主、經濟自由與世界和平的

追求，如怒潮澎湃，沛然莫之能禦，勢必摧毀一切故步自封的制度枷鎖與獨裁閉塞的思想藩籬。」李登輝的意志，對外不向共產極權低頭，對內堅持憲政民主，最終是確保了臺灣的民主轉型，用制度化的方式──1996年的總統直選，鞏固了日後政權和平轉移的模式。

　　余杰這本著作寫作嚴謹、思路流暢、材料豐富、觀察與分析細密。他不僅在「臺灣模式」vs.「新加坡模式」的意義上，為「臺灣學」開啟了比較政治學另一道窗口，也為世界思考中國前途的人士，提供了富有深度價值的靈感。

前東海大學文學院院長、特聘教授

丘為君

2023年12月7日 記於大度山

李光耀之路是歧途，李登輝之路是正道

如果都由一個大得遠非一般人所能測度或理解的組織去獨攬一切權力和做出大多數重要決定，我們將絲毫不能維護和培育民主。對此，如果我們能夠創造一個適合於小國生存的世界，那對我們大家都會更有好處。

——海耶克

毛澤東說：「誰是我們的朋友，誰是我們的敵人，這個問題是革命的首要問題。」善於鬥爭和善於統戰的中共，對誰是朋友，誰是敵人，分辨得清清楚楚。

最近四十年來，中共政權以國家級媒體鋪天蓋地批判乃至謾罵的「箭垛」式人物，主要有四位：達賴喇嘛、李登輝、彭定康、蓬佩奧。

中共宣傳機構給達賴喇嘛扣的帽子有：罪犯、叛徒、分裂分子、惡魔。西藏自治區共產黨頭子潑婦罵街式地攻擊說，達賴喇嘛是「披著袈裟的豺狼，人面獸心的怪物」。對此，達賴喇嘛一點也不生氣，反而笑稱：「如果使用此類語言來描寫我可以讓中國官員高興的話，他們應該繼續下去。我會很高興提供血液樣本，讓科學家決定我是人還是禽獸。」

中共宣傳機構形容末代港督彭定康為「千古罪人」。中國外交部駐港公署發言人表示：「香港回歸祖國已經二十三年了，末代港督彭定康作為賊心不死的老殖民主義者，仍不停對香港事務指手畫腳、妄加置喙，這種自不量力的倒行逆施可笑又可恥！……千古罪人彭定康一定會被釘在歷史的恥辱柱上。」彭定康則在演講中引用東德歷史指出，極權政府如果崩潰，往往只是一瞬間的事，而要事情有所改變，需要有勇敢的人站起來，捍衛美好、正確、良善的事。

前美國國務卿蓬佩奧在任時，中國中央電視臺一連三天在新聞聯播

中點名批評，指他「散播政治病毒，將自己變成人類公敵」、「背負四宗罪，喪失做人底線」、「硬是把在中情局期間撒謊、欺騙的那一套帶到美國外交場合，斷崖式拉低了美國的聲望」。蓬佩奧則在回憶錄中點名中國三百八十次，在演講中稱，對自由世界，中國是比當年納粹德國更大的威脅。

中共對李登輝的仇恨，跟以上三人相比有過之而無不及。一九九四年六月十四日，中央電視臺、新華社同時點名批判李登輝，七月與八月發動兩次「四評李登輝」系列文章，這八篇文章都以《人民日報》與新華社聯合評論員的名義發出，是中共最高等級的批判文章。毛時代批判蘇俄用了「九評」，如今單單批判李登輝一人就用了「八評」──「八評」之後，意猶未盡，八月下旬，在李登輝宣布參選翌年首次民選總統時，新華社又發表題為〈李登輝其人〉的萬字長文，宣稱「把李登輝掃進歷史的垃圾堆，是海峽兩岸中國人民共同的歷史責任」。

與之相反，李光耀是極少數被中共稱為「中國人民的老朋友」（季辛吉亦有此「殊榮」）的外國元首。在北京舉行的「紀念改革開放四十週年大會」上，已故的李光耀獲習近平頒發「中國改革友誼獎章」。

但中共變臉比翻書還快。言猶在耳，二〇二三年五月，在香港審計署建議圖書館加強檢視館藏、以維護國家安全後，香港公共圖書館下架若干書籍和紀錄片，僅關於「六四」的書籍和紀錄片就有四十多項下架，其中包括新加坡出版的《李光耀看六四後的中國・香港》。連李光耀都上了禁書作者名單，可見在「今上」習近平眼中，新加坡模式早已雨打風吹去。

李光耀是現實主義者，他對「六四」被屠殺的學生並沒有太多同情，卻也承認那是一場「悲劇」。他發現「六四」對香港的衝擊反倒是新加坡的一個機會：當時香港人心惶惶，出現新一波移民潮，新加坡向逃離香港的富人和專業人士殷勤招手，獲利頗豐。對於香港回歸後中共治理香港的政策，李光耀比絕大多數香港人看得深切。他指出，當一九九七年香港主權移交中國後，中國政府將為所欲為；當涉及權力鬥爭時，中共根本不會在乎國際聲響。李光耀曾向香港議員代表團建議，他們應該組織起來，集合全港最重要的二十萬人與中國談判，一旦中央

過度干預香港，這批菁英就會離開，拖垮香港行政及經濟命脈（若這些人真的離開香港，李光耀敞開懷抱歡迎他們到新加坡定居）。李強調，這個「非衝突性」的方法可應付中國，屆時中國必須聆聽。但香港民主派領袖李柱銘樂觀地認為，香港可「民主回歸」乃至推動中國民主轉型，對此建議不予考慮。

李光耀常常會趁火打劫、火中取栗，但他也確實是最早從中國發現商機的外國人之一。從一九七〇年代末鄧小平剛掌權開始，他就全力推動新中合作，不止於經濟層面，更涉及政治層面——更準確地說是行政層面。在江澤民和胡錦濤時代，無論「三個代表」，還是「和諧社會」，背後都隱然將新加坡人民行動黨的萬年執政模式作為學習榜樣。

一九九〇年代初，新加坡與中國達成中國高級官員到新加坡考察訪問、短期進修的合作計畫。最早招收中國官員的南洋理工大學，從一九九二年開始辦一週至三個月的短期培訓班，內容包括經濟管理、企業管理和公共管理，至今受訓者已超過一萬人。為因應中方不斷增長的需求，南大自一九九八年又開辦為期一年的管理經濟學碩士課程，二〇〇五年更與中共中央組織部及各省市組織部合作開辦公共管理碩士課程。這就是人們常說的「市長班」。後來，國立新加坡大學李光耀公共政策學院也為中國官員開辦高級公共行政與管理碩士課程。二〇一〇年四月，到訪新加坡的中共中央組織部長李源潮在新加坡國立大學致辭說，中國把新加坡作為領導幹部海外培訓首選，是因為新加坡的發展經驗對中國有特殊的借鑑作用：「新加坡在發展中所遇到的問題、矛盾，和正在探求的解決辦法，正是我們現在遇到或將要遇到的矛盾，我們現在需要用或探索將要用的辦法。」李光耀對這類培訓寄予極高期待，但成果遠不如預期——中共官員學到的新加坡威權模式，不可能與中共極權模式無縫接軌。這種培訓無非是中共官員「洗學歷」的終南捷徑。

習近平剛被確立為接班人時，對新加坡模式饒有興趣。李光耀是習近平「立儲」後會面的第一個外國客人。見面時，李光耀故作謙虛地說：「再過十年、二十年，你們將不再需要我們。」習近平立即表示：「不，我們在未來的很多年都會需要你們。我去過新加坡，我知道你們

有什麼，我們的人民想從中學習。我們希望向你們學習。我們從你們身上學到的要比從美國學到來的多。」李由此頗感寬慰：「這不是隨便說說的客套話。因為去美國，制度、環境對他們來說是陌生的，看到的東西是西方的處事方式。在這裡，他們來看我們是如何吸收西方的方式，並融入亞洲的環境。因此，他們發現我們很有用。」

習近平上臺第二年的二〇一三年，中國共產黨新聞網發表了一篇題為〈建設服務型政黨：新加坡人民行動黨的經驗與啟示〉的文章，認為人民行動黨「有自覺為國為民服務的執政理念」。二〇一五年，在中國引人矚目的微信號「學習（暗指習近平之習）小組」上，發表了一篇題為〈習近平、李光耀與新加坡模式〉的文章，文章指出：「新加坡模式不時受到一些西方學者的批評，認為是『假民主』、『櫥窗民主』……但新加坡的成功在於它充滿著深深的憂患意識，特別是人民行動黨全心全意為人民服務……非常重視民意的習近平，已經嘗試對公眾的期待做出回應。他和他的團隊正在尋找一種有效的發展模式，對於中國來說，新加坡模式允許更多的自由經濟政策，同一黨執政並存，這一點很有吸引力。」這篇文章顯然是中南海的傳聲筒。

然而，早在胡溫統治末期，新加坡模式在中國的光環就已開始黯淡無光。習近平掌權後，更是斷然丟開新加坡這個光鮮榜樣，重新撿起「太祖」毛澤東鏽跡斑斑的遺產──新加坡不再是中共黨內新星競相前往的鍍金之地，井岡山和延安才是，在「革命老區」興建起規模龐大的、作為中央黨校分校的幹部培訓機構。對習近平來說，中國未來只有一種模式，即毛澤東模式──他連新加坡幫助培養的技術官僚都不予信任。他要重建鐵桶般的史達林──毛澤東極權制度，新加坡的威權制度他已然瞧不上眼。

李光耀與李登輝是同齡人，都是客家人，在兩個以華裔族群為主體的國家──新加坡與臺灣──擁有類似國父的崇高地位。然而，中共及被其洗腦的華人群體對他們的評價天壤之別，通常推崇李光耀而貶斥李登輝。兩人的政治遺產充滿爭議，堪稱蓋棺而未論定。

兩人都是小國元首，但都讓小國在國際社會投射了超過其實力的

能見度和影響力，也讓他們本人成為國際政治舞臺上的巨人。從某種意義上說，李登輝的道路就是臺灣的道路，李光耀的道路就是新加坡的道路。對兩人的比較，也是對兩國道路和發展模式的比較。未來，新加坡與臺灣何去何從，尚有頗多未知之數；而未來中國的轉型之路，是學新加坡，還是學臺灣，對中國、亞洲乃至世界而言，更是影響深遠。

《小國巨人：李登輝與李光耀》是我繼《偽裝的改革者：鄧小平與蔣經國》之後第二部「比較政治學」專著。若再放寬視界，還可納入另外幾位同為一九二○年代出生的政治人物——美國總統老布希、英國女王伊麗莎白二世、英國首相柴契爾夫人、德國總統魏查克、日本首相村山富市、韓國總統金大中、中共黨魁江澤民等——進行更為廣泛的比較研究。那又可以寫成另一本書了。

第一章「國族與價值認同的轉換與調適」，討論李登輝與李光耀兩位祖籍中國的客家人，身負相似的客家文化，後來為何背道而馳。兩人在年輕時代都曾是左派，執政之後都成為某種程度的右派，倒應了愛因斯坦的名言：「三十歲之前不是左派，說明此人沒有良心；三十歲之後仍是左派，說明此人缺乏理性。」兩人關於「亞洲價值」與「普世價值」的爭論，決定了兩人治國方略的重大差異。

第二章「日治時代的愛與恨」，李登輝與李光耀都曾在日本殖民統治下生活過（時間長短相差頗大），且主動或被動地參與了殖民政權之運作。不過，日本當局在臺灣和新加坡所採取不同的殖民模式——前者苦心經營、緩慢同化，後者橫征暴斂、竭澤而漁，使兩人對日本統治當局的印象迥異——李登輝對日治時代充滿溫情，李光耀對日治時代則是滿腔怨毒；也深刻影響了兩人執政後的對日外交政策及地緣政治觀念——李登輝的親日自不待言，李光耀的反日亦淵源有自。

第三章「英風去矣，美雨猶在」，比較李登輝留美和李光耀留英的不同觀感與機遇。李光耀留英時，英國正處於二戰後的殘破狀況，大英帝國已是最後餘暉，左派思潮崛起，福利國家成形，殖民地的民族主義勃興。李光耀未能洞悉英國文化及制度之優長，反而產生強烈的反英意志。李登輝兩度留美，均是在美國戰後成為超級強國的黃金時代，他深入學習美國的農業、經濟、技術，更受美國基督教文明吸引，受洗成為

基督徒，沐浴在美式清教文明雨露之下，形成古典自由主義世界觀。

第四章「意外的國父，各有朝聖路」，探討新加坡與臺灣在獨立之路上陰差陽錯、擦肩而過的命運及兩位國父的不同應對策略：李光耀最初力圖讓新加坡成為馬來西亞聯邦的一部分，卻遭馬來西亞驅逐，被迫獨立，意外地鍛造出亞太地區最富庶的城邦國家。而李登輝的願景是如摩西般帶領臺灣人「出中國」，卻受制於嚴酷的國際環境和臺灣內部的認同分裂，只能走出「中國民國在臺灣」的小半步，蔡英文後來又走出「中國民國臺灣」（去掉「在」字）的小半步。

第五章「『他的黨』與『不是他的黨』」，呈現兩位黨魁與黨的不同關係：李光耀是人民行動黨名副其實的「黨父」，逐步排除黨內競爭者和不同派系，讓該黨成為他一人的黨，黨內無派，唯有「李光耀派」；而且，新加坡是內閣制，他控制了黨，就順理成章控制了議會、政府和國家。反之，李登輝半推半就加入「百年老店」國民黨，意外地成為總統和黨主席，在激烈政爭中擊敗挑戰者，鞏固權力，修改憲法，推動政治改革，卻未能將國民黨改造成議會制下競選型政黨，最終與之決裂。

第六章「威權教父與民主先生」，描述李光耀與李登輝不同的個性、思維方式及對政治本質的認識。若說新加坡是幼稚園，李光耀就是幼稚園園長；若說新加坡是幫派，李光耀就是幫派的教父。新加坡沒有言論自由，尤其是沒有批評李光耀的言論自由，批評者都被以「法制」或其他手段整得傾家蕩產乃至鋃鐺入獄。而李登輝雖善於奪取和運用權力，卻深知「民之所欲，常在我心」，對民主有堅定的信仰，故而一步步還權於民，實現總統直選，和平移交權力，自己成為反對派攻擊和辱罵的對象亦不以為然。

第七章「從『二龍相會』到『李不見李』」，梳理「二李」奇特的互動方式——「因不了解而走近，因了解而分手」。李光耀與蔣經國是惺惺相惜的好友，他以為蔣經國的接班人李登輝必然是「蔣經國第二」，最初懷著這種心情與李登輝交往，卻逐漸大失所望。李登輝則清楚地看到李光耀試圖扮演兩岸之間的說客的野心，對李光耀越來越偏向中國一邊的立場不以為然。兩人的不同氣質和觀念，以及兩國國家利益

的分歧，讓「二李」凶終隙末、分道揚鑣。

第八章「共產中國是友邦，還是敵國？」，李光耀與李登輝的重大分歧之一，是對共產中國的不同看法。李光耀認為，中國未來將取代美國成為亞洲乃至全球霸主，故而新加坡必須向中國示好，在中國崛起中分得一杯羹。李登輝則認為，共產中國是外強中乾的「泥足巨人」，臺灣必須與之保持距離並抵抗其蠶食鯨吞的企圖。李光耀以共產中國為友邦乃至盟主，李登輝以共產中國為惡鄰和敵國。兩人逝世後不到十年，共產中國圖窮匕見，成為全球公敵。二李孰對孰錯，不言自明。

第九章「新加坡奇蹟與臺灣奇蹟，誰能持久？」，通過揭祕兩國經濟奇蹟的來龍去脈，預測這兩個同為「亞洲四小龍」的國家未來的發展。李光耀和李登輝都已逝去，但他們生前的競技尚未結束，他們的遺產將面臨時間的考驗。新加坡人對家長式政府越來越不耐，新加坡與中國的捆綁也讓其陷入飲鴆止渴的怪圈；而臺灣的民主政治漸入佳境，臺灣的經濟模式在資訊為王、晶片為王的新時代更是呈現出強韌的生命力。

本書並不標榜所謂的客觀中立，對李登輝和李光耀有著明確的褒貶立場：褒揚李登輝而貶斥李光耀。本書認為，在華語世界備受推崇的李光耀，隨著其政治遺產褪色，未來的歷史地位會越來越低；而除了臺灣本土派之外被大多數華人非議的李登輝，隨著其政治遺產增值，未來的歷史地位會越來越高。肯定李登輝而否定李光耀，不是作者對人物本身有強烈的偏見或成見，而是作者對民主、自由、人權等理念有堅定的認同和持守。在此意義上，本人是價值一元論者。

李光耀終身沒有走出威權主義的陰影，與其說他愛新加坡和新加坡人，不如說他最愛的是權力和他自己（及其家族）。所以，他對中共的專制統治表示理解：「一人一票制度從未在中國存在過，也絕不會帶來一個繁榮的中國，他們不會嘗試這種制度。」他為中共的極權體制背書，否定中國會成為自由民主國家（新加坡本身亦非自由民主國家），因為「中國若成為民主國家，則會崩潰。關於這一點，我很肯定，中國知識分子也了解。……天安門廣場的學生今天都跑到哪裡去了？他們完

全不相干了嘛。」他還說：「我不認為你可以把和一個國家的過去毫無關聯、完全陌生的標準強加在他們身上。要求中國成為民主國家也是一樣。五千年來有記錄的歷史中從來沒有數過人頭；所有的統治者以皇帝之權力統治；如果你不同意，就砍人頭，不是數人頭。」李光耀被譽為哲學家和思想家，其實他的哲學和思想與鄧小平的水準差不多，是粗鄙的「摸論」（摸著石頭過河）和「貓論」（不管白貓黑貓，抓到耗子就是好貓），也就是赤裸裸的實用主義和厚黑學。李光耀的文化、人種和地理決定論，根本不合邏輯，也違背基本事實──日本、南韓、印度、臺灣包括新加坡在內的諸多亞洲國家，雖然在歷史上沒有存在過一人一票的選舉制度及保障個人自由、人權及財產的法律和制度，但並不意味著這些地方現在或未來就不能擁有已成為普世價值的民主、人權和法治。制度可移植，制度非永遠一成不變。李光耀所創建的新加坡模式和新加坡道路，前途未卜，新加坡人的權利意識正在覺醒和增強，若李光耀的繼任者不能開放更多的民主自由權利給新加坡人，各種形式的反抗必定越演越烈。

　　而李登輝對民主自由理念的信仰，不僅改變了臺灣，更讓臺灣成為亞洲民主自由的燈塔，啓發中國及其他非民主國家選擇民主轉型之路。二○○五年十月十三日，李登輝在美國阿拉斯加世界事務會議午餐會上發表題為〈臺灣與亞太的民主〉的演講：「在個人執政、開啓臺灣民主化的道路之後，第一件事，就是讓臺灣人民，走出白色恐怖的陰影，讓人民可以自由的表達他們的意見，表達他們對於政治，以及臺灣自己未來前途的看法，甚至勇於追求自己的政治理想與制度。這也是為什麼，臺灣在過去二十年來，在人民自主的思考下，逐步走出過去日本統治與中國帝國的陰影，釐清自己和中國的關係，找到自己的認同，以臺灣作為主體，重新定位臺灣自己，以及臺灣與亞太、國際的關係。臺灣也因為這種自由與思想上的解放，以及對自己理想的追求，展現臺灣蓬勃的經濟與創意，邁向現代化的國家。」他特別梳理了臺灣民主化的過程：「對於亞洲多數政府及領導人而言，如何走出專制與獨裁的迷思，在政治體制上，徹底民主化，讓政治權力回歸人民，而不在是由執政者或是少數統治階層獨斷，是重要的一步。在個人執政期間，如何讓臺灣從過

去的戒嚴體制，回歸正常的民主體制，將主權還給人民，正是個人推動臺灣民主化的第二步。這也是為什麼個人在推動的過程中，廢除所謂的動員戡亂臨時條款，讓憲法回到正常的運作；讓憲法的適用回歸到臺灣的兩千三百萬人；讓臺灣兩千三百萬人民，選出真正代表他們的民意代表；讓兩千三百萬人民，用選票直接選出他們自己的總統。這對父權文化下的亞洲領導人而言，並不是一件容易的事；但是，相信人民會作自己的判斷和抉擇，將權利還給人民，正是民主化的最大關鍵。」李登輝留下的民主遺產，在其卸任之後經歷了種種考驗，並繼續改革和深化，成為絕大多數臺灣人引以為豪的臺灣價值和願意實踐、守護的生活方式——這就是臺灣人對李登輝最好的肯定和紀念。

　　通過對李登輝和李光耀的比較，以及臺灣道路和新加坡道路的比較，再以此作為審視中國的鏡子，就能得出簡單而確鑿的結論：中共從來都是「擇惡固執」，被中共視為朋友的，必定是壞人，是與之臭味相投、狼狽為奸的「損友」——如今，習近平連李光耀父子這樣的朋友也不要了，唯有普丁等更壞的傢伙才配做他的朋友；同理，被中共視為可效仿路徑的，必定是窮途——習近平嫌新加坡獨裁專制的程度不夠，連新加坡道路都不學了，只願意走毛澤東道路。反之，被中共視為敵人的，必定是好人——達賴喇嘛、李登輝、彭定康、蓬佩奧等人均是如此；同理，被中共視為刀山火海的畏途，必定是人心所向的坦途——李登輝帶領臺灣所走的民主化之路，是熱愛自由的人所嚮往的正道與大道。

二〇二三年五月二十二日初稿
二〇二三年十一月二日二稿
二〇二四年二月六日三稿
美利堅合眾國維吉尼亞共和國費郡綠園群英堂

小國巨人：李登輝與李光耀

CONTENTS
目　錄

第一章

國族與價值認同的轉換與調適

　　民主對於多數亞洲國家與人民而言，最重要的意義莫過於思想上的解脫與自由；因為在亞洲的傳統思想，尤其是中國傳統思想裡面，父權與一統的概念極為濃厚；也因為如此，對於多元思想與文化的包容就相對較低，只要是和政府立場不同的想法或是意識型態就會受到壓抑。

—— 李登輝

　　我相信，語言能傳承價值觀。學習華文，意味著同時吸收中國歷史、傳承與文化的精髓。儒家思想中的忠、孝、仁、愛、禮、義、廉、恥，這些價值觀對於建設一個國家和培養國民的素質與情操來說都至關重要。它們在瞬息萬變的世界裡能充當我國人民的文化基石。

—— 李光耀

　　許多人喜歡比較李登輝與李光耀這兩位將其國家影響力在本國國家實力的基礎上翻了數倍的亞洲華人政治領袖，他們都是二十世紀下半葉亞洲的「小國巨人」。兩人同為一九二三年出生，李登輝長李光耀八個月左右。從外表看，兩人在華裔中皆算高大身材者，臉型、體型皆相仿，連名字的涵義都相似——「光耀」與「登輝」可謂交相輝映。

看哪，兩個背道而馳的客家人

　　李登輝與李光耀的國家認同都幾經轉換：李登輝出生在日治時代，

日本當局對臺灣人雖設有某些歧視性政策，但日本將臺灣當作一個與西方競爭的日式殖民地的樣板，大力推動現代化政策。總體而言，一九二〇年代和一九三〇年代的臺灣還算是「良治」，其治理甚至優於英國治下包括新加坡在內的諸亞洲殖民地。李登輝本人基本認同日本人的身分和日本的教育、文化模式，他選擇赴日留學就是證明。一九四五年，日本戰敗後，臺灣的治權被日本歸還給中華民國政府，但這一變動並非包括李登輝在內的臺灣本地居民的自發選擇，他們不由自主地成了中華民國公民——五十年前，清帝國將臺灣割讓給日本的時候，日本畢竟給了臺灣居民一次選擇的自由，不願生活在日治下的臺灣人，可以回到中國去生活。但這一次，絕大多數臺灣人都無權選擇繼續當日本人。此後七十年，無論李登輝是否願意，他只能接受此一「自動」獲得的國籍。旅日學者王輝生形容說，「日治時代的李登輝，理所當然是日本人，卻又不是日本人，只好努力成為『不是日本人的日本人』；中華民國統治時代的李登輝，也理所當然是中國人，卻又不是中國人，只好努力成為『不是中國人的中國人』」。此後，在總統任上，李登輝暗度陳倉，讓臺灣認同從絕對少數轉化為多數的國民意識——至二〇〇〇年其卸任之際，唯一認同臺灣的人超過唯一認同中國的人，與雙重認同的人並駕齊驅。臺灣學者吳介民指出，李登輝完成了「國家條件的鞏固」和「臺灣獨立的再定義」（中華民國在臺灣），讓民主化與新的國家認同齊頭並進，這也招致臺灣內部統派及中國的嚴重不滿和攻擊。

李光耀出生在英國殖民的新加坡。與日本治下的臺灣不同，英國人從未將新加坡當作其國土的一部分來看待。新加坡的殖民地地位屢經變遷。李光耀出生在受英國殖民當局重用的華人菁英家庭，卻從未自認為是「英國人」——英國人也不把他當作英國國民看待，他在留學英國期間，頗有被種族歧視的感受，這跟李登輝留學日本的時候感到就像是在一個國家，完全不同。太平洋戰爭期間，新加坡被日本占領，日本沒有用治理臺灣的「完全同化」方式治理新加坡，李光耀從未將自己看作是日本國民，他與占領方合作，只是求生存而已。戰後，新加坡重新回到

英國治下，但民族主義思潮不可遏制，英國被迫做出調整，但即便讓新加坡成爲自治邦，當地居民仍不滿足。接下來，新加坡脫離英國統治，成爲馬來西亞聯邦的一部分——李光耀第一次明確的國家認同，大約就是馬來西亞國民。然而，新馬很快因民族、文化、宗教信仰等方面不可調和的分歧而走向分家，新加坡被動地成爲一個獨立國家——李光耀既是新加坡的「國父」，也是新加坡的第一代國民。

就民族認同而言，李登輝和李光耀都認同廣義的華人概念，他們又都是客家人。研究客家文化和歷史的學者湯錦台認爲，客家人的發祥地是武夷山脈，涵蓋福建西南部、廣東東部和江西南部。從明朝開始，該區域發展出以傳承中原文化而自豪的客家民系。客家人作爲華人當中的一個重要民系，從明朝至今六百多年過程中，爲了生存，長期在社會底層掙扎，也曾在中國掀起過像太平天國那樣巨大的反叛和戰爭。清代以後，他們是臺灣和南洋早期開發史上的主流人群之一，並在世界各地延續了客家人群與文化的傳承。

李登輝和李光耀身上有客家人堅韌、固執、剛強的特質，但他們都沒有明顯的客家生活習慣，也都不會說客家話。李登輝的母語是日語和閩南語，中文和英文都不錯；李光耀的母語是英語，閩南語還不錯，但中文很差、不足以交流。

李登輝與李光耀學習中文的過程漫長而坎坷。李登輝小時候在三芝媽祖宮跟一位年老廟公讀中文古書，是通過臺語來學漢文。老廟公算不得私塾先生，只是比普通人多認識一些漢文字罷了。讀到公學校四、五年級以後，這個課就停了。在高等學校有漢文課，老師只是以日文來誦讀《論語》跟《孟子》等中國古典作品。他還透過日文譯本的魯迅的《阿Q正傳》及《狂人日記》還有郭沫若著作來了解現代中國。李登輝認眞學習中文是在戰後，因爲在國民黨統治時代，若是不懂中文很難找到一份像樣的工作——在這個新時代，日文變得幾乎無用，臺語則被國民黨視爲粗俗野蠻的「方言」，唯有字正腔圓的「國語」是高級身分的標誌。

頗有諷刺意味的是，李光耀自己中文始終不行，卻竭力在新加坡強推英文和中文雙語教育（在清除了早年作爲共產主義思想和大中華教育策源地的中文學校之後）。他認爲，新加坡在過去四十年搭上中國的順風車，在中國發大財，得益於他本人的高瞻遠矚，特別是「雙語政策」。因爲新加坡人講華語，比講粵語的香港人更能獲得北京的好感和信任。他舉例說，中國前副總理吳儀跟李顯龍說「步步高升」，李顯龍回應說「高處不勝寒」，兩人遂心有靈犀。但李光耀也承認，華語會給新加坡與中國的政治交往帶來一些優勢，但一些中國人也會對他產生不切實際的期望，認爲他既然會講華語，就應該認同他們，站在他們一邊。李光耀認爲，語言和國家認同當然要分開——講英文的美國人，在國家認同上不會認同英國，否則，當初美國人爲何要爲了獨立而跟英國開戰呢？

　　李登輝的祖籍地爲福建龍岩永定，李光耀的祖籍地爲廣東梅州大埔，雖分屬兩省，相距卻只有數十公里，有著相似的民風民俗。有趣的是，他們一輩子都沒有回過老家祭祖。李登輝因主張反共和臺獨，被中共視爲萬惡不赦的敵人，不可能像卸任的馬英九回湖南祭祖那樣得到中共的高規格接待——李登輝也不會愚蠢到像馬英九那樣屁顛屁顛地主動跑去中國接受中共之統戰。李光耀與中國關係良好，常常訪問中國，本來是有去祭祖的條件，但他刻意迴避這一行程。江澤民的智囊、曾任中共中央黨校副校長的鄭必堅問過李光耀，會不會去訪問祖籍地？李光耀說不會，「如果去，我在東南亞就有麻煩了」——他在東南亞管理一個華人占絕對多數（百分之七十五）的國家，卻有兩個龐大的回教鄰居，一直對之是否實行排他性的華人中心主義政策心存懷疑。「在居住著數億馬來或印尼穆斯林並由三萬座島嶼組成的群島裡，這樣的華族人口簡直微不足道。新加坡是馬來海洋中的一座華人島嶼，我們要如何在這樣一個不利的環境裡求存呢？」所以，他必須小心翼翼，不讓祭祖這種敏感事宜危及新加坡表面上的種族和諧。儘管如此，中國政府還是特別翻新了李光耀曾祖父擁有過的那所老房子，並將其設立爲文物保護單位。

此地甚至成了一個熱門的旅遊景點。這是中共非常嫻熟的統戰手段，李光耀心知肚明，並沉默應對。

他們在青年時代都曾經是左派

　　就價值認同來說，李登輝與李光耀在青年時代都曾經是左派，這是那個時代——以及大部分時代——常見的情形，左派宣揚的看似高大上的理論和願景，非常容易俘獲涉世不深的年輕人的心。這兩位絕頂聰明的青年人也未能免俗。

　　李登輝出身於地主家庭，童年時候目睹農民的辛苦生活，開始思考「同樣是人，為什麼會有這麼大的差別」的問題。他最早接觸左翼思想，是在高等學校上了鹽見薰老師的中國歷史課。這位日本老師用馬克思主義歷史觀描述中國歷史的演進，讓李登輝非常厭惡中國的帝王專制並對中國本身（尤其是農民階級）產生同情感。

　　一九四三年十月，李登輝進入京都帝國大學農學部農林經濟系就讀。日本知識界從一九二〇年代以來就盛行左派思想，大正時代的民主氛圍為馬克思主義的傳播提供了溫床，如日本學者梅森直之所論：「日本的馬克思主義，產生於認識到俄國革命給資本主義找到了現實出口，並對這一出口展開理論化嘗試之處。他們探索著是否存在這樣的統一理論，既能完成從世界資本主義攻勢中『保衛』俄國所發生的『革命』的現實問題，又能實現構思日本『革命』這一理論課題。」進入昭和時代，尤其是中日戰爭和太平洋戰爭爆發後，日本軍國主義當局嚴控教育、傳媒和意識形態，迫害共產黨及左翼知識分子，但左派思想仍然是一股強勁的潛流。那個時代日本的左派知識分子，大都相當真誠和正直，身體力行其政治觀念，讓青年學生肅然起敬。比如，社會主義思想家河上肇因拒絕向天皇像行禮而被校方開除，這為他在知識界贏得崇高聲譽。

　　在日本京都帝大留學期間，李登輝開始接觸河上肇的《社會主義評

論》和《貧乏物語》、西田幾多郎的《善的研究》，以及馬克思的《資本論》等著作。學校的教師中，對他影響頗深的是大槻正南教授，大槻同時也是農業記者，對《資本論》頗有研究。對於李登輝來說，馬克思主義不僅解放窮人，還提供了幫助殖民地人民走向獨立的理論與實踐的支持。戰爭期間和戰後初期，他「把《資本論》都快翻爛了」。臺灣作家藍博洲如是評論這個時期的李登輝：「顯然地，這時候的青年李登輝，已經通過認真研究馬克思主義，不但使得他對社會問題的關心壓過了對自我哲學的迷戀，而且決定將這樣的『解放哲學』付諸實踐吧！」

一九四六年春，李登輝從日本回到臺灣。當時，國民黨還在中國與共產黨鏖戰，其在臺灣的統治還未像「二二八」之後白色恐怖時代那樣密不透風。沿襲自日本的臺灣本土左翼思潮與從中國大陸傳來的左派思想，不斷結合與碰撞，出現了一個左派思想傳播的小高潮。李登輝身處此一思潮之中，曾參與一九四六年聲援北平沈崇事件的抗議活動——這是一起中共捏造出來的美軍士兵強姦女學生沈崇的事件，由此激起中國學生和民眾對美國及美國支持的國民黨政府的憤恨。那時的李登輝，當然不可能知道事情的真相。

不過，李登輝並非活動分子，更多時間還是用在學業和讀書上。據當時跟他有很多接觸的、中共派遣到臺灣的地下黨員吳克泰回憶，李登輝特別推崇列寧的《組織論》，還說暑假要研讀《資本論》。李登輝後來回憶說：「由於大學時期對馬克思經濟學十分熱衷，幾乎想以〈日本帝國主義時代的臺灣農業問題〉作為畢業論文題目。但考慮到若是如此，可能拿不到學位，所以只好把題目改為〈臺灣農業勞動問題的研究〉，利用馬克思經濟學，將階級的問題，和農業相結合，來論述臺灣所面臨的農業問題。」

「二二八」之後不久，李登輝與何既明、陳炳基、李薰山等朋友一致認為，需要建立組織來對抗國民黨，臺灣才能有法治和自由。一九四七年夏，他們成立了一個小小的左翼團體「新民主同志會」。李登輝後來在受訪時承認，這個名字確實來自毛澤東的「新民主主義」，

當時大家都在討論這些話題。

這個組織只是一個鬆散的讀書會，算是共產黨的外圍組織。當時，在水利局工作的朋友陳震基在羅斯福路有一間日本宿舍，朋友們在那裡舉辦讀書會，稱之為「普羅（無產階級）寮」，李登輝經常去參加讀書活動。同年十月，領導這個小組的李薰山推薦李登輝入黨，李登輝填了申請書就入黨了。他記得當時沒有什麼入黨儀式。

李登輝身為共產黨員的時間從一九四七年十月到一九四八年六月，只有大半年。他為什麼如此快就退黨了？他回憶說，共產黨的領導都是單線領導，他們的上級徐懋德每隔一兩個星期就來他們的小組，來了就下令說，你要這樣做，你要那樣做，比如讓李登輝去古亭街做宣傳，去牆壁上寫反對國民黨的標語等等。李登輝認為，這些事情不合常理，沒有意義，做了也沒有什麼用處。但是，共產黨的原則是「只是要你做一個棋子，要你照他的意思去做，他們就是專門做這一套」（李登輝使用的是「棋子」這個說法，在共產黨的宣傳術語中則是「螺絲釘」）。李登輝不願被人如此指使。而且，當時他要在臺大讀書，又當選臺大學生自治會理事長，還有成立家庭的打算，不願成為一名「職業革命家」。所以，他就以「共產黨員不自由」為理由申請退黨，得到徐懋德批准，從此跟共產黨脫離關係。共產黨在臺灣是地下黨，沒有掌握實際權力，對黨員的約束力有限，只能接受其退黨要求。若在中國，作為執政黨和一黨獨裁的共產黨，斷然不允許黨員退黨，只能由黨將有貳心的黨員開除，被開除者還會受到政治歧視和迫害。

李登輝與共產黨的這場「閃電戀愛」還未開始就結束了。資深新聞工作者徐宗懋如此描述李登輝與他所處的紅色思潮的時代背景：「臺灣歷史的進程中，曾經有過短暫的紅色浪潮，這段波濤雖然在轉瞬之間退去，但卻成為一定的印記，也為臺灣人留下重要的記錄。曾經見證過這段歷史的李登輝，也有知識青年的苦悶、嚮往和彷徨，並且有過具體行動。由於歷史的偶合和弔詭，長期統治臺灣的國民黨和他本人，卻不願提及這段過程。」當年，李登輝以青年人的理想主義和浪漫主義來看待

馬克思主義和共產主義，被其吸引。他對共產黨在中國及蘇聯的暴政缺乏基本的了解，不知道每一個實踐馬列主義的地方很快都淪為人間地獄。但他一入黨就感受到列寧式政黨對個體自由的壓抑，他不願付出這樣的代價，很快抽身而出。

李登輝的左派思想是在日本留學期間成形的，李光耀的左派思想則是在英國留學期間成形的。此前，他在新加坡接觸過一些抵抗日本軍的馬來亞共產黨人，他們對普通民眾的心狠手辣比日本人有過之而不及，他對他們並無好感和尊敬。當李光耀到倫敦經濟學院求學時，發現左派在英國比在新加坡更為流行，各種俱樂部在校內招募會員，最積極地向殖民地學生宣傳的是共產黨人。他們出動漂亮的英國女生，向非洲人、加勒比海人和少數亞洲大學生進行遊說。倫敦經濟學院的共產黨人熱心向學生強行灌輸他們的主義，利用一切手段（包括利用準備跟孤獨的殖民地學生交朋友的年輕女子），迫不及待地促使人們改變信仰。李光耀在回憶錄中寫道，他們以「社會主義俱樂部」的名義騙人，但他很快就發現他們的馬克思主義本色。

李光耀在回憶錄中用較多篇幅撇清他與共產黨的關係，強調其一以貫之的反共立場。但實際上，他在倫敦時，曾多次嘗試與共產黨人合作。他主動與馬來亞共產黨駐倫敦的非正式代表令豐美接觸。他們一起穿梭多條街道，進入一個工人出入的酒吧，在那裡低聲交談。但李光耀很快發現對方「生活在一個自我營造的陰謀世界裡，完全脫離現實」，遂慢慢與這個群體疏遠。

李光耀在組織上沒有成為共產黨黨員，但在思想上卻受英國工黨社會主義理論影響甚深。他奉左翼政治理論家和經濟學家哈羅德・拉斯基為精神導師。一九三〇年後，拉斯基轉向馬克思主義，強調階級鬥爭和工人革命。一九四五年至一九四六年，拉斯基曾出任英國工黨主席，其思想影響工黨甚巨。有趣的是，李光耀不是政治系學生，卻選修拉斯基的課程。他第一次從拉斯基那裡接觸社會主義理論，立即被其人和其理論迷住了，「他個子小，長得不起眼，頭腦卻靈活極了，說話很有魅

力」、「他是馬克思主義派社會主義理論，對許多殖民地學生產生了深刻的影響」。多年後，李光耀才對這種象牙塔中的左派理論有所反思：「不少殖民地學生後來掌權了，他們自認從拉斯基那裡學來了理論，並根據他的理論推行不恰當的政策，結果搞垮了本國發展不足的經濟。多虧我在執政之前，在能起壞作用之前，就看到了多個經濟體失敗的教訓。這提醒我這樣做是危險的。」

從一九二〇年代以來，有不少華人留學生受業於拉斯基門下或受其影響，如蔣廷黻、徐志摩、羅隆基、王造時、杭立武、張溪若、程滄波、鄒文海、吳恩裕等人。拉斯基的朋友馬丁說：「我記得戰前不久有一次聽中國駐倫敦大使說，當社會主義似乎仍然通過同西方修好而不是與之為敵來獲取勝利時，如果拉斯基訪問中國，他定會受到他許多門生的殷勤款待，其人數之眾多足以舉行一次盛大的公眾集會。」拉斯基塑造了中國現代左翼社會主義知識分子群體。那群受拉斯基影響的中國留學生，比李光耀早一、二十年留學英國，李光耀與他們擦肩而過。而且，由於不通中文，李光耀很少跟在英國的中國留學生群體有來往，他來往的大都是馬來人的留學生。

那是一個左派思想風行的時代。無論在倫敦經濟學院，還是在劍橋，李光耀都被灌輸社會主義的價值觀。「基本經濟教科書是溫和社會主義者貝納姆的著作，公共財政教科書是戰後工黨財相多爾頓編寫的。」他們主張徵收更多個人所得稅，但這些社會主義價值觀損害了英國的經濟成長。後來，李光耀才發現：「倡導這樣的主張的人沒考慮到人性的特點，因為累進稅會扼殺勤奮工作和創造財富的主動性，尤其是扼殺了有本領、有能力這樣做的人。」

在此期間，李光耀深受費邊社吸引。「英國費邊主義者建議一步步走向這個理想社會，就不必像蘇聯那樣砍富人的頭，也不必沒收他們的財富。」他回新加坡之後，多年訂閱費邊社的雜誌。直到一九七〇年代初期，費邊社的不諳世事才讓他感到絕望。「有一期雜誌的內容令人難以接受，那是有關教育的。兩個校長寫了一篇嚴肅的文章說，英國的綜

合學校制度失敗，不是因爲辦學方法不對，而是因爲最優秀的教師仍然在教最優秀的學生。文章認爲最優秀的教師應該教最差的學生，後者需要前者教導才能獲得平等，好學生無論如何都會有好成績。這種強求一致的主張我可受不了，於是不再訂閱他們的雜誌。」李光耀本人在劍橋接受最優秀的老師傳道授業，是最優秀的學生之一，他知道競爭和資源配置的重要性。

李光耀跟共產黨走得最近的一次，是一九四九年八月，他與多名友人同行，到共產黨統治的匈牙利首都布達佩斯參加「世界青年節大會」。這是蘇聯在背後支持的活動。李光耀入選爲與會者，顯然共產黨認爲他至少是其同情者，是可以發展的對象。蘇聯及英國共產黨方面，是不會白白浪費統戰經費的。李光耀本人知道這個活動的背景，但他解釋說，他參加這個活動只是因爲「這是一個出國廉價旅行的大好機會」。這個解釋很難自圓其說，因爲富裕的李光耀並不缺少這點旅費。對於這次活動的細節，他也語焉不詳。

在那次活動期間，李光耀的照片出現在匈牙利官方報紙上，引起英國駐新加坡警務部門注意。新加坡警方去拜訪李光耀的父母，警察總監福爾傑寫信給李光耀，邀請他去其家中面談。李光耀這才知道，他已引起新加坡政治部的注意，他的名字列在他們的監視名單中。他應邀前去做客，他說：「在憲制上我的行動是光明正大的，同時我和共產黨沒有連繫，也不同情共產黨的作爲。」經過一番解釋，他打消了這位高級警官的疑慮。

但麻煩並未完全消除。一九五○年，英國殖民當局下令，在李光耀回到新加坡時立即將他扣留。他們認爲，像李光耀這樣一群從英國讀書回來、能創造出極多政治及思想波瀾的知識分子，正是需要嚴屬加以防範的對象。但當時政治部負責人柯里頓仔細研究李光耀在英國求學期間的情報資料，並將他與其他左派人士做了對比之後，做出「適度評估」，然後去見輔政司，說服輔政司取消對李光耀下達的扣留令。柯里頓是李光耀遇到的一位貴人，他後來對朋友說：「我可以保證李光耀不

是共產黨，因爲他受西方的影響，尤其是他在倫敦受教育。……這個哈利（李光耀的英文名），有一天會成爲新加坡的總理，而且是在位很久的總理。」他準確地預言了李光耀日後在新加坡政壇崛起的軌跡。

「亞洲價值」與「普世價值」，哪一個靠得住？

香港末代總督彭定康稱讚李光耀是「蘇伊士運河以東最地道的英國人」，但這是一個美麗的誤會，李光耀當不起這個稱呼。眞正當得起類似稱呼的是應當是李登輝——李登輝堪稱「蘇伊士運河以東最地道的美國人」，在清教秩序、古典自由主義或托克維爾所說的民風民情的意義上，二十世紀下半葉的美國人比英國人更像「英國人」。

表面上看，李光耀似乎比李登輝更西化。他早年生活在作爲英國殖民地的新加坡，到英國留學學的是英國秩序和英國文明的核心科目——法律。而李登輝早年生活在日本統治下的臺灣，到美國留學學的是相對技術化的農業和經濟學。但是，事實上恰恰相反，李光耀以所謂「亞洲價值」（儒家倫理）抵抗「普世價值」（即英美價值、清教秩序、民主自由觀念），而李登輝則以「普世價值」推動臺灣民主化，並多次否定以集體主義、威權主義爲核心的「亞洲價值」。

英國風只是吹拂過李光耀的面龐，李光耀在骨子裡仍是儒家、儒教或儒法互補的中國文化的信奉者。有趣的是，李光耀連中文的讀寫都不嫻熟，當然沒有研讀中國傳統文化經典的能力，但他在華人家庭和華人社會中成長，華人的文化和思維方式深深地滲入他的骨子裡面。等到他留學英國，即便在劍橋學法學，此西方文明之精髓卻已無法與他早年所受之中國文化的荼毒相抗衡，因爲他所生活的新加坡，並未像中國本土一樣，在二十世紀上半葉經過五四新文化運動之洗禮。李光耀聲稱認同海耶克的自由市場經濟理論，說海耶克「是一個很有頭腦的思想家，而且一針見血地說出了眞相，解釋自由市場是經濟繁榮的必經之路」，但

他對西式的自由和個人主義相當排斥：「我在一個三代同堂的家庭長大，受到了儒家思想的潛移默化。在我們看來，如果所有人都成為君子，社會就得以運作得更好。君子是一種典範。至於『君子』是什麼呢？那就是說，如果一個人孝順父母、忠於妻子、教養孩子、真誠對待朋友，也忠於國家，能夠努力做到這『五倫』，便是君子了。儒家強調社會要治理得好，必須以社會利益為優先，其次才是個人利益。這與美國強調的個人權益優先有很大差異。儒家主張以大我為優先，如果有必要，只好犧牲小我。但是美國人把個人權益放在社會之上，那就無法解決一些問題。」他更強調東方人和亞洲人的身分（不僅是地理上的，更是文化上的）：「東方人相信，個人離不開家庭，家庭屬於家族，家族又延伸到朋友與社會。」其實，在基督教文明中，同樣重視家庭倫理，但這種家庭倫理因為有上帝這一絕對至高的存在，而更強調家庭成員之間的平等與尊重，摒棄了儒家文化中「君君臣臣父父子子」的森嚴的等級秩序。李光耀並不精通中文，他沒有能力研讀儒家原典，他的這套漏洞百出的理論，無非是東方專制主義的辯護詞而已。

李光耀認為，他可以對西方文化選擇性地加以利用：「坦率地說，如果我們不曾以西方的優點作為自己的指導，我們就不可能擺脫落後，我們的經濟和其他各方面迄今會處於落後狀態。但是我們不想要西方的一切。」也就是說，他願意汲取西方的市場經濟和法律制度，卻拒絕引入西方的民主自由理念。

一九九二年十一月十日，李光耀在東京「創造二十一世紀論壇」上發表以〈民主、人權、與現實〉為題的演講，第一次提出「亞洲價值」的說法：「除了少數的例外，民主政治不曾讓發展中國家產生過好的政府。……亞洲價值並不需要跟美國、或歐洲價值一模一樣。西方人看重各種形式的自由與個人享有的各種自由。作為在中國文化背景下成長起來的亞洲人，我的價值觀認為，誠實、有執行力、有效率的政府才重要」。

李光耀所說的「亞洲價值」，包括五大原則：一、社會與國家比個

人更重要；二、國之本在家；三、國家和社會要尊重個人；四、和諧比衝突（指言論多元的社會）更能維持社會秩序。五、宗教與宗教之間不僅應和平共處，而且應互補。用李光耀的最概括的話來說，就是「社會第一，個人第二」。

　　隨後，一九九三年，李光耀在曼谷舉辦的世界人權會議上再度批評西方的自由民主主義，倡導集體主義對亞洲政治的重要性。一九九四年，他接受《外交事務》雜誌專訪，闡述「文化即宿命」的觀點。

　　然而，事實上，廣袤的亞洲並不存在一個通用的、統一的「亞洲價值」。在歷史文化、宗教信仰和政治制度等層面，某些亞洲國家與另一些亞洲國家的差異，並不亞於與歐洲國家、美洲國家之間的差異。李光耀所說的「亞洲價值」只是單一的「中國價值」或「儒家價值」，跟以印度教為主的印度價值、以武士道和明治維新「脫亞入歐」的近代文化相綜合的日本價值、東南亞佛教國家的佛教價值、西亞及中亞和東南亞伊斯蘭國家的伊斯蘭價值，根本就風馬牛不相及。亞洲各國對李光耀的說法也褒貶不一：馬來西亞前首相馬哈地支持李光耀的說法，但韓國民主主義代表人物金大中公開反駁李光耀的說法是「擁抱亞洲諸國的『開發獨裁』」。

　　李光耀在新加坡大力推廣儒學，其接班人吳作棟也聲稱，「儒家基本價值觀應上升為國家意識」。其後，新加坡政府發表了《共同價值觀白皮書》，正式將儒家倫理文化確定為文化中心、國家意識。李光耀在北京「國際儒學聯合會」成立儀式上致辭說，「新加坡有一批最富才智的菁英加入參政治國的行列，這和儒家『修身、齊家、治國、平天下』的思想是一致的」，「正因為新加坡大部分的人民都受過儒家價值的熏陶，新加坡人民才會有群體的凝聚力，能夠以務實的態度來看待治理國家和解決社會的問題」。經過新加坡政府改造的忠義仁愛禮義廉恥等「八德目」，已經成為新加坡的「治國之綱」和社會道德標準。近年來以「當代孔子」之名遊走亞洲列國的美國華裔儒學研究者杜維明讚美說：「新加坡在歐美知識分子心目中已成為現代儒學策源地。」

比馬哈地更熱情擁抱李光耀倡導的「亞洲價值」的，居然是文革時代曾「批林批孔」、甚至搗毀孔廟和孔陵中共政權。中國官方學者盛讚新加坡對儒家文化的實踐：「新加坡將傳統儒家思想運用於現代政策，通過一系列延續性的政策推行，組織多種形式的教育和社會活動，力圖使公民受到長時間熏陶，並將思想價值觀轉化成具體的行為。這種珍視傳統、重視發揮儒家文化在現代公共政策中的作用的做法，值得我們借鑑與反思。我們不得不承認，新加坡在對儒家倫理的繼承、借鑑與創新上走在了中國前面。……中華民族傳承千年的優秀文化必然有其菁華之處。作為儒家文化的發源地，我們從中吸取和借鑑的地方，豈不是應該比新加坡更多、更深、更遠？」這是中國官方學者少有的「謙虛」的時刻，在新加坡這個小國面前「示弱」，似乎無損於大國的顏面。

　　諷刺的是，正當中國大肆鼓吹李光耀提出的「亞洲價值」之時，晚年的李光耀似乎大徹大悟，在一定程度上完成了對「亞洲價值」的自我否定。亞洲金融風暴之後，李光耀表示，在全球經濟的變局之下，「亞洲價值」或「儒家價值」，差不多變得過時了。新加坡和香港在應付金融危機方面表現最為出色，並不是因為「亞洲價值觀」，而是因為英國殖民地價值觀，特別是經濟透明和法治。在東亞的大部分地區，「儒家價值觀導致了過分的作法」，尤其是任人唯親──把是否與某人熟識、而不是人們將如何處理資金作為投資依據，結果帶來巨大的災難。李光耀承認：「在資訊技術時代，年輕和一副靈光的腦子是巨大的優勢。在我們的國家裡，做決定的是老人，他們行動遲緩，他們會錯過機會。」二〇一三年，李光耀在《李光耀論中國與世界》一書中指出：「雖然新加坡和中國都學習核心的儒家思想，但新加坡在過去四十年間努力把英語確立為第一語言，把華語作為第二語言。為什麼？肯定不是偶然的，也不是沒有激起強烈的反對。我們這麼做是為了向世界開放自己，使我們接觸並利用那些促進發現、發明與創造力的主要力量，這些力量不僅存在於英語中，還存在於英語的思維方式中。」

　　李光耀是迷途知返，未為晚也。而早在李光耀放棄「亞洲價值」或

「儒家價值」之前多年，李登輝就已表示民主自由價值是普世價值，而否定存在某種反民主自由的「亞洲價值」。一九九六年五月二十日，李登輝就任總統時，接受美國《新聞週刊》採訪時說：「美國人、亞洲人、非洲人通通需要人權的保障。有些人在倡議亞洲價值。我認為亞洲人應該跟美國人擁有相同的權利。」後來，他在重要著作《新・臺灣人的主張》中也強調：「我認為，關於民主與人權，世界各國應有一致的標準，不會因種族或宗教而有所不同。」

李登輝直接針對李光耀的說法提出反對意見：「新加坡基本上也是悲哀的問題，太小。如果和大陸關係處理好，也許可以獲得利益，在此觀念下，李光耀提出了『亞洲價值』。亞洲確實有價值，但這個價值應該放在人的上面，其中沒有白人、黃人、黑人的區別，只要是人，都需要自由民主。中國受到封建的影響，容易用民族主義、國家主義來推動一個觀念，李光耀的亞洲價值多少與此有關。他叫了很多中國人、儒教專家到新加坡製作教科書，在我看來那是害死孩子，走出了新加坡，他的亞洲價值被接受的程度不高，在亞洲其他的地區，人們的要求不是這樣的。」他繼而指出：「亞洲一些被認為是『第三民主國家』的國家執政者，仍然保持『亞洲的價值』。所謂『亞洲的價值』，簡單講就是一種帝制的統治架構，掌握政權的人，可以假借莫須有的理由，實施獨裁統治，把國家當作囊中物，只照顧自己的家族與個人，卻忘了國家整體利益。不論新加坡還是馬來西亞，都用反民主主義的亞洲價值觀統治國家，而北韓問題最為嚴重。北韓不僅是共產國家，更稱不上是『亞洲價值』守護者，而是徹頭徹尾的非民主國家。」在李登輝看來，李光耀的「亞洲價值」，本質上是一種可悲的「自我種族歧視」，是為獨裁者的獨裁政治張目的歪理邪說。

二〇〇五年十月二十日，李登輝在美國華盛頓國家記者俱樂部發表題為〈臺灣的民主改革〉的演講，他指出：「在亞洲，有些領導人宣揚所謂的『亞洲價值』。亞洲的傳統並非不能取代，某些國家的政治操作證明了：所謂的『亞洲價值』最後總是被部分政治人物利用作為剝奪人

權的藉口，成爲部分國家走向完全民主的主要阻礙。」

與兩蔣時代國民黨推崇儒家文化、並以此跟中共爭奪統治中國的正統性相反，並不願臺灣成爲「另一個中國」、「正統的中國」或文化上更「中國」的「小中國」的李登輝，嚴厲批評正是儒家文化導致中國長期深陷專制主義的泥沼之中：「幸而，儒家傳統在臺灣並沒有深厚的影響，此一問題在我們致力民主化的過程中，干擾不大。」

在《臺灣的主張》一書中，李登輝又修正了這一看法，認爲在臺灣的政治現實裡，被扭曲的中國傳統文化跟「亞洲價值」糾纏在一起，因而產生不少阻礙民主化進展的「臺灣固有的問題」：「臺灣固有的問題是，依舊存在著所謂的『亞洲價值』。在亞洲經常見到，取得政權之後採取皇帝式的統治體制，把國家的財產當成個人財產來花用。原本民主選舉出來的人，卻不以『公眾利益』，而是以『黨的利益』、『私人利益』爲先考量。」

李登輝認爲，以「普世價值」取代「亞洲價值」不僅是他政治志業裡著力甚深的關鍵抉擇；也是臺灣民主深化過程中，需要眞正認識清楚、並且堅持繼續追求的方向。臺灣學者花亦芬評論說：「不管是對民主政治理念的認知、或是對民主改革實務工作的推動，以『普世價值』取代『亞洲價值』標舉出李登輝與李光耀對亞洲民主發展截然不同的看法。而這種重大的根本分歧，也透過臺灣於二十一世紀的此刻在全球民主所扮演的守門員角色，益發受到全球民主國家重視，可以清楚看出。」

在一個更高的層面，李登輝對李光耀「亞洲價值」的質疑和批評，是以基督教價值爲標尺而展開的。「亞洲價值」和「普世價值」背後是不同的宗教信仰與信念：李光耀的「亞洲價值」即「儒家（儒教）價值」，而「普世價值」就是清教秩序、基督教文明的泛化。所以，李光耀與李登輝的分歧，歸根到底，是由不同的宗教信仰決定的。

李光耀說過：「我會說自己是無神論者。對於神的存在，我既不接受也不否定。」他曾表示，自己是名義上的佛教徒（佛教在本質上是無

神論的），「我經歷過種種儀式習俗」，也就是說他只是對如祭祖等佛教或中國式禮儀行禮如儀。他曾談到，他那信奉天主教的友人韓瑞生對待死亡一點也不害怕、心情十分平靜，他對此感到敬佩，但他不會成為基督徒，「我身邊一些曾經嘗試向我傳教的人已經不再那麼做了」、「我不是基督徒，不是道教徒，不屬於任何教派」。他對死亡問題的思考遠不如李登輝深刻，他的太太先他離世，「太太不相信死後還有來世，不過說真的，相信有來世，心靈上會得到安慰，就算明知道來世不存在」。所以，他不相信過世後能見到妻子，「這麼想是不符合邏輯的。假設人人死後都有永生，那會在哪裡？」他唯一的希望是到時候將自己的骨灰跟太太的骨灰放在一起。這是無神論者的悲哀與虛無。李光耀晚年曾跟隨一名天主教徒學習靜坐，但他表示自己不會皈依某種宗教信仰，他學習靜坐，只是碰巧導師是天主教徒，「他並沒有嘗試改變我的信仰，而我到了這個年紀也不太可能改變信仰」。

李登輝則是虔誠的基督徒，他由此走向西方文明最深層的內核。早在留美期間，他就開啟了對基督信仰的興趣與探索——科學高度發展的美國，基督教不僅沒有衰敗，反而在一個自由競爭的「宗教市場」背景下生機勃勃。戰後是美國基督信仰復興的時代，保羅・約翰遜在《美國人的歷史》中稱之為「波托馬克河畔的虔誠」。一九五〇年代，美國去教堂的人高達總人口的百分之五十五，一九六〇年代初上升到百分之六十九。各地建造大量的新教教堂，或將老教堂擴大。僅一九五四年，就有十億美金花在修建教堂上。也是同一年，「上帝之下」這個術語被添加到由所有獲得美國公民身分的人所作的「效忠宣誓」誓詞中，「我們信奉上帝」被作為國家官方座右銘。總統艾森豪聲稱，美國政府如果不是建立在一種被深刻感受到的宗教信仰基礎上，那就毫無意義。

一九六一年，經過三年的尋求、思考和聽道，李登輝接受洗禮成為基督徒，他說「我是拚下性命去找神的」。在此之前，他妻子曾文惠已皈依。李登輝說，「那看不見的，我相信」，這跟臺灣普遍存在的偶像崇拜、民間宗教大不相同。他後來寫道：「我認為四大因素造就了現在

的我，包括『與生俱來的個性』、『日本精神』、『臺灣精神』、『基督教』。而引導我走向信仰之路的，正是我的妻子。」

李登輝主張「普世價值」，主張人權立國，這種「普世價值」建立在其基督教信仰之上。他本人對生死問題有很深刻的思考和探究，晚年悉心研究《馬丁路德的宗教改革》，後來決定透過出書，「為主做見證」。李登輝的名言「我，不是我的我」，意思是放棄自我中心，要以耶穌基督的信念為中心。美國文化與基督信仰，對於其思想和決策之形成有高度影響。他回顧說：「從我接任總統以後，每次遇到重大的困難，我就會透過祈禱，祈求上帝的帶領，引導我去做好事情，大部分的祈禱，是我的太太在家中主動發起，並與我一起來進行的。我們因此培養出一起讀聖經、祈禱的習慣。……因為信靠上帝，我才有勇氣與智慧去推動臺灣重大的改革。」他強調領導者必須要有信仰：「領導者時常會受到打擊，也有許多痛苦的事，所以必須要有堅強的信仰。在我推動改革的過程中，遇到重重的困難危險，信靠上帝可以說是唯一的幫助，要貫徹信仰，『行公義、好憐憫、存謙卑的心與你的神同行。』」他還說，他的經驗是，「身處政治圈中，信仰是唯一的幫助。有信仰才能了解『內心的軟弱』，這是所有領導者必備的條件，這也是我一生當中經歷各種惡劣環境，能夠不被打倒，繼續堅持原則，最主要的力量來源」。

李登輝認為，中國的「去中國化」本質，應當是「去中國文化」，然後再與近代西方文明接軌，融入保障民主自由人權的「普世價值」。由此，他站在信仰的高度上為臺灣描繪一幅美妙的願景：「臺灣是一個自由民主的國家，人民已經脫離亞洲價值的皇帝型統治的社會。臺灣的脫古改新，已建立東西文化的融合社會。迎接二十一世紀，新的環境，致使臺灣人民面臨多元化的新社會，在深植意識中，有新的宗教體驗。」

杭廷頓爲何褒揚李登輝、貶斥李光耀？

有趣的是，李登輝和李光耀都從美國政治學家杭廷頓的思想中汲取資源，爲各自的治理模式辯護。杭廷頓曾將二李做對比，直率地指出：「李光耀所談的民族主義，他死後就會消失；但是李登輝所說的民主主義，他若過世，臺灣的民主主義還是會存在。」顯然，杭廷頓褒揚李登輝而貶斥李光耀。

李登輝非常重視杭廷頓的理論，專門寫過一篇題爲〈杭廷頓現象的分析〉的文章，引用杭廷頓在《第三波》中的民主轉型理論分析臺灣所面臨的困境。杭廷頓認爲，一九七〇年代中期開始的全球民主化風潮爲「第三波」。當時，臺灣雖面臨一些危急情況，但也搭上這股「第三波」風潮。然而，杭廷頓警告說，「第三波」民主化國家不見得能變成民主國家。事實上，有很多例子是，民主化之後反而變成反自由的國家，這就是所謂的「杭廷頓現象」。形成這種現象的原因很多，如參與民主過程的人轉而背叛，腐敗、反民主的政黨或團體可能在選舉中獲勝，行政部門濫用權力，執政者剝奪人民的參政權與自由權等。這幾點原因，或多或少與臺灣的情況不謀而合。他特別指出，「第三波」民主化風潮，必須有心理準備面對「擺盪回反自由的國家」的困局。

李登輝以此觀察其卸任後臺灣的政治動向，有一段時間憂心忡忡。他一度看好陳水扁，陳水扁也將李登輝視爲父親一般的人物。民進黨政府首次執政，李登輝與許多人都抱著「或許國家就此邁向正常化」的樂觀期待。然而，民進黨執政後，未能邁向國家正常化，反而掉入政爭與腐敗的泥沼。李登輝嚴厲批評說：「民進黨的貪污問題非常嚴重。不僅是陳水扁身邊的人，整個民進黨都形成了『貪污政體』。連臺灣與巴布亞紐內亞建交所花費的外交機密費約三千萬美金，都被中間人侵吞，想到這樣的政權竟是臺灣人民的代表，就悲哀到想哭。」八年後，民進黨失去政權，國民黨的馬英九高票當選，雖然無法全盤複製當年國民黨威權統治模式，卻在對中國政策上步步退讓，從「不統不獨不武」變成

「急統」——《兩岸服貿條例》就是其中關鍵的一個步驟。當國民黨準備在立法院強行通過《兩岸服貿條例》、民進黨無所作為之際，學生和公民社會奮起抗爭，占領立法院，引爆「太陽花運動」，「自己的國家自己救」，不僅擋下馬政府的賣臺政策，而且在影響隨後的選舉，實現第二次政黨輪替。臺灣的民主終於度過一劫，李登輝的遺產終於得以延續。

習近平掌權後，專制暴政升級，中國再度走向毛化。二〇二〇年，北京剿滅香港的反抗運動之後，對臺灣蠢蠢欲動，習近平如宋太祖般宣稱：「天下一家，臥榻之側，豈容他人鼾睡乎？」在此危機之下，有臺灣本土派或獨派人士認為，既然中國以大中華民族主義打壓臺灣，臺灣也要建構一套臺灣民族主義與之抗衡。這是「以毒攻毒」戰術。那麼，歷史上從未被漢人的中央政權領有的臺灣（臺灣曾被清帝國征服，但清帝國是一個將漢人的中國視為其領土一部分的內亞帝國，漢人的中國與臺灣同樣是滿人帝國的殖民地），為了與中國的大中華民族主義抗衡，一定要備妥新的民族論嗎？換言之，臺灣需要打造一套「民族發明學」嗎？

對此，李登輝的答案是斷然否定。他指出，民主主義才是世界的潮流，歷經民主改革、進入民主國家行列的今天，臺灣沒有理由退回到狹隘的「民族國家」理念。臺灣人民的共同體意識必須立基於民主，而非民族。「以臺灣民族主義與中華民族主義相抗衡的話，顯然力量懸殊。但若以『民主臺灣』與『封建中國』（更準確地說，應當是『秦制中國』）抗衡的話，『小國』對『大國』的概念就不適用了。在民主社會高度發展的美國，不曾聽過他們提起『美國民族』這樣的說法。今天在臺灣也是，已經沒有必要再扛起『臺灣民族』的大旗揮舞。更別說隨著中華人民共和國的大中華民族主義翩翩起舞了。」

李登輝的這一論述，高瞻遠矚，超越了很多偏狹的臺獨理論家。臺灣歷史學者花亦芬指出，李登輝的政治思考裡，最值得注意的是，他認為臺灣主體性不應建立在複製中國慣用的各種思想模式以期能與中國抗

衡，也不應用臺灣爲本位的民族主義來取代與對抗中國民族主義。李登輝的理由很簡單：若要談民族主義，臺灣對中國是在以小搏大，勢單力薄，不容易獲得國際社會肯認。但是臺灣若能走出中國模式的桎梏，大步往中國共產黨政權極力抗拒的民主價值之路勇往前進，臺灣與中國的差距立見分曉。只要臺灣堅持得住，臺灣的關鍵重要性遲早會被國際社會高度肯認。換言之，當李登輝思考臺灣主體性時，沒有落入起源於十八、十九世紀歐洲的文化民族主義思維，他的思考是更現代的公民社會思維，民主自由價值才是臺灣反抗中共極權主義並與世界連接之道。

經歷了民進黨陳水扁八年毀譽參半的本土政權、國民黨馬英九威權回朝及與中國融合的危險八年，以及民進黨蔡英文八年的再度回調、將李登輝時代的「中華民國在臺灣」變成「中華民國臺灣」，李登輝的遺產逐漸穩固乃至內化成臺灣精神的一部分。民主化三十多年後，臺灣已成爲亞洲民主的典範，其民主自由指數與日本和諸多歐美民主先進國家並駕齊驅。李登輝去世後，臺灣的民主自由價值保持不墜，李登輝死可瞑目。杭廷頓的半句話「李登輝若過世，臺灣的民主主義還是會存在」已然應驗。臺灣的下一步，如臺灣學者吳介民所說，是把「中華民國臺灣」向「臺灣中華民國」過渡。在「臺灣中華民國」這個稱呼中，「臺灣」是主，「中華民國」是從，「現在就是我們把『中華民國』放到括弧的時刻，此前是『臺灣』被放在括弧，現在應該是『中華民國』被放在括弧」。

與此同時，杭廷頓的另外半句話「李光耀所談的民族主義，他死後就會消失」，仍有待歷史來驗證。李光耀生前接受傳記作者訪問時曾洋洋得意地說，若他遇到杭廷頓，他會對後者說：「你錯了。你看，我一九九〇年就交出大權。如果我們走錯方向，這已經整整二十年了，有問題早就發生了。至今沒有問題，因爲我們非常謹愼地挑選我們的領導班子，不論是內閣、國會、反貪污局還是總統。我們打算繼續這麼做。」

李光耀甚至片面引用亨廷頓的其他觀點來支持其威權主義思想。他

說，有些文化不歡迎民主制度，也就是說，民主不是普世公益，自由主義民主在新加坡的多元文化環境中行不通。「我們已經建立起適合我們的民主制度。在自由主義民主政體中，一個人一旦當選，就完全不受黨紀律約束。在新加坡不是這樣，我們才不會擺來擺去。」

二〇一五年，李光耀去世後，他的兒子李顯龍持續著李氏王朝的威權體制。李光耀像一個嚴厲的父親，直接告訴新加坡人應該做什麼，怎麼做。他希望新加坡人成為工作狂，因為他本人就是一個工作狂，沒有浪漫的愛好，只保留極少量理性的「對工作有益的」業餘愛好。李顯龍在某種程度上是李光耀的一件「作品」。本來在劍橋大學攻讀數學專業的李顯龍想成為數學家，但在李光耀的教誨和引導下，他決定放棄數學從政。在很多方面，他十分像父親，比如繼承了李光耀不苟言笑的特點。李顯龍也像眾多人民行動黨高層那樣經歷了典型的菁英教育模式：在新加坡讀最好的中學，然後到西方學習除「畫畫、歌唱、音樂和手工」之外的經世致用學科。李家父子共同執掌人民行動黨半個多世紀，早已變成新加坡政府的半官方代名詞。因此，儘管支持率仍居高不下，但人們提到人民行動黨時難免會有些「距離感」。這種「距離感」也已成為反對黨派的攻擊要點。

李家第三代沒有出現政治接班人，李家似乎不可能在新加坡維持像金家在北韓那樣的三代世襲體制。二〇二二年四月十四日，李顯龍發表聲明稱，財政部長黃循財獲得壓倒性支持，被正式推舉為人民行動黨第四代領導班子領軍人物。媒體報道說，黃循財來自普通家庭，在最普通的組屋中長大，也不是從小就讀菁英學校。他與多數人民行動黨人的氣質都不相符：低調、敏感、富有同情心，還曾因情緒激動在議會潸然淚下。與人民行動黨領袖給人留下的傳統印象——高調、強悍、嚴肅——形成強烈反差，人們從黃循財身上一瞥人民行動黨乃至新加坡這個國家的未來發展方向：做一個接地氣的政黨；變成一個更加平等和諧的多民族國家。

不過，黃循財很難改變李氏父子的治理模式。密歇根大學安娜堡分

校新加坡籍商業教授琳達・林認為，黃循財柔軟、感性等特點，正是當今新加坡人樂見的領導人品質。「這是新加坡社會的進化方向，尤其是他最近有關平等、社會凝聚力和參與度等議題的理念，都和之前領導人自上而下的風格截然不同。」由此，黃與李氏父子拉開了距離。但是，黃循財是一個忠誠的「隊員」，不會過於表露其政治觀或者價值喜好。這樣的性格很難獨立自主地推動黨內改革，「他不是一個理想主義者，而更像是個務實的技術型官僚。」

更何況，誰也不敢保證人民行動黨一定會贏下二〇二五年大選——在二〇二〇年大選中，人民行動黨的得票率為百分之六十一，儘管占絕對優勢，但這一比例幾乎跌到歷史最低水平。黃循財十分清楚這點，他曾對媒體說，「我們不認為一定會贏得下次大選」。如今，在越來越多民眾開始關注並支持反對黨派的關頭，黃循財的任命更像是一種高調的表態：人民行動黨要從王座上爬下來，證明自己也是一個有血有肉的普通人。

李顯龍之後的新加坡，「李光耀模式」還能一成不變嗎？未來新加坡何時出現政黨輪替和民主化？如果那一刻到來，或許就是新加坡向臺灣學習的時刻，更是李登輝模式戰勝李光耀模式的時刻。

第二章
日治時代的愛與恨

臺灣人樂於使用「日本精神」這樣的詞，這是臺灣人在日治時代所學到的，在某種程度上可說是一種純種培養的產物，指的雖然是勇氣、誠實、勤勉、奉公、犧牲自我、責任感、清潔等諸多美德，但這個詞變得膾炙人口，其實是在戰後的事，用來表現臺灣人自己那種與當初來自中國大陸的國民黨統治者們格格不入的氣質。

——李登輝

日本入侵新加坡是我一生最大的單一政治教育，因為在三年半之內，我目睹權力的意義，以及權力、政治和政府如何結合，而且我也了解，人們陷入權力局勢時，必須活下去，將會如何反應。

——李光耀

李登輝一出生就是日本公民，一直到一九四五年日本戰敗，臺灣重新劃歸中國，他的國籍才不由自主地發生轉換。戰爭後期，他到日本求學、當兵，並未覺得來到另一個國家。他的祖父是保正（里長），他的父親是刑警，他受過完整的日式教育，他所遇到的日本老師、同學大都友善，日本經營臺灣確實不遺餘力，他對日本統治和文化持正面看法是理所當然的。

而李光耀在十八歲之前是英國殖民地子民，十八歲時新加坡被日本武力侵占，他在日本軍政權統治下艱難地生活了三年多，並一度進日文學校學習日文，加入日本占領軍當局從事文宣工作，並從事黑市買賣，以求生存及更好地生存。他一方面從日本統治當局的嚴刑峻法中汲取統治靈感，另一方面對日本統治新加坡時的暴政心存怨恨。

二李早年在日本統治下的不同人生經歷，深刻影響了他們的精神氣質、對日本文化的評價及執政後的對日外交政策。

李登輝：「我們這個世代的臺灣人都有純粹的日本精神」

　　「我到二十二歲以前都是日本人。」李登輝的這個說法，說的只是一個簡單的事實，卻會讓很多大中華主義者非常反感，乃至暴跳如雷，譏諷李登輝甘當「皇民」、自願為奴。他們卻不願深入到歷史和文化的肌理中去探究李登輝為何如此表達。

　　一九二三年一月十五日，李登輝生於日本帝國臺北州淡水郡三芝的「源興居」，從小接受日文教育。李登輝評論說：「明治政府對臺菁英是從教育開始，從歷史觀點來看，這是未曾發生在歐美列強殖民地的事。」這個說法並不完全準確。與李登輝同齡、在英國殖民地新加坡長大的李光耀，也是在英國人辦的學校接受英文教育。其實，日治臺灣和英治新加坡之間的真正差異在於：日本強迫所有臺灣人都學習和使用日語，不僅局限於當地菁英階層；而包括新加坡在內的英國殖民地，通常只要求當地菁英階層接受西式教育，普通民眾仍使用原先的語言。換言之，日本要將臺灣徹底同化為日本帝國的一部分，而英國及西方只是在殖民地實行某種寬鬆的「委任統治」。

　　一九四〇年，臺灣總督府推行「皇民化運動」，包括變更姓名政策。李家全家改用日本姓名，父親李金龍改稱「岩里龍男」，哥哥李登欽改稱「岩里武則」，李登輝則改稱「岩里政男」。李登欽二戰後期從軍，至菲律賓作戰，在與美軍交戰中陣亡，奉祀於日本靖國神社內。李登輝回憶說：「我哥哥這個人太忠厚老實，不會轉彎，他的日本精神很強，很日本化，為國家打仗，為了公家，為了大家，不惜自己的性命。他比我老爸還要認真，精神真驚人，這點可能我也輸他。他是日本籍的臺灣人，也就是日本人，所以他並不知道中國的情形。……我一生可以

說受我哥哥的影響很大，比受我老爸的影響更大。」二○○六年，李登輝在臺北會晤來訪的靖國神社宮司南部利昭，後者感嘆說「在李登輝先生身上看到今日的日本人已經徹底遺忘的東西，他比日本人更像日本人」，並向李登輝發出參拜靖國神社的邀請。次年，李登輝在訪日時不顧中國及臺灣統派的抗議與批判，參拜靖國神社，在陣亡者名冊上找到哥哥的名字，「安靜地注視著祭神之記上的文字，最後將其抱在胸前」，也將供品「落雁」小心地帶回臺灣，並表示「我準備將落雁供奉在父親的神主牌前」。中方憤怒地對李登輝發起人身攻擊，稱其為「被日本軍國思想污染的民族垃圾」，李登輝強硬地回應：「祭祀為國喪命的年輕人是理所當然的，外國政府完全沒有批評的理由。」

在臺北高等學校就讀期間，李登輝表現卓越。創立於一九二二年的臺北高等學校，是日治時代臺灣唯一的一所高等學校，畢業後可直升全日本九所帝國大學。這所集結全臺最頂尖學生的學校是一道「夢幻窄門」，曾培育出包括李登輝、王育德、賴永祥等臺灣菁英。這所學校除了注重教育，更以自由校風聞名，學生們表現自由風氣以及青春燦爛的活力，許多人從中獲得自由探索人生的經驗。其同學山口政治回憶說：「岩里學長身材高大，在劍道上沒輸過，而且思緒清晰，辯論時從不失色，實在是文武雙全，當時在學校沒有人能贏過他。」

畢業後，李登輝原本希望大學報考歷史專業，以後擔任歷史老師，但日本殖民當局對臺灣實行某些歧視性政策，臺灣的中學或高等學校有一條潛規則：不採用臺灣出身者成為正式教員。李登輝只好改變志向：「原本夢想將來要成為世界史老師，但是在知道高等學校等不會採用臺灣人後，我因此在大學更改攻讀的志願。」一九四三年九月，他進入京都帝國大學農學部農林經濟系就讀，希望以後到地廣人稀的滿洲國，推動當地的農業發展。

一九四三年底，隨著太平洋戰爭白熱化及日軍逐漸處於劣勢，文科學生軍訓完畢也被遣外出征，李登輝的學業被打斷。他先經大阪師團（第四師團）徵兵檢查第一乙種合格入伍通過，隨後短暫回臺灣高雄接

受基礎訓練，再回日本陸軍預備士官學校砲兵科學習，被任命為見習士官，結訓後擔任陸軍少尉。他申請為前線的步兵，上級問他理由，他說：「想要與死亡來場較量！」後來他進一步解釋說：「當時想要成為步兵徘徊在最前線，希望藉此能讓從少年時代就困擾我的生死觀得到解決的方向。」但上級認為他是文科大學生，不適合衝鋒陷陣，遂將他分發為砲兵。

二〇一五年，一本日本雜誌披露了李登輝一段回憶戰時生活的言論：「本來直至七十年前為止，日本和臺灣原本就曾經『同為一國』。因為曾『同為一國』，故不存在有臺灣與日本打仗（抗日戰爭）這樣的事實。我志願進入陸軍，而我的兄長李登欽則志願進入了海軍。當時我們兄弟倆無疑地是以作為一個『日本人』，為了祖國而戰的。」這段話是李登輝真實的經歷與記憶。

日本戰敗之後，二十三歲的李登輝回到臺灣，原本打算成為一名農科學者，四十多年後卻意外地成為臺灣最高領導人。多年來，他隱忍沉默，從不敢公開表達對日本有所關切。臺灣學者黃智慧分析說：「以時間階段來看，從二十多歲到七十歲之間的人生，李登輝與日本，看似沒有關聯，或者說，這個關聯性刻意被隱藏，也完全被漠視，其斷層時期竟然長達半個世紀之久。」但是，在其權力鞏固、放膽施政階段，特別是退休之後，李登輝逐漸將這種關聯性公諸於世，乃至「用老命迸出渾身力氣支撐住臺日歷史關係的斷層」。

當然，李登輝晚年對其「親日」立場也有一番澄清：「臺灣給日本人管過五十年，有人說我親日，實在說，我是最反對日本的一個人……當一個人自我意識強起來時，追求的第一種東西就是自由。臺灣人不能做二等、三等的公民。」這裡，他反對日本統治臺灣時對臺灣人的身分歧視政策（比如，臺灣人不能擔任文科老師），並不反對日本輸入臺灣的近代文明。

二〇一八年六月二十二日，李登輝生前最後一次訪日，到沖繩參加和平祈念公園的臺灣陣亡者慰靈祭，並且列席雕刻著他親筆落款的「為

國作見證」立碑揭幕式。他致辭說：「戰爭是非常可怕、無情的事，總是會有許多寶貴的生命犧牲。但先人犧牲性命指出一條道路，教導我們要如何活下去。」他的談話沒有指責戰爭當事國日本，卻清楚地感受到對戰爭的遺憾與懊惱。

此前，日本《財經新聞》臺北支局長河崎眞澄在採訪李登輝時詢問「您現在對於大東亞戰爭是如何思考的」，李登輝沉默了好幾分鐘才開口說：「哥哥李登欽爲了日本奮戰，光榮地燃燒理想陣亡。但理想與現實是兩碼事。對於大東亞戰爭，我目前無法置評。」戰爭給這個家庭帶來毀滅性打擊：李登輝的母親在長子李登欽死後，以淚洗面，日夜號哭，數年而卒。然而，大概是因爲李登輝曾身爲一名基層日軍軍官，「不識廬山眞面目，只緣身在此山中」，對犧牲他哥哥乃至母親生命的日本軍國主義者發動的大東亞戰爭，以及日本在現代化過程中走上的歧途，缺乏更爲深刻的反思和批判。他在談及近代日本失敗的原因時指出：「戰前日本在邁向大國的過程中，犯下重大的的錯誤。幾百萬人民因此喪生，對於當時政治領導者的素質，理所當然會產生懷疑。」他認爲，當時日本農業破產，出身農家、對貧富懸殊感到不滿的青年軍官發動若干軍事行動，將國內矛盾的解決方案轉向大陸外求，這是近代日本失敗的原因。在具體的軍事戰略上，日本軍力向東南西北四面投射、擴張，「這已經不是武器生產與財政能力所能負擔的範圍」。但他又爲日本向美國開戰做出某種程度的辯護：「偷襲珍珠港等於接受了美國的挑釁。（美國）藉由少數的犧牲，高舉戰爭的正義大旗。這與一八三六年德克薩斯想從墨西哥尋求獨立的阿拉莫戰役，是如出一轍的模式。這是美國歷史上反覆上演的戲碼。」這一解釋和類比，引喻失義，不如日本歷史學家半藤一利對日本軍部的批判來得眞切：「這是一個權責不清、上下關係不明、充斥著個人英雄主義的團體在實施決定國家命運的決策。」也就是在這樣的情況下，這群人把日本推向了戰火，「無視眞正的統帥權、任憑派外軍隊靠著心理與感情煽動士兵，這樣的國家只會滅亡而已」。

李登輝對日本文化中的優質部分的認識比大多數日本人更爲深刻。他晚年努力將他理解的日本文化的精髓傳回日本去：「有些事情我一定要傳達給日本人，尤其是年輕世代的日本人。他們正逐漸失去自信，倘若他們不能建立信心，日本的未來是沒有希望的。」李登輝也提到，臺灣應當保存和發揚這部分日本文化和日本秩序：「（譬如說）連一片垃圾都看不到的日本社會，這種日本秩序在臺灣的建國道路上絕對不可或缺。」河崎眞澄評論說，李登輝親身感受到，將危機變爲轉機來克服困難，得以遂行成長的日本人之強韌性，其根本底層是因爲存在著「哲學」與「秩序」，更認爲這股「力量」也須應用在臺灣。同時，將日本人當成「原型」的李登輝，也絕對想要傳達這個意思給現代的「日本人」。由此形成臺灣和日本之間的良性互動。

李登輝對「日本精神」的推崇，相對於對「中華思想」的批判，一褒一貶，對照鮮明。他指出，日本教育把近代的概念引進臺灣，讓臺灣人懂得遵守法律和時間，並學會了金融貨幣經濟的基礎以及商業頭腦等等，逐漸塑造出新臺灣人的模樣。反之，國民黨帶來的「五千年的中國歷史」則全是壓迫和欺詐，對只顧自己的「中華思想」感到幻滅後，臺灣人才重新體會到日本文化是如何地講究，以及日本帶給臺灣的恩惠有多大。

李登輝還強調，正因爲把根留在臺灣的武士道，臺灣在戰後才沒有被中國文化給完全吞沒，也才能確立現今的近代社會。一般人，尤其與日本有深惡世仇的中國人，或是在中國式、恨日、蔑日教育下的臺灣民衆，一提到「武士道」，大概都會立即鄙夷那是窮兵黷武的軍國主義，或殘虐的「切腹自殺」與「復仇」。實則，那和眞正的「武士道」廣袤、深邃的內涵相去十萬八千里。武士道是日本千百年來的優雅傳統，世世代代的日本人已經將它內建形塑爲「大和魂」的日本精神，也是日本這個國家和日本國民思想與行動的靈魂之柱。李登輝指出，《武士道》所說的「躬行」就是：一旦認爲是好的，就要立刻去實踐、去實行，換句話說，要言行一致。與之對比，「中國的傳統」不外是「崇拜

寫成文字的宗教，不去直視現實，卻依靠口號來追求心裡的滿足」。所謂「寫成文字的宗教」就是儒教，而儒教不外是與科舉制度同時來支撐皇帝型權力的意識型態，只是在講空想的理想社會，並無法帶給人民內心的平安。

李登輝卸任總統公職後共有九次訪問日本，日本是其出訪最多的國家。日本外務省親中派和畏中派擔心李登輝的訪問激怒中國，爲之設置了四個苛刻的條件：一、不能前往東京或京都訪問；二、不能公開演講；三、不能召開記者會；四、不能與日本政治人物會面。但李登輝以四兩撥千斤的智慧，用「眞實自然」的方式，一一加以化解和突破。中共的蠻橫恫嚇，適得其反，促使日本民眾從好奇、關心、認識，演變成同情、支持臺灣，甚至激發起臺日人民同仇敵愾的氣氛。而李登輝的臺灣精神、基督信仰與日本武士道兼收並蓄的人文特質，亦備受日本民眾欣賞和景仰。

安倍晉三是李登輝的晚輩，李登輝高度肯定其改革日本內政，讓日本奪回「失去的二十年」，讓日本社會煥然一新；更在外交上轉守爲攻，對中國持強硬立場、對臺灣則極爲友善。他期待日本早日制定日本版《臺灣關係法》，透過「日美臺」的聯手，爲今後新的遠東秩序建立良好的基礎。二〇一五年，李登輝訪問日本期間，安倍主動提出到李登輝下榻的飯店去拜訪。三十分鐘的對談會面，李登輝講超過二十分鐘，好像是老師在講話，學生在聽課一樣。

李登輝亦善用日本的資源與資訊。曾在李登輝任內出任國安會副祕書長、總統府祕書長的林碧炤指出，李登輝的資訊來源很多，除了有幕僚團隊之外，還有許多管道，特別是日本，他有直接的管道和很多好朋友。所以，當他遇到複雜的問題時，不管是財政、金融、經濟、環保等方面，這些管道都會用最快的速度提供最新的資料給他參考。他得到這些新的資訊後，就修改爲更適合的政策。曾任總統府侍衛長的王詣典亦指出，李登輝接見的客人大概有百分之六十是日本人。日本人來臺灣都想見李登輝，有些人原本可以由副總統或五院院長接見，但李登輝表

示：「日本縣市官員來臺灣之後，回到日本都會跟別人說見到了我，他們感覺很榮耀。……跟他們聊聊天也好。」

　　日本作家上坂冬子曾將李登輝與汪精衛做對比，除了他們共同的親日的立場外，還有他們的政治操作方式。中日戰爭期間，汪精衛以「一面抵抗，一面和平」的口號向日本接近，從事和平工作；而李登輝也是在設法保持「一面執政黨，一面在野黨」的兩面平衡之下，尋求民眾安定生活之道。她更認為，李登輝雖然常因高深莫測而遭受批評，但在關鍵時刻，他總是以微妙的掌舵度過關卡，走向既定目標。這一點也顯示，李登輝與汪精衛有著共通的現實主義傾向。汪精衛的計畫由於日本戰敗而失敗，但李登輝卻靠此手段逐步接近目標。

　　李登輝曾透露這樣一個細節：夫人曾文惠曾打趣說：「你不是一個已經做了十二年臺灣總統的人嗎，怎麼一天到晚總是在憂心日本的事啊」李登輝回答說：「我每天都很注意接收日本的新聞訊息，若要問，為何我是那麼放心不下日本呢？因為我很擔憂，如果日本不能強健起來的話，臺灣也會撐不住啊！」

　　李登輝認為，自由和民主兼具的日本應該要作為亞洲的領導者，積極帶領亞洲前進。他多次指出，自己的祖國臺灣如果要持續「存在」下去，日本是不可缺少的朋友。臺灣是小國家，要自力更生確實有些困難，但是，如果獲得擁有相同民主和自由價值觀的日本的協助，臺灣就能夠持續「存在」。

　　李登輝任內成立專司對美日外交的「明德小組」，參與者包括負責國安和外交的最高層級官員。時任該小組祕書的楊六生回憶，如果李登輝沒有獨到的戰略觀和決斷力，這個工作根本無法進行。當時他們決定與曾參加越戰並先後任美國國防部次長、國務院副國務卿的阿米塔吉合作，阿米塔吉在會議上明講：「假如你們要推動對美（外交）關係，以我對國務院的了解，沒有人聽你們臺灣方面講話。若中共一百分，你們臺灣十分，日本八十分，如果十分加八十分，美國就會考慮一下，但光是你們自己十分，連考慮都不用考慮。」他建議臺灣和日本一起做美國

的工作。這個建議被李登輝採納。

　　李登輝晚年多次強調，臺灣與日本，彼此之間具有如同「生命共同體」般的重要性：「很多日本人不理解，臺灣對日本而言，不只是讓日本製商品輸出的一個浮在南方海上的島嶼而已；臺灣對日本來說，是日本的生命線。」他更展望說：「為了對抗中國的威脅，並確保日本與臺灣的安全與繁榮，我們必須穩定日臺的經濟關係且促進文化交流，以及加深日本與臺灣之間的羈絆。對我們如何認識『臺灣與日本是命運共同體』這件事，以及未來該如何發展，我希望臺日兩國的人民都能合力去思考，並找出解決方法。」

作為榜樣的日本人：新渡戶稻造、坂本龍馬、八田與一

　　日本對李登輝本人而言，在哲學、精神、信念層面提供豐厚的精神資源。李登輝是透過日語來獲得知識和思想體系的。學者李弘祺指出：「受到日本殖民的臺灣，雖然在經濟上無法與日本相比，但是卻在四百年來面對了東西各國的交往，產生了不卑不亢、保持自我、與各地保持等距的關係。所以在一九二〇年代，臺灣的文化已經能反映出對各國文化選擇性地吸收。從比中國更早出現對尼采的介紹，到精美的彩色套印的解剖學教科書，到接待梁啓超、歡迎五四運動，到推動議會請願，不一而足。李登輝就是在這樣的環境裡，像海綿一樣地吸收各種知識。從此他賡續了臺灣人那種海闊天空的使命，要帶給東亞各國全體應該共同享有的平等而互助的理想。」日本學者松田康博指出：「一九二三年出生的李登輝在一九八八年成為臺灣的領導人，代表著接受日本的高等教育並完成人格塑造的人物，扮演了推動臺灣民主化的角色，這是歷史的機緣，也是不可能重現的奇蹟。」

　　在許多場合，李登輝毫不掩飾感謝他在青少年時代所學到的「日本精神」。比如，他在十二歲的時候，覺得自己太受母親溺愛，如此下去

自己會成爲浪蕩子，便去老師藤本的宿舍跟老師同住，以便「接受更嚴格的訓練」。藤本老師與之約法三章：第一，要爲老師取炭火燒洗澡水；第二，專心念書，不准睡懶覺；第三，負責整理宿舍內務，力求整潔。藤本的要求，是爲了要李登輝「提早獨立做一個成熟的男人」。李登輝在十三、四歲的時候便坐禪與苦行，並且接受劍道的訓練，「有時甚至多天潛入冰冷的水池中，吃了不少苦頭」，「我想盡量嘗試讓自己吃苦耐勞，想試探自己能夠忍受到什麼地步，能否超越這些煎熬。中學時期，我總是大清早就起床，主動去打掃廁所等等，這種困難，都是我自願去面對的」。

李登輝認爲，自己作爲最高指導者的精神特質，除了個人人格特質、基督教信仰、臺灣精神之外，還有日本精神，這是他人生中的四根支柱。學者黃智慧指出，「日本精神」這個名詞所指述的是，從日本時代學習過來的勇氣、誠實、勤勉、奉公、自我犧牲、責任感、清潔等德行和德性。李登輝在著述中所指的「日本精神」，大部分都在旁邊加註臺語發音，顯示這已經是脫離了日本殖民期的脈絡，被臺灣人日語世代用來抵抗來自中國惡行壓迫的「日本精神」。

李登輝所繼承的「日本精神」，主要的榜樣有新渡戶稻造、坂本龍馬、八田與一等人。

新渡戶稻造爲日本的國際政治活動家、農學家及教育家。新渡戶稻造與李登輝都是農學家和基督徒，都是在歐美獲得博士學位，具有世界視野。在臺北高等公校讀一年級期間，李登輝就在臺灣總督府圖書館裡發現新渡戶稻造的《講義錄》。一九〇一年，新渡戶稻造任臺灣總督府殖產局局長時曾提出《糖業改良意見書》，將臺灣糖業帶向資本化與工業化，成爲二十世紀日本帝國經濟重要的基石，他本人也被稱爲「臺灣糖業之父」。李登輝後來專攻農學，加入「農業報國」的行列，跟他的影響也有關。

新渡戶稻造並非帝國主義者，他在東京大學開設「殖民政策講座」，對日本官方的殖民主義政策有一定的反思與批判。後來，他將講

座交給農經學者矢內原忠雄——後者是基督教無政府主義者，被譽爲帝國的良心，到臺灣做過調查，寫成《帝國主義下的臺灣》一書。其在東大的學生張漢裕，戰後任臺灣大學經濟系系主任，對李登輝十分賞識，也特聘李登輝到經濟系教課。

不過，新渡戶稻造對日本、臺灣及西方影響最大的還是其代表作《武士道：日本精神》一書。此書被認爲是認識日本文化的入門書和必讀書。一八九九年，新渡戶稻造在美國賓夕法尼亞養病時，有感於外國對作爲日本文化根基的武士道所知甚少，遂以英文寫作此書進行介紹。他在該書中指出，武士道是日本精神誇耀於全世界的結晶，其誕生要歸因於日本不斷積累的歷史、傳統、哲學、風俗以及習慣。武士道一言以蔽之，就是「伴隨高貴身分者所產生的義務」，武士道的精神氣質是「忠、義、勇、誠、禮」，是秩序、名譽、勇氣、潔身自愛、惻隱之心（同情心）、實踐躬行等。這些都深深地滲透在日常生活之中，成爲日本人的行動基準以及生活哲學。當今日本人的使命是要守護名譽、勇氣以及所有武德的卓越遺產，因爲「我們還沒能發現可以取代武士道的東西」，「目前武士道僅是『一火尚燃的燈芯』，制度本身也許會消滅，不過其德目尚存，力量也不會從地球上消滅的」。該書也成爲日本的「國家名片」，一個典型的例子是美國的西奧多・羅斯福總統接受贈書並閱讀後，由此了解日本國民的德性，讚賞日本人高尚優美的性格與誠實剛毅的武士道精神，並實行對日友善的外交政策，幫助日本與俄國在日俄戰爭之後簽署和平條約。

李登輝早年接受日式教養教育，與《武士道》邂逅，立即碰撞出燦爛的火花。他後來曾有一番證道般的感言：「對於總統任內十二年的奮鬥，我自詡確實能一貫始終地朝理想奮進，而我內心最大的支柱，當然就是早年『日本教育』打下的『大和魂』，也就是『武士道』精神。換言之，當我有機會爲臺灣民眾做事情時，我便試圖在臺灣讓武士道精神以獨特形式發揮，其中我最期待的便是進行『心靈（精神）改革』，希望藉此奠定『新臺灣人』精神的穩固基石。」對此，學者葉柏祥評論

說：「『武士道』哲學是李登輝中心思想的重要一環，他用『武士道』傳統的意志力，悄悄完成臺灣的去中國化以及民主化，潛移默化地轉化臺灣的面貌，而在執政期間，他將『武士道』哲學，充分實踐在他面對國民黨主流與非主流的權力鬥爭過程，也用在對付臺灣險惡的國際政治處境，這種實踐哲學觀，讓他不畏強大的內外政治壓力，突破臺灣的困境。」

二○○三年，李登輝出版了讓日本各界感動的《「武士道」解題：做人的根本》一書，用淺顯的文字，以及旁徵博引的哲學思想，闡述自己在「武士道」價值觀架構下之人格修練的求道體驗，並逐章開解《武士道》要義，對武士道的核心價值，如忠勇、惻隱之心、義、理、誠信、克制等，做出精妙的闡釋，進而探求國民精神的原動力量。日本學者井九千男如此稱讚說：「新渡戶之後已經過了一百年，然而能以武士道的解釋超越新渡戶的，只有李登輝一人。」

比如，新渡戶稻造在《武士道》中屢屢引用佐賀藩士山本常朝的著作《葉隱》，這本書的開頭寫著：「所謂武士道就是找到死」。山本說：「常住死身」，其意是：無論在什麼時候，抱持著死的覺悟時，是會產生好的結果的。換言之，武士道與其說是重視「死法」，不如說是重視「活下去的態度、方法」。以此對照中國的儒家思想，李登輝發揮說，儒教的思想裡頭，所謂「死與復活」的因素是很淡薄的，並沒有否定事物的契機。因為這個緣故，儒教對於「生」的肯定就特別的強烈。這種危險性就帶給中國的傳統影響。

如果說新渡戶稻造對日本武士道精神的闡釋為李登輝提供了精神支柱，那麼坂本龍馬在明治維新運動中的「船中八策」則啟發了李登輝推動臺灣民主化、完成「寧靜革命」。直到卸任多年後，李登輝才將以坂本龍馬為師的「祕密」全盤托出：「擔任總統期間固然毋庸諱言，即使卸任總統職務後，也是經過一段時間都沒有跟任何人提起過，那就是臺灣的民主化與政治改革，實際上受到坂本龍馬『船中八策』非常深遠的影響。」

最早將「龍馬戰略」介紹給李登輝的，是長期擔任松下電視創始人松下幸之助祕書的日本學者江口克彥。一九九七年四月，江口在給李登輝的一封信中，建議臺灣政治改革應參考坂本龍馬的「船中八策」。他寫道：「看到當時李登輝總統正在進行的政治改革，感覺與明治維新的情況是完全重疊的。」

　　「船中八策」是坂本龍馬在被暗殺的半年前，在海上以口述所寫下的紀錄。他提出的八項國家構想，後來成為明治維新的思想基礎，讓日本從幕府末期的封建社會發展成現代的立憲國家。此「八策」大都被納入明治政府的基本方針「五條御誓文」。

　　李登輝收到江口的來信後，仔細研讀，然後回信向其表示感謝。兩人意氣投合，產生了深厚的友誼。後來，江口還幫助李登輝的著作《臺灣的主張》在日本出版。

　　二〇〇九年，李登輝在訪問日本時，應邀到東京青年會議主辦的演講會上，以〈我想藉龍馬的「船中八策」傳達給年輕人的話〉為題發表演講。他稱讚「船中八策」是「龍馬所留下的最重要的政治功績」，並將其理論置換成現代課題介紹給日本聽眾。他指出：「對住在和日本一樣是四面環海的臺灣的我而言，『船中八策』非常具有啟發性。」

　　在訪日途中，李登輝夫婦專程去龍馬故鄉高知縣，造訪龍馬紀念館，並向龍馬銅像致敬。李登輝夫婦不僅喜歡讀司馬遼太郎寫龍馬的大河小說，還喜歡看根據小說改變的大河劇。他看到藝人福山雅治主演的「龍馬傳」的海報時說：「這臉很像耶。」李登輝夫人曾文惠則說：「福山比較帥。」李登輝打趣說：「是這樣嗎？帥又不一定有頭腦呢。」根據日本《共同社》報導，生平首次造訪高知縣的李登輝，在雕像前公開稱讚坂本龍馬是「從天而降的人」，並在紀念館題字說：「龍馬先生是近代日本的指導者。在他的偉大面前俯首的同時，被高知的風土和人們的熱情所打動。」

　　李登輝在高知縣發表題為〈龍馬「船中八策」與臺灣政治改革〉的演講，特別引用友人江口昔日給他的仿效坂本龍馬「船中八策」的建

言，並將其結論歸納爲兩點：「對於日本年輕人而言，坂本的『船中八策』乃古今東西最足以令人讚嘆的成就，年輕人賭上性命如此實踐，就能名留青史、惠澤萬世；不僅日本，對於住在臺灣的我等而言，『船中八策』同樣指出非常重要的政治改革方向。那就是，臺灣必須實施我所謂的『脫古改新』，亦即擺脫中國傳統政治文化。在此同時，我們也更對改革行動感到驕傲，並且更加強化實踐的使命感。」

李登輝是農學家，對另一位農學家和工程師——日治時代爲臺灣的農業做出巨大貢獻、修建完成大規模灌溉工程「嘉南大」的八田與一自然是惺惺相惜。二〇〇二年十一月，李登輝應日本慶應大學邀請到「三田祭」活動上發表演講，他本來已經準備好題爲〈日本的精神〉的演講稿，此行卻因爲中國施加壓力及日本外務省親中派外交官的干擾，使他未能得到赴日本的簽證而夭折。

後來，這篇講稿的日文版在《產經新聞》上發表，中文稿也在華文媒體發表。李登輝在講稿中指出：「八田先生不只技術能力超群，同時也是值得敬仰的人格者。雖然面對殖民地人民，但他完全不在乎階級、頭銜、人種，乃至於民族差異。也許只能說，這是八田先生天性使然，但如果他不是生長在金澤這樣人文薈萃、民風優美之地，如果他不是日本人，恐怕很少『統治者』能有如此的寬闊胸襟。」他還讚揚說：「我們可清楚從八田先生身上感受日本數千年來累積的崇尚形而上價值與道德觀。不僅如此，八田先生以他的一生作爲體現『人該如何生活？』的最佳哲學理念，其甘於清貧、爲國家百年大計奉獻的情操氣魄，實在值得年輕世代仿效。而『克己奉公』的精神，正是日本這個國家及日本人一向最珍視的精神。」他進而指出，在八田身上，傳統與進步兩個表面上看起來相反的概念得到了昇華和統一：「在當時最先進的灌溉工程的背後，有八田所遵循的傳統的『重農思想』和「公義觀念」。……只要是『眞理』，即使傳統價值觀也能繼續存在。所謂『日本精神』與日本國民的人格特質，最難能可貴的，不就是這種人的關懷以及對公義的重視嗎？」

影響李登輝的，還有其他諸多日本作家、思想家和政治家。比如，李登輝對日本基督徒思想家矢內原忠雄評價很高，針對臺灣當下宗教團體大建富麗堂皇的教堂廟觀的亂象，他認為矢內原忠雄的「無教會主義」才是踐行真正的信仰。「矢內原在當一高校長時，儀式進行時，大家都對天皇的畫像鞠躬，他卻不願鞠躬，這樣就發生大事了，結果以後被趕出東大。他這種人在生活上、物質上或社會上都比較艱苦，但是他們的那種精神真正是很可貴、很可愛。」李登輝也推崇曾任日本總府民政長官的後藤新平。二○○七年六月一日，他到東京接受「後藤新平會」所頒發的第一屆「後藤新平獎」時，發表題為〈後藤新平與我〉的致詞說：「今天的臺灣其實是在後藤新平所打下基礎之上發展起來的。在此基礎之下，成立新臺灣政府、促進臺灣民主化的我，和後藤新平先生之間可說存在著一種看不見的關係。即使我們之間就時間而言並沒有交集，但空間方面關係卻是非常緊密（有共同的交集——臺灣）。而且，我認為後藤新平先生與我個人之間，有著非常深厚的精神連繫。……我相信，對於我而言，後藤新平先生是一位偉大的精神導師。」

李光耀：被日本兵打耳光，是平生的奇恥大辱

臺灣被日本統治五十年，基本已被日本同化；而新加坡只被日本占領三年多，日本來不及將新加坡同化（日本也無意將新加坡同化）。青年時代的李登輝自我認定是日本人，而作為英國人在新加坡培養的華人菁英，李光耀在日本進軍新加坡之際，情感複雜，身分認同搖曳多變。

一九四一年十二月七日，日本偷襲珍珠港，對美宣戰，太平洋戰爭爆發。八日凌晨，日本飛機空襲新加坡，李光耀青年時代的歲月靜好被擊碎。此前，他從英文報紙《海峽時報》上看到形勢一片大好的報導，認為英國挺過了不列顛空戰，在亞洲的統治也將穩如磐石。雖然日軍開

進法屬印度支那，軍艦進駐金蘭灣——那裡離新加坡七百五十英里，但這一切彷彿發生在另一個世界，新加坡殖民當局和民眾並未受到太大觸動。

十二月一日，英國總督宣布馬來亞軍隊總動員。次日，英國主力軍艦——戰列艦「威爾斯親王號」與巡洋艦「驅逐號」——抵達新加坡。李光耀和大多數新加坡人、包括英國殖民當局都以為，這兩艘巨艦可以保證英國在遠東的統治。在海軍建設和其他很多現代化改革方面，日本是英國的學生，日本大概不敢挑戰老師，更何況英國背後還有更強大的美國。

李光耀的判斷完全錯了。十二月八日凌晨四點，在上流子弟就讀的古魯尼路萊佛士學院的宿舍睡覺的李光耀，被炸彈爆炸聲驚醒。隨後幾天，學校停課，他加入醫療輔助服務隊，分配到一頂鋼盔和臂章，上面印有紅十字標誌。

十二月十日，兩艘象徵大英帝國海權的英國皇家海軍巨艦被日軍飛機擊沉。這宣告了戰列艦時代的結束和飛機在海戰中決定性地位的確立。對於此一慘痛的失敗，新上任的大英帝國參謀總長布魯克將軍驚慌失措地承認：「我們已喪失從非洲往東經印度洋、太平洋到美國的制海權。這影響了對中東、印度、緬甸、遠東與紐澳的增援！」

這一年聖誕節，日本人輕鬆占領了香港，在馬來亞的推進也又狠又快。日本電臺嘲笑「你們這些英格蘭紳士」只能乖乖挨打，還說「我們的轟炸機豈不是比你們的威士忌蘇打水更滋潤嗎？」英、印、澳聯軍很快趕到馬來亞駐守，但既沒有空中掩護也沒有戰車或反戰車武器，指揮混亂且士氣低落。不列顛文職行政官員倉皇逃走，使得長期以來依賴大英帝國保護的當地居民信心崩潰。

二月八日，李光耀執行最後一次醫療輔助服務隊任務時，在史蒂芬路遇到一隊潰敗的澳洲士兵。他們驚魂未定、四處逃竄，一名士兵對他說：「完全完蛋了，把這拿去吧！」不由分說地將手中的武器遞給這個華裔青年。隨後，醫療輔助服務隊解散，李光耀對校長說：「不列顛帝

國完了。」他說的是實話──此前，他對「大老闆都是白人」談不上有什麼不滿，「英國人在政府裡和在社會上占有優越的地位，只不過是生活的現實而已。他們畢竟是世界上最偉大的民族，擁有歷史上最龐大的帝國，橫跨所有時區，遍布五洲四海。他們只派幾百個士兵駐紮在新加坡執行法紀，而且定時調換。他們所負的使命，是對六七百萬亞洲人維持殖民統治」。在父母的教誨下，他將英國的殖民統治視為理所當然，他們家族本就是殖民體制的既得利益者，他們承認此一事實：「亞洲民族也許要經過好多年，才會像歐洲人那樣有教養講文明，而英國人則是最有教養最文明的歐洲人。」直到日軍入侵前夕，在受英文教育的亞洲人當中，沒有一個人會挺身而出、捍衛亞洲人的平等地位。

　　二月八日夜間，日本兩個領先的師，在掃蕩了五百哩全長的馬來半島之後，開始強渡隔在新加坡和大陸之間的狹窄海峽。次日早上日出時，日軍已有一萬三千人上岸，守衛海峽的澳洲部隊向內陸陣地撤退。二月十日，在老家避難的李光耀在一條小巷子中發現兩個日本兵，這是他最早看到的日本兵：他們綁著腿，腳穿膠底布靴，大腳趾和其他腳趾隔開，頭上戴著鴨舌帽，帽子後面還連著小披風，扛著插上刺刀的長長的步槍。他們身上發出一種令人作嘔的惡臭，讓他永遠都忘不了──那是因為兩個月來他們沿著森林小徑和橡膠園通道，一路打到新加坡，好久沒有洗澡了。

　　以前，李光耀在電影中看到的是被醜化的日本人，他們矮小醜陋，兩腿成弓形，不堪一擊。此刻，他卻發現：「他們證明本身有膽識、有力量、有軍事本領，能夠跟英國作戰，並取得最輝煌的戰果。……他們並不是小丑，而是傑出的戰士。他們的體型跟歐洲人不同，軍服和武器採自西方，但是他們的作戰素質卻不容置疑。單在戰鬥精神方面，他們無疑是世界上最傑出的士兵之一。」

　　被圍困的英軍無法撤退到印度或其他安全地區，二月十五日，農曆新年，英軍統帥波西瓦將軍持著白旗向日軍指揮官投降──不列顛帝國共計八萬五千名兵力向三萬日軍投降。日本軍隊敲響了「日不落帝國」

的喪鐘。李光耀寫道：「這一年的春節，無疑是一八一九年華人移民到新加坡以來最黯淡的一個節日。」邱吉爾哀嘆說：「這是英國歷史上最嚴重的災難，也是最大規模的對敵投降。……一九一五年我們的兵即使只剩一發炮彈還是照打下去……我們在新加坡有那麼多兵力……他們的表現實在太差。」大英帝國參謀總長布魯克黯然嘆息：「過去十年我淒然覺得不列顛帝國日益衰敗，我們在快速衰落……我在想我們還會不會東山再起？」相比之下，日本軍隊發揮了驚人的戰鬥力，日本人在短短幾個月內就拿下不列顛帝國分散於遠東各處的領土：香港、馬來亞、新加坡、緬甸、北婆羅洲。全球的橡膠、錫、石油和稻米有很大一部分隨之落入日本人之手。日軍總共只損失了五千人。

英國人的霸權建立在優越的科技和組織之上。然而，作為「亞洲的暴發戶」的日本居然擊敗了英國，並且號稱「亞洲是亞洲人的亞洲」、「亞洲是黃種人的亞洲」，一開始對於被其「解放」的亞洲諸民族頗具吸引力。但是，日本人趕走包括英國在內的西方殖民勢力之後，卻對同屬的亞洲人顯示他們比英國人更加殘暴、蠻橫、不義和凶狠。同時，日本人又恥於跟其他「未開化」的亞洲人認同，因為明治維新以來日本的目標是「脫亞入歐」，認為日本自己是天擇的子民，跟蒙昧無知的華人、印度人、馬來人是完全不同的。在日軍統治新加坡的初期，日軍宣布約有五千名華人被殺，但非正式統計約有兩萬五千名華人被殺害。

很快，李光耀就遇到日本兵的粗暴對待：他在去探望阿姨的路上，經過日軍設在橋頭的一個檢查站。一個日本兵大聲喊他過去，他剛走過去，這個日本兵揮動步槍上的刺刀，將他頭上戴的撿來的一頂澳洲軍帽戳穿並揮落在地上。然後，這個日本兵狠狠地打了他巴掌，並推他跪下，用穿著靴子的右腳猛踢其胸部，將其踢倒。李光耀爬起來時，日本兵做手勢命令他返回，他只好從命，這才撿回一條命。這是他一生中所受的最嚴重的身體懲罰和羞辱。

次日，一隊日軍來到李光耀家，搜羅糧食，生火做飯，一番折騰，三天之後才離開。

日本占領新加坡初期，有一天，李光耀與其他數以千計的華人青年，在集中營接受「檢證」。有一部分青年被送到另一邊，事後才知道那是死路。李光耀本能地覺得情形不對，要求看守的日本憲兵准許他回家拿一些個人物品，非常幸運地獲得批准。他虎口脫險，一去不回。多年後，他感嘆說：「我永遠不明白，關係到一個人生死的事，居然在那麼反覆無常和漫不經心的情況下敲定。我僥倖逃過日軍的檢證行動。」是他敏銳的直覺救了自己一命。

　　日本占領新加坡後，將其改名為「昭南島」，意思是照耀南方的基地。隨即，《星州日報》改名為《昭南日報》，《海峽時報》改名為《昭南時報》──次年又改名為《昭南新聞》，發行日文版與英文版。一九四二年三月，日軍在此設立軍政部以及市政府，日本派來的高級文官不到二十人，低階文官很多由臺灣人和韓國人擔任。日本統治初期曾企圖將包括新加坡在內的整個馬來亞納入日本帝國之一部分，馬來亞聯邦的總督府設在新加坡。日本將蘇門答臘也併入新加坡和馬來亞，強調這三地具有共同的種族背景，是因為荷蘭與英國的殖民統治刻意將它們分割開來。然而，在日本治下，這三地在行政體系上仍是分開的，並沒有一個最高行政長官統管三地事務。一九四四年，日本又將蘇門答臘劃分為一個單獨的軍事地區。日本等於是放棄了建立一個無論是由其直接管轄還是間接控制且有自治之名的「昭南邦」。一九四三年五月，日本在太平洋戰爭中失利，被迫採取守勢，遂完全放棄了吞併、同化新加坡和馬來亞的政策，轉而高唱合作，建立所謂「新馬來」，但其暴虐的統治方式並未有絲毫改變。

　　李光耀對日本的統治感情複雜，多年後他回憶說：「今天，英國人在這裡，是無法撼動、全然當家的主人；隔了一天，曾被我們瞧不起、譏笑是矮個子、發育不全、目光短淺斜視的日本人竟然取而代之。」他過去相當推崇英式菁英主義，在自傳中承認，其祖父認同英國人的菁英主義觀念，很小就讓他在英語授課的學校接受英式教育。但另一方面，李光耀和馬來西亞前首相馬哈蒂爾一樣，在規劃國內工業發展方式時對

英式管理文化多有批評，認為英國式的管理人員高高在上不了解實際情況、過分依賴直接下屬。他對日本的管理大為欣賞——管理人員應保持適當的謙卑、強調集體的協調和力量、鼓勵工人學習和提升以及對企業提意見。所以，他將學習日本作為新加坡的工業化之路。

李光耀為何擔任日本軍部報道員：如果不能打敗他們，就加入他們

日本對新加坡的統治似乎要持續相當長一段時間。

與大部分新加坡華裔菁英青年一樣，李光耀沒有參加華裔義勇軍，此前也沒有捐款支持中國抗日並抵制日貨。他是一個相當現實的人，此前他接受英國的統治並竭力利用英國制度讓自己出人頭地，如今換了日本人來統治，他也用同樣的策略來應對。

此一階段，李光耀的民族和國家認同尚處於曖昧狀態：他固然屬於廣義的「華人」，卻不是中國人，中國與日本在遙遠的東亞大陸發生的戰爭跟他無關。那時，還沒有馬來西亞和新加坡這兩個國家，他只是英國殖民地的次等公民，這個身分置換成日本殖民地的次等公民，似乎並無太大的心理障礙。學者陳鴻瑜在《新加坡史》中指出：「在日本統治新、馬時期，當地沒有民族主義領袖要求獨立或自治，其情況與印尼不同，主要原因是新加坡多數族群華人並沒有出現自主性政黨，要求獨立自主。在以前英國統治時，新加坡華人就不是統治族群，且多數不是英國籍民。在日本統治時，大都是是外僑的華人，依然是依附族群。」當時，華人領袖林文慶組織親日的「昭南島華僑協會」並擔任主席，副主席為銀行家黃兆珪。有兩百五十名華人領袖在吾盧俱樂部集會，日本軍政部發給他們華人聯絡員的徽章，他們組成了「華人維持和平委員會」。

多年後，李登輝與李光耀交惡，李登輝曾如此批評說：「李光耀的經歷，大家恐怕不清楚，在日本占領新加坡時，他替日本人做事，連俘

虜的收容所都做過。」這個批評略顯苛刻，一則於事實而論，似乎並無證據證明李光耀在俘虜收容所服務過；二則殖民地居民為占領軍服務，是為了生存而做出的掙扎，不必過於苛責。對於這段與狼共舞的經歷，李光耀後來說：「我們曾經經歷過非常艱巨的學習，讓我們受益無窮。我們遇上街頭惡棍。我們如果不是受過街頭歷練，我們會被打得很慘。就像平常關在一座別墅圍牆後的狗一樣，我們若是在危險百出的馬路口，恐怕早被撞死……一整個世代的新加坡人，都在艱困的政治學校中學習。激烈的作戰造就出老一代的部長們。在我們之中軟弱、遲鈍或緊張的人早早就掛了。現在在職的人是達爾文主義物競天擇過程的生存者。我們有敏銳的生存本能。」他將日治時代的艱苦歲月視之為生活中難得的磨練。

　　一九四二年四月，日本軍政當局允許一些英文、馬來文和印度文學校復課。此前，英治時代對英文學校有優惠政策，其教師薪資較高。如今，日本一視同仁，且隨後取消小學學費和書本費，所以此政策頗得人心。公立學校的小學則以日文開課，且設立多家日語學校，老師都從日本調來。

　　很多華人父母傾向於讓孩子學英文和中文，不願讓孩子學日文，所以日治時代，學校學生人數驟減。不過，李光耀頗能與時俱進——既然英國已在亞洲潰敗，日本的權力冉冉升起，那麼此前學習的英文就沒有什麼價值了，要學習新的統治者的語言，才能獲得在新時代的基本生存技能，考慮到「如果在往後幾年中，日本人將繼續留在新加坡成為我的主人，為了避免麻煩和便於謀生，不得不去學習他們的語文。於是，一九四二年五月二日（開課第二天）我到奎因街日本當局所辦的日本語學校報名，成為第一批學生。課程分為三個月一學期，於七月參加畢業典禮」。這所學校的學生，年齡和學習能力各不相同，有些來自中學，有些來自學院，也有年輕工人。李光耀在學習過程中發現，「學日文比學華文容易得多，因為它沒有四聲，但是在雙音和文法方面，日文顯得更加複雜」。

李光耀在回憶錄中，將這段學習日文的經歷寫得雲遮霧繞，甚至沒有提及學校名稱。其傳記作者陳加昌清楚地指出，這所日本學校名叫「昭南日本學園」，後來改名為「軍政監部國語學校」，其教育水準不錯，與戰時日本內地的「國民學校」在同一水準。設置這類學校，是日本「文化戰」的一部分。「昭南日本學園」是日本軍政當局精心設計塑造而成的、南方占領區的一所「模範學校」。校長神保光太郎是日本著名詩人，日本國內的課本都有採用他的詩篇。他在戰前留學德國並獲得文學博士學位，來新加坡之前為東京帝國大學文學部教授。學園的其他教員，也都是一時之選。看來，日本在占領之處，確實有認真經營新加坡和馬來亞的計畫。在三個月的學習期間，李光耀給同學們留下深刻印象，「李的英文講得很棒，口才很好，常在班上高談闊論，沒人能贏他。很明顯看出他鋒芒初露，超群出眾，也讓同學以為他在炫耀自己的才華」。

那個時期，如果結交了有權勢的日本人，日子會好過得多。李光耀的爺爺在英國統治時代是頗受殖民當局器重的紳士，此時這些資源統統歸零，但他早就結交了一名日本人朋友。在其去世之前，他托這位日本朋友幫孫子在日本人當道的世界裡安插一份工作。這位日本朋友倒也顧念舊情，幫助李光耀在下田公司及另一家日本公司找到工作，讓其擁有穩定的收入，從未受苦。

李光耀不是知足常樂的人，在民間的公司找到一份可以糊口的工作不能讓他滿足，他還要主動往更高的社會位階攀爬——那就是加入統治當局。一九四三年，他從報紙上看到日本軍政當局「報導部」（宣傳部）的招聘廣告，便去應聘。這份工作是處理同盟國通訊社發出的電訊，包括路透社、合眾社、美聯社、中央社和塔斯社的電訊，將這些英文資料整理出來，改寫成對日本有利的新聞稿。李光耀在回憶錄中刻意迴避「報導部」隸屬於日本陸軍參謀總部的這一關鍵事實。

在此過程中，李光耀得以接觸到一般民眾不知道的真實戰況，戰況對德國、意大利和日本越來越不利。但是，他不敢對任何人談起。就在

他工作的國泰大廈底層，駐紮著一支憲兵隊，每一個在「報導部」工作的雇員在憲兵隊都有一份詳細的檔案。憲兵隊的任務是確保每一個人不會對外洩露消息。

李光耀主動選擇這份日本軍部的文宣工作，如果用中國民族主義者的立場來看，就是胡蘭成式的「漢奸」。不過，李光耀選擇與日本占領方合作，並無「民族氣節」之類的精神負擔。普通的新加坡人不會有黑白分明的「忠奸之辨」——那時，新加坡並非獨立國家，對於當地人來說，為英國人服務和為日本人服務，並無本質之差異。

同時，頭腦靈光的李光耀還與來自上海的中國朋友合夥做黑市生意，充當日本大公司、軍部和本地供應商的中間人。凡是可以買賣的東西，他都樂意擔任經紀人，這些東西包括西藥、小件首飾、地皮、洋酒、香煙等。這是一件肯定不會虧本的生意。隨著戰局惡化，市面上每一件物品都供應不足，而且越來越少。越是如此，李光耀越能發大財，他似乎隱隱有些良心不安，他後來承認：「這期間，我過的簡直是存在主義者的生活。」他說的存在主義，不是西方哲學意義上的存在主義，而是功利主義或實用主義。

日本在新加坡的統治，遠不如在臺灣那麼仁慈。日本人早已將臺灣當做其國土的一部分來悉心經營，臺灣人的地位雖比日本人略低，但經過數十年同化統治之後，基本被視為日本民族之一部分。而新加坡對於日本來說，只是一處榨取財富的基地。所以，李光耀對日本人統治新加坡的三年半的體認，與李登輝對日治時代的臺灣的回憶迥異。李光耀看到了日軍殘酷成性的一面，日軍虐待白人戰俘，主要原因是他們瞧不起投降的英軍和澳軍，認為他們不像日軍那樣寧死不屈。日本軍政當局在當地採取家庭互保制，每個家庭都需要登記，發給「和平居住證」，每個家庭成員和鄰里之間都要保證彼此的行為。

日本在新加坡還建立了一種制度，平民、士兵和學生都必須接受精神教育，背誦天皇聖旨，以接受天皇是神的意識。十五至四十歲的成年男性需值夜巡邏。後來，李光耀統治新加坡時，也從日本嚴刑峻法的統

治模式中汲取經驗：「日本軍管政府的統治方式，是讓你不寒而慄而不必藉文明行為來偽裝。嚴懲不貸使犯罪活動幾乎絕跡。一九四四年下半年過後，在物質匱乏、人們半餓不飽的情況下，可以夜不閉戶，犯罪率之低教人驚奇。家家都有戶主，每十戶設甲長一人。黃昏過後人們開始在區內巡邏，直到天亮。他們拿著棍棒，不過是做做樣子，因為刑罰太重了，沒有犯罪事件可以報告。有人主張對待和懲罰罪犯應當從寬，我從來不相信這一套，這不符合我在戰前、日治時期和戰後的經驗。」與李登輝不同，李光耀所理解的日本文化，只有精神控制和身體磨礪的斯巴達式面向，而少了惻隱之心的部分。

耐人尋味的是，李光耀在晚年大幅修改對日治時代的記憶與評價，竭力抹去正面看法。他說：「日本時期的三年零六個月是我一生中經歷的最重要的階段，讓我有機會觀察人們的行為，把人類社會及人們的動機和衝動，看得一清二楚……這三年零六個月，讓我學到的東西，比任何大學所教的還多。」他聲稱當年做了很多思考，打定主意要擺脫外國人的奴役與統治，這顯然是一種「事後諸葛亮」式的篡改。他遮掩了內心深處對日本的法西斯主義的讚許，而將其轉化為民族獨立思想的啟蒙：「日本人從來不會知道他們對像我這樣一代人所造成的影響。但是，他們確實造成我及和我同一代人的決心，致力於爭取自由，擺脫外國人的奴役與統治。」他甚至指出：「我沒有主動參加政治，是他們（日本）把政治帶給我。」不過，在某種程度上說，日本統治時代確實帶給李光耀一個重要的政治和種族觀念：亞洲人（黃種人）可以不依靠歐洲人（白種人）的幫助而實現自我統治。當日本戰敗、英國人重新回來之後，英國人遇到李光耀這一批當初悉心培養的西化華裔青年，但他們在日本統治下經歷了風雨和砥礪，不可能再像戰前那樣對英國人忠心耿耿了。

李光耀在自傳中說，日本統治時期是新加坡治安最好的時候，日本人維持治安的方法簡單而有效——「不聽話就打，開始時憲兵部整晚都是打人的聲音，後來慢慢就沒有了；但是，只要你聽話，日本人會盡力

做好管理者應該做的事情。」李光耀的新加坡政府的廉潔和高效得到廣泛認可，但新加坡也是一個將法制看得高於普世人權價值的國家，其最有代表性和爭議性的法律條文就是保留肉刑（包括鞭刑），這與李光耀日治期間的經歷有關。對此，其傳記作者湯姆·普雷特評論說，李光耀打造的新加坡是一個「保姆國家」，政府一早叫你起床，白天看著你，晚上催你上床睡覺，這是一種讓人窒息的愛。「保姆國家」的稱號聽起來似乎不夠陽剛，但實際上，新加坡遵奉物競天擇、適者生存的達爾文主義，強調紀律和勤奮，而監督者就是李光耀這位「終極教父」。

李光耀不是日本統治當局的忠誠子民，他只是隨遇而安罷了。一九四五年八月十五日，日本戰敗投降。九月四日，英軍重返新加坡。九月十二日，東南亞戰區最高統帥蒙巴頓在新加坡市政廳接受日軍投降。當日本將軍獻出軍刀時，蒙巴頓不禁覺得他們好像是「一群穿著肥褲子的猴子，手幾乎垂到了地上」。青年李光耀很快轉換立場，對日本人的下場幸災樂禍，認為「對這些矮子武士的終極羞辱」是「東南亞歷史上最偉大的時刻之一」。

成為新加坡領導人之後，李光耀跟被日本侵略過的亞洲國家的領導人一樣，嚴厲且喋喋不休地譴責日本的戰爭罪行，並指責戰後日本歷屆政府、學術界人士和媒體，「都選擇閉口不談那些邪惡行徑，他們跟德國人不一樣，希望世人將那些罪行忘得一乾二淨」。但與此同時，他卻不願反省本人在日本統治時代的所作所為：加入日本占領當局的宣傳部門，跟日本軍方和占領當局做黑市生意，難道不是助紂為虐、火中取栗嗎？他從不直面自身的歷史污點，何以理直氣壯地指責他人？

第三章

英風去矣，美雨猶在

我學會如何治理、如何像英國人統治人民，以及日本人如何運用他們的權力。

——李光耀

二十世紀，美國的政治經濟實力來自以民主、自由與人權爲核心價值的軟實力。

——李登輝

李光耀於一九四六年至一九五〇年留學英國，那時的英國尚在戰後的艱困中掙扎，社會主義、民族主義等左派思想氾濫成災。李光耀浸淫其中，反殖民主義和大政府理念由此根深蒂固。

而李登輝在一九五二年和一九六五年先後兩度留學美國，加起來在美國求學的時間也是四年多。那時的美國已是世界第一強權，生機勃勃，國富民強。

李登輝在美國的感觸與李光耀在英國的感觸大相逕庭。兩人截然不同的留學經驗，讓他們對西方的立場迥異，也深刻影響了他們此後的治國理念。

李光耀留學英國，卻未能洞悉「英國秩序」之真諦

一九四六年冬，在親友的幫助下湊集學費，並獲大英帝國女王獎學金，李光耀乘運兵船「不列顛號」遠赴英國留學。

此時的英國，已是帝國的餘暉。大英帝國熬過了戰爭，沒有損失領土，為了取得勝利而付出的生命代價比一戰少了很多，但經濟損失則要嚴重得多。歷史學家勞倫斯·詹姆斯指出，戰爭動員耗盡了英國的儲備，英國失去了三分之二的戰前外貿和四分之一的庫存財富。一九四五年十二月，英國不得不向美國借了一筆三百七十五億美元的貸款。歷史學家羅伯特·圖姆斯指出，沒有比「衰落」一詞更常被用於形容二戰後的不列顛。人們將英格蘭想像成一個日漸腐朽的年代物，或想像為「努力維持面子的苦惱紳士，卻使自己顯得可笑可憎」。「衰落主義」成為一套被普遍認為不證自明的觀念和假設。「衰落主義」的根源，源於英國失去世界霸權。而「衰落主義」的具體表現，則是衣食住行等日常生活水平的大幅降低。

對於英國社會整體生活水準的大幅下降，來自新加坡富裕家庭的李光耀深有體會。二戰中，新加坡沒有經過激烈和持久的戰鬥，即便日本人統治時期竭力壓榨新加坡的財力與資源用於對美作戰，但新加坡的經濟一直還算不錯，像李光耀這樣的中產階級上層人物，亦可維持相當優渥的生活水準。當他到英國之後，才驚訝地發現，作為原殖民母國的英國，普通人的生活水準居然比不上新加坡。這就像是如今不能忍受《港版國安法》而移民英國的很多香港人的感受——就生活之舒適、便利而言，英國真的比不上香港和新加坡。

留英初期，李光耀就讀於倫敦經濟學院法律系。他經受了巨大的「文化震盪」，非常不適應。「氣候、衣著、食物、種族、風俗、習慣、街道、地理、旅行安排都不同，對我來說一概生疏。」戰後初期的英國，殘破不堪，百廢待興，食品和衣服等都有嚴格的配額限制。他出生新加坡富商家庭，從小養尊處優，一切都有人悉心照顧，飯有人煮，皮鞋有人擦，衣服有人洗，要什麼就有什麼。如今，他必須樣樣自己動手，苦不堪言。學校和房東都不提供膳食，他根據配額買來食材，如麵粉、鹹肉等，卻不知道怎樣煮來吃。他剛開始煎鹹肉時，搞得滿屋子都是油煙，衣服上全是鹹肉味道，幾天都散不掉。他對英國的美好夢想很

快破滅：「我在一九四六年初抵英國，馬上就感覺到自己跟英國人是不一樣的，而且永遠無法成為他們的一分子。當然，我跟他們說著同一種語言，連行為舉止也可以跟他們一樣，但我始終不是他們。我的思維裡設置了一套截然不同的指南針，自小由家人傳授給我。」

當時，由於很多復原軍人回到大學就讀，倫敦經濟學院等大學全都爆滿，學生常常連坐的地方都沒有，教室內的通風設備很差，臭氣熏天。來自殖民地的亞裔學生，位階最低，最不受重視，也沒有為保衛英國戰鬥過，通常只能坐在最邊緣的位置上。倫敦經濟學院的校園分布在倫敦市內各處，學生們上完一門課後就要奔赴下一門課的教室，有時甚至需要坐地鐵或巴士，必須爭分奪秒，不能有絲毫馬虎，這讓初來乍到的李光耀疲憊不堪。

在倫敦的幾個月，李光耀頗為苦惱。他想辦法轉學到劍橋大學，為此還讓倫敦經濟學院接納他的教授非常不滿——他原本遲到了好幾個星期，這位教授出於同情才同意他入學。但這位教授還是破例幫助他完成了轉學手續。劍橋是一個寧靜安詳的小鎮，大學提供還算過得去的膳食，這讓視下廚為苦役的李光耀大大鬆了口氣。那時擁有私家車的人很少，李光耀買了一輛二手的腳踏車，通常騎車出行，大部分教授也都騎車穿梭在校園裡。他感到，劍橋的生活健康多了，愉快多了，沒有煤煙，沒有塵埃，沒有喧鬧的車輛和地鐵，他終於可以安心向學了。

不久，李光耀的未婚妻柯玉芝也考上劍橋，到英國與他團聚。柯玉芝的父親柯守智曾是華僑銀行總經理，其家世比李光耀更顯赫。他們害怕家族反對他們的關係，便先斬後奏、在英國祕密成婚。這樣，夫妻相伴，互相照顧，好過一個人孤身在異國他鄉求學。與很多亞裔留學生一樣，李光耀並未太熱心參與政治和社會活動，而是一名學業至上者。他決心要考出最好成績來。果然，一九四九年，他從劍橋畢業時，考獲雙重一等榮譽學位，名列榜首。隨後，他又以第三名的成績考取律師資格，讓同儕刮目相看。

到英國留學不到一年之後，一九四七年夏天，李光耀變成了一名強

烈的反英分子，尤其是心中萌生了要剷除英國對馬來亞和新加坡的殖民統治的信念。「我在倫敦和劍橋的一年裡，思想的轉變逐漸具體化。這種變化從一九四二年日本占領新加坡時期便開始了。」二戰初期，英國被日本輕易擊敗，給他帶來了巨大震撼，原來高高在上的白人帝國主義者真是紙老虎：「當你的整個世界崩潰時，你會遇上一系列事先沒看到、沒預料到的事情。總之，我的經驗是如此。原本以為大英帝國在東南亞還會存在一千年。可是日本軍隊一九四二年開進來，大英帝國就垮了。我從來沒有想到他們可以征服新加坡、趕走英國人。可是他們辦到了，而且欺負我們、包括我在內……我在毛澤東寫說『槍桿子底下出權力』之前許久，就知道什麼叫權力了。日本人展示這一點：英國人則沒有。他們的帝國已經成熟，不再需要使用暴力。英國在科技、商務和知識上非常傑出。他們在一八六六年動用印度在監勞力在山上興建這座政府大廈，來統治人民……」戰後英國捲土重來，但當地民眾已不再如昔日那般對之畢恭畢敬。英國軍事史家李德哈特評論說：「新加坡淪陷所產生的較長久和較廣泛的影響一直到今天都沒有恢復，新加坡一向就是一種象徵——它是西方權力在遠東的顯著象徵，因為那個權力是由不列顛海權所建立，而且一直也都是由它來維持的。自從第一次世界大戰結束以來，對於在新加坡設置一個巨大的海軍基地的計畫曾經作了太多的宣傳，所以其作為象徵的重要性甚至於可以說是遠超過它的戰略價值。在一九四二年二月，新加坡那樣容易的就被日本人攻占了，這對於英國人和歐洲人在亞洲的威望實為一種莫大的打擊。以後雖然英國人還是回到新加坡，但卻已經無法抵消原有印象。白種人的戲法已經不靈了，所以他們也就隨之而喪失其優越地位。因為認清了白種人的弱點，所以戰後在亞洲也就到處都掀起反殖民主義的怒潮，亞洲人再也不肯接受歐洲人的支配了。」

　　這段經歷讓李光耀崇尚實力原則，高度重視國防問題。他後來在受訪時表示，新加坡不是紐西蘭，紐西蘭將空軍縮減到只剩五十多架戰鬥機，幾乎不能稱之為一支空軍部隊；相比之下，新加坡的空軍擁有超過

四百架戰鬥機來保衛七百一十平方公里的狹小國土。遙遠的地理位置讓紐西蘭遺世獨立，但新加坡處在中國與印度之間最繁忙的水域，此處危機四伏。他反覆強調新加坡的脆弱性：「誰說我們不脆弱？如果我們不脆弱，爲什麼每個男性青少年必須服兩年國民兵役，爲什麼年復一年要把百分之五至六的國內生產總值用在國防上？難道我們瘋了？」耐人尋味的是，新加坡在國際戰略上採取與強權維持等距關係，唯與美國保持特別關係，讓美國第七艦隊後勤司令部駐守新加坡，美國航空母艦停駐樟宜海軍基地，與英國亦有「五國防禦安排」。

在李光耀眼中，戰爭結束後，大部分英國人都是抱殘守缺的殖民主義者，未能看清戰後殖民地人心思變的情勢。一九四五年九月九日，英印軍隊在馬來亞登陸，三天後新加坡不費一槍一彈就被奪回。儘管英國人的統治比日本人好得多，英軍也受到熱烈歡迎，但當地民眾不願意回到與戰前一成不變、唯英國人馬首是瞻的狀態，他們希望主宰自己的命運。英國人卻仍是一副「我都是爲你們好」的心態，對美國及各殖民地日益高漲的反帝輿論充耳不聞。英國政客期望在戰後新時代還有「人道的帝國主義」的一席之地，「將英帝國包裝成那樣對英國人至關重要」。工黨首相赫伯特·莫里森說得更加直白：「讓殖民地過早地獨立就像把鑰匙、銀行賬戶或者散彈槍交給一個十歲的小孩一樣愚蠢。」他的這句話不完全是出於白人的傲慢，包含有相當的現實性和眞理性——後來很多獨立的殖民地確實陷入「自我殖民」的悲慘境地。不過，當時被民族主義意識形態喚醒的殖民地人民沒有耐心思考這樣的道理。

如今，李光耀到了英國本土，接觸到更多英國人——其中不少是還在做著「寰宇一家」宗主國白日夢的帝國主義者。無論是保守黨還是工黨，在這個問題上都有共識——大英國協成爲大英帝國的升級版，她（以及代表她的英國女王）應該被珍惜且不容訾病。同時向全世界宣告，她是國際合作的典範，是英國世界大國地位的證明。然而，李光耀已親眼目睹和體驗到英國的衰落，若沒有美國的支持，英國什麼事情也幹不了。他懷疑英國人能本著新馬人民的利益來治理這兩個地區。他質

疑說，英國人關心的，主要是如何輸出馬來亞的橡膠和錫，賺取美元外匯，以支持百病纏身的英鎊，他不願新加坡在經濟上成為英國壓榨的對象。

在他們那間狹窄的公寓中，當李光耀與妻子談到反英立場的來龍去脈時，他開始思考這種態度是如何形成的，這是否與他在英國遭遇的「種族歧視」有關？他坦承，在英國，他碰到的上層社會人士，如大學教授、律師、圖書館員等，大都很有教養，而且彬彬有禮，樂於助人，只是有點拘謹。反倒是那些較低階層，對他這樣的黃種人表現出某種種族歧視態度，比如有房東不願租房給亞洲人、餐廳侍者和巴士售票員對其態度惡劣等。他也發現，不是所有問題都能歸咎於種族歧視，很多時候是源於英國固有的階級制度。

在英國求學期間，即便就讀的是英國的最高學府劍橋大學，但李光耀未能洞悉英國最寶貴的精神遺產——「英國秩序」（清教秩序）。實際上，這一寶貴的精神遺產也被很大一部分英國人棄之如敝屣。何謂「英國秩序」？用丹尼爾・漢南的說法，首先是普通法——它創造了使英語民族獲得自由的種種特徵，從陪審制度到人身保護令。其次是深植於清教徒神學的理念——每一個個體對自己負責，也對上帝負責。第三是憲法和代議制——政府需要募集任何資源，都必須經過民選代表的普遍同意。最後，是由個人主義文化萌生的資本主義精神——一套個人自由地依照法律和私人契約出售自身勞務的體系，這是一個自由經濟和自由社會的最終保證。李光耀得到了劍橋大學的榮譽學位，卻對這一切頗為隔閡，他所認同的是與之相反的理念：家長制、集體主義、高稅率、大政府，以及國家控制。他的英國法律的教育背景，讓他以法制（嚴刑峻法）來將新加坡人訓練得像斯巴達人一樣服從政府命令，卻不知道什麼是真正的法治。新加坡在法律體系上採取英國制度，其憲法第一百條規定，新加坡的案件可以上訴至英國樞密院。但一九九四年新加坡修改了法律，廢除各項案件向英國樞密院上訴的權利，由此與英國脫鉤。

多年之後，李光耀在新加坡掌權，才開始對英國遺產有了些許溫情

的理解：一九六〇年代初，李光耀邀請荷蘭經濟學家溫思敏到新加坡幫他規劃產業政策。溫思明的建議不局限於產業政策，面對危機四伏的新加坡，他主張接受英國的傳統，這是對付共產主義的武器。其中，具有象徵性的舉動是將被日軍拆除的萊佛士爵士（新加坡殖民地的創建者）的塑像搬回來，「萊佛士應當留在原地」——對此，李光耀點頭同意。

李光耀對英國工黨政策的取與捨：政治上的大政府與經濟上的自由市場經濟

李光耀是接受英式教育的華裔菁英，但他不是在大英帝國最輝煌的維多利亞時代留學英國，他在戰後衰落的態勢中看到英國的種種弱點和弊端。比如，他對英國人的刻板和循規蹈矩不滿，在這一點上，他更願意向具有創新精神的美國學習：「我受英國教育，英國人的制度不一樣。他們照傳統辦事，不求變化。美國人求創新。」不過，留學英國四年，他看到的不全是負面景象。他對英國人辛勤勞動、重建家園的決心和意志表示敬佩：「我目睹飽受戰爭摧殘的英國，人民並不因為他們蒙受慘重的損失而淪為失敗主義者，也不因為在戰爭中取得勝利而變得傲慢自大。倫敦市區每一個被炸過的地方，都整理得乾乾淨淨，殘瓦斷垣都整齊地堆疊在一邊，有些還種上花草灌木，使廢墟顯得不那麼刺眼。這是英國人所表露出來的含蓄的自豪感和講究紀律的一部分。」他通過觀察英國的政治經濟狀況，逐漸形成其個人的政治經濟觀念：政治上的大政府和經濟上的自由市場經濟，兩者看似矛盾卻又在其身上並存。

英國是近代資本主義發源地，是小政府和自由市場經濟的典範。然而，第二次世界大戰這場人類歷史上前所未有的「整體戰」改變了英國的「體質」和社會結構。歷史學家托尼‧朱特指出，在英國，戰爭引發並培養了相當抽象的政府「計畫」觀念，使英國政府處於經濟活動的中心。歷史學家邁克爾‧霍華德說：「戰爭與福利牽手並行。」一九四〇年五月的「緊急狀態法案」授權政府出於國家利益而監管任何人做任何

事，控制任何財產，指令任何工廠完成它選定的任何一項國家目的。這等於是變相地廢除了在英國歷史和現實中地位崇高的《大憲章》。工黨領袖艾德禮的傳記作者哈利斯說：「國家計畫和國家所有制在一九四五年至一九五一年那段時期，是工黨實施社會主義原則的結果，在很大程度上是一個國家組織戰時總動員的結果。」

在一九四五年大選中，艾德禮意外擊敗邱吉爾，並非前者比後者更有魅力和魄力，而是當時的英國選民自動放棄了個人自由，選擇社會主義模式，人們極大地相信政府有能力出於集體目的，通過動員和指揮人民和資源，來解決一些大規模的問題，「一種良好計畫的經濟意味著一個更富裕、更公平、更有規則的社會」的思想有非常廣泛的擁護者。推崇大政府的經濟學家凱恩斯說，戰後的人們「渴望社會和個人的保障」。歷史學家羅伊·史壯指出，至一九四五年時，局勢大規模向左翼傾斜的態勢相當清楚，這也將工黨推上執政舞臺。工黨被視為將履行貝弗里奇爵士一九四二年報告中向人們承諾的政黨：該報告繪製了福利國家的藍圖。在工黨的計畫中，最重要的是透過國有化來實現社會主義信念的核心條款，將若干銀行、航空公司、鐵路、煤礦、天然氣和電力收歸國有。然後，通過高稅收來提供免費的或高補貼的照顧和服務。

福利國家整體的規劃受到民眾歡迎，因為表面上它在社會的各個方面都帶來了巨大進步。福利國家啟動了「中央政府主導一切」的時代。充分就業、全民健保和醫療體系建立起來，政府修建大量廉價住宅，英國比戰後的共產黨國家——蘇聯、東歐及中國——更像是真正的社會主義國家。國家承擔起大大小小的各種事務，政府對社會的各個方面都進行干預，包括一些它根本不了解的領域。政府的限制無疑抑制了企業家的發展。但沒有人出來質疑國家作為問題解決者的角色，此時只要國家能夠提出解決方案，這個角色就是有效的。

戰後的英國，是一個號稱改革、追求平等、消滅貧富懸殊的時代。李光耀寫道：「我對英國人所進行的改革，深感敬佩。……這是一個令人振奮和變革的時代，也是民主社會主義發揮作用的時代。……我這一

代在二戰結束後到英國留學的新馬學生，完全接受了工黨政府的公平合理綱領。我們也很嚮往成熟的英國制度。在這種制度下，憲制傳統和容忍精神，使得權力和財富都在和平中進行基本的轉移。」他舉了一個自己親身經歷的例子：國民保健服務法案通過後不久，他到劍橋攝政街一家眼鏡店領取所配的眼鏡，他預料到這大概需要五、六英鎊。但店老闆驕傲地對他說，你不需要付錢，只需要在一份表格上簽名。幾個月後，他在牙醫診所也遇到相同的情形。但他發現，不僅英國民眾享受健保，就連外國人也來占便宜。工黨政府的福利國家制度，造成政府負擔十分沉重，越來越難以爲繼。李光耀承認：「當時我年紀還輕，滿懷理想，根本不了解政府的負擔是何等沉重。」在這樣一個平均主義制度下，每一個人所感興趣的，主要是他能夠從共同資源中得到些什麼東西，而不是他應該怎樣工作，爲共同資源作出貢獻。其實，個人設法多賺錢，以改善生活條件，在人類進化史上，是進步的動力。李光耀是到一九六○年代掌管新加坡之後，才了解政府負擔的沉重。

李光耀回到新加坡並在政壇崛起的時期，英國的福利國模式逐漸開始暴露出其弊端。這樣一個不斷擴張的政府，不可避免地需要一個同樣不斷擴張的官僚機構來加以維持。更多的公務員並不一定意味著更高的效率，事實上常常相反。福利國家的維護成本越來越高，維持這種國家形態所需的稅收也水漲船高。福利國家的建立帶來一種根植在債務基礎上的錯覺，這是一種昂貴的社會主義實驗，只會加速英國的衰落。它召喚出的烏托邦夢想和願景也消失了，最終留下一群依賴政府救濟的不太識字、不健康、被制度規訓的無產階級。隨著時間流逝，到了一九七○年代，英國經濟停滯成爲國內外普遍關注的話題，不幸的是，那些研究此經濟體運作原理的人是用醫學術語來形容它：「英國病」。直到柴契爾夫人上臺啓動一系列私有化和市場化改革，才讓英國從這個絕症中走出來。

以犧牲自由、效率和公正來炮製扭曲的平等，最後的結果不是均富，而是均貧。李光耀把在英國所看到的一切，拿來同新加坡和馬來亞

比較：新馬人民大多數沒受教育，報章軟弱無力，若是照搬英國那一套福利制度，國家會立即破產。小如彈丸的新加坡，比英國窮困得多，在想到要如何重新分配財富之前，他面對的是如何開拓稅源和創造財富。因此，當時無法談論重新分配財富的問題。他還發現，新加坡不同種族的表現不一樣，同一種族內部各類人的表現也不一樣。他嘗試過以好多方式來縮小其間的差距，都不成功，只好得出結論：起決定作用的是人——他們的天賦才能，加上受過的教育和訓練。知識和對技術的掌握，在創造財富時是至關重要的。

李光耀、杜進才和吳慶瑞等新加坡三巨頭，都是在戰後留學英國，看到英國政府運作的利弊，遂取長補短地運用到新加坡。李光耀政府的運作，在政治上是英國工黨式大政府，他將政府視為民眾的保姆，而民眾如同幼稚園中的小孩。他推行福利制度，修建比英國更為普及的公屋。後來，李顯龍當總理時，談到新加坡政策的改革，意味深長地說：「保姆其實也不必處理所有的事情。」可見，李氏父子都以人民的保姆自居。而在經濟上，李光耀沒有照搬工黨政府對經濟的全面掌控及國有化政策，而是推行更大程度的自由市場經濟。他發現，二戰之後，通過國際貿易和交換貨物勞務進行的競爭，使參與的所有非共國家的產值得到最大限度的增加。為了爭取最高的國民總產值，人們必須在自由市場裡相互競爭，同時在大體是自由的市場裡跟其他國家競爭。他抓住這個重要機遇，讓新加坡躋身亞洲四小龍之列。

有人評論說，李光耀從英國學到了法治精神。二○○七年，李光耀在國際律師協會發表演講，表明新加坡「法律」的持久力量：「新加坡從英國繼承了健全的法律制度……普通法的傳統及其發達的契約法是眾所周知的，也有助於吸引投資者的來到。」對李光耀來說，「英國法律」的價值在商業利益上有充分發揮。他為了加強繼承體制的表述，強調自己在英國受教育，學習「英國法律」並沉浸在「英國法律」中，因此在他身上產生了無懈可擊的個人權威：「我在劍橋大學法學院攻讀法律，並且是英國中殿律師學院認證的大律師。在一九五九年擔任新加坡

自治政府總理之前，我從事法律工作已有十年之久。因此，我知道法治將使新加坡在東南亞之中具有優勢。」學者喬西・拉賈認為，李光耀在聲稱「英格蘭法律」、「不列顛法律」和「普通法」同新加坡「法律」系出同源時，國家機關似乎在暗示它具有現代性的血統，「英國法律」的純正現代版成為新加坡「法律」正當化的重要因素之一。

　　然而，主張「西方」自由主義價值觀的宣示性文本，與日常論述和立法文本把這些價值觀重新編訂為新加坡的非自由主義模式，兩者之間明顯存在著矛盾。李光耀所說的「法治」，其實是「法制」──以法制（控制）人、以法制（控制）國，早已背離英美法治的本質。學者賈亞蘇里亞在對新加坡的法律制度進行有說服力的分析時，採納了弗蘭克爾對納粹「雙重國家」的概念，結合「在國家威權主義外殼之內運作資本主義經濟時需要的理性計算」，來主張新加坡是當今世代的「雙重國家」──在新加坡，「經濟自由主義與政治非自由主義相伴而生」，新加坡「雙重國家」的正當性建立在把「法律例外主義」正常化的基礎上。「法律例外主義」指的是透過終止個人權利和標準的法律程序，讓行政權力享有威權主義的獨霸地位，它通過專為馬來亞緊急狀態而制訂的殖民地法令而被輸入到新加坡的法律制度中。在殖民地政府國家威權主義模式的基礎上，後殖民的新加坡國家機關經常「以公共秩序和國家團結的名義」行使行政權力，從而在新加坡建構政治和意識形態的同質文化，瓦解了司法機關在政治事務上的自主性。

　　一九八六年，李光耀在接受訪問時談及自己的政治信仰：「我形容自己為……也許在歐洲的用詞裡，介於社會主義者和保守主義者。我會稱自己為自由主義者，一個相信人人應當有平等機會，可以竭盡所能，爭取最好的成績的人；一個懷有某方面的同情心，希望確保失敗者不會一蹶不振的人。我真的認為自己是個自由民主主義者。」他接著說：「我指的是經濟意義上的自由主義者。」儘管加了很多定語，他使用的這些彼此矛盾的概念仍然無法確定他的中心思想和觀念究竟是什麼。或許，他是一個實用主義者，這是一種較為準確的描述。

李登輝在愛荷華：如此遼闊強大、充滿活力的美國

李光耀在英國留學時，見到一些從美國來的留學生，他們也講英文，但一看就跟英國本地學生不一樣：「由於穿著比英國學生和歐陸學生好得多，顯得很突出。他們看上去很富有，有些人還有汽車，冬天穿著用毛皮做裡子的上好大衣。他們未曾經歷戰爭時期物質匱乏的困苦生活，他們收到的從美國寄來的食物包裹，確實太好了。如果說他們有點魯莽和喧嚷，那也得承認他們是很坦率和大方的。」這個細節生動地呈現了戰後美國與英國、歐洲的貧富懸殊。後來，李光耀曾赴美短期訪問，但他對美國始終在情感上較為疏離，這種疏離既有性格上的因素，更因為背後觀念秩序的差異——不喜歡英國的人，自然也不喜歡美國。

與李光耀不同，李登輝是親美派，他的親美與親日是一體兩面。一九五二年，李登輝獲得「美國經濟合作總署」與農復會提供獎學金的留美進修考試，這是戰後臺灣第一次公費留學考試。競爭非常激烈，從一千人中錄取三十五人。李登輝以優異的成績通過考試，得以成行。他首次赴美留學時，見到美國同學，其感受比李光耀更強烈——那時，臺灣比新加坡更窮，而一九五〇年代初的美國，已是世界上最富裕、最強大的超級大國。如果說李光耀留學的英國如同日薄西山的老人，李登輝留學的美國則如同朝氣蓬勃的青年。

李登輝選擇到愛荷華州立大學攻讀農業經濟和計量經濟學，「我是去讀市場和價格，所讀的書亦以價格理論和市場為中心」。愛大是一所鄉下學校，但愛州是美國第二大農業州，在農業經濟和計量經濟學方面是一流的，不亞於哈佛和芝加哥大學。此前，李登輝已在臺灣大學農學院擔任助教，一直在研究農業經濟。他研讀了愛大教授舒茲的著作，在一定程度上，他是衝著舒茲才去愛大的。但不巧的是，當他到愛大時，舒茲已去芝加哥大學任教——舒茲後來成為芝加哥經濟學派代表人物，一九七九年以開發中國家農業經濟的研究榮獲諾貝爾經濟學獎。舒茲認

為，農業部門的現代轉型，必須讓農民接受更多教育、學習新技術和組織管理，才能提高生產效率，這就是其「人力資本理論」，也被稱之為「窮人經濟學」。李登輝未能親身求教於舒茲，卻從其學術中提煉出「農工二元論」的想法，並在臺灣的農業政策中加以實施。

李登輝因體檢問題，推遲半年赴美，卻也因禍得福，在美國的學習從一年延長到一年半，期間橫跨一個暑假，獲得寶貴的實習機會。他選了大量課程：統計學七門課、計量經濟學兩門，市場和價格一門，另外還選了愛大最有名的資源分配理論。「我在愛荷華讀書的時候，美國很多經濟理論發展得很精彩，已經進入一個新的局面。」他的知識不僅得自書本，也得自實踐：他對毛豬的問題特別關心，而愛荷華是毛豬生產的所在，所以他有時間就去屠宰場調研。暑假他馬不停蹄去了三處地方實習：一處是芝加哥大學，研究大宗期貨貿易；第二是去美國最大的國營事業田納西河管理局，這段經驗後來被他用在臺灣做石門水庫可行性評估上；第三是在田納西學習棉花檢驗。

因為只有一年半時間，李登輝未能完成論文、拿到碩士學位，後來他在康乃爾大學是直接攻讀博士。他在美國的生活條件，遠遠優於李光耀幾年前在英國的生活條件。不是他本人比李光耀更有錢（事實恰恰相反），而是美國幾乎是當時世界上唯一經濟繁榮、物質富裕的國家，李登輝得到的獎學金足以讓他在學習期間衣食無憂。學校早已幫他租好宿舍，各種生活設施一應俱全。因電話費太貴，他捨不得打電話，通常是寫信給在臺灣的夫人，當時他們已經有了兩個孩子。他謹小慎微，知道海外來信都會被檢查，所以只談生活瑣事。他省下錢來給家人買禮物。美國的物質極為豐裕，與當時貧苦的臺灣可謂天壤之別。細節之一是：他曾買一盒巧克力，寄回臺灣給太太和孩子們品嘗，當時巧克力在臺灣是罕見的甜品。曾文惠興奮地到郵局領取包裹，沒想到郵局職員說，還要加收一筆越洋的貨物稅，這筆稅金非常高。曾文惠遲疑了一陣子，牙一咬，跟郵局職員說「不領了」，忍痛放棄這盒巧克力。可見當時他們夫婦經濟非常不寬裕。細節之二是：或許有了巧克力的教訓，李登輝給

太太買尼龍襪子寄回臺灣時就多了一份心眼。那時臺灣沒有尼龍襪子，這種東西很稀罕。他拿看完不要的雜誌，在裡面開洞，把襪子放進去，然後再寄回臺灣。這樣就可以避免被收高額稅金。

在愛荷華大學期間，李登輝跟來自各國的留學生形成一個「自由的跨國團體」。他沒有車，週末搭同學的車出遊，大都去周邊小鎮，愛荷華當時是禁酒州，他們只能喝到一點啤酒。同學之間也會討論政治議題，大部分人都是左派，喜歡批判美國的「帝國主義政策」（具有諷刺意味的是，很多人都拿著美國的獎學金）。李登輝來自隨時可能被人告密的臺灣，對這種自由的風氣很是嚮往。此前在日本三年的留學生涯，大部分時間都在當兵，又沒東西吃，生活很艱苦，但那時臺灣跟日本基本是一體的，不會感覺有什麼不習慣；而美國完全是一個不同的世界，他到過芝加哥這樣的大城市，也到過愛荷華、田納西的大農場，遊歷過很多地方，他發現：「美國是一個資源豐富、很大的所在，它的範圍這麼闊，每項研究卻都很深入。」由此，他對日本貿然偷襲珍珠港的錯誤決策有了批判性的思考：「過去日本在戰爭期間，誇大很多事情，對美國的認識並不是我看到的這樣。我覺得很大的原因是日本不了解事實，領導者不知道美國的實力，才會發生戰爭這種事。聯合艦隊的山本五十六，曾經反對跟美國戰爭，主要就是他在美國待過的關係，他認為日本若和美國戰爭，日本絕對不會勝利。」這番話，也是說給今天中共的領導人聽的。

李登輝對美國唯一的批評是，當時美國仍存有嚴重的種族歧視和種族隔離政策。他去田納西和華盛頓，看到黑人不能去餐廳吃飯，他和亞裔同學要進去，也被拒絕，有錢沒有地方吃飯，感覺很差。

歷史學家本內特指出，在二戰後不平靜的歲月裡，美國人見證了他們的國家以及整個世界的巨大變遷。根據杜魯門政府的新法案，幾百萬退伍軍人進入大學學習——這跟李光耀在英國留學時觀察到的英國退伍軍人湧入大學的情形十分相似。為了防止第一次世界大戰後的幻滅感和孤立主義情緒，美國決心重整旗鼓抵制莫斯科領導下的共產主義集團在

全世界的擴張和顛覆活動。對此，李登輝也有感觸：「我去美國時，剛好是美國開始在抓共產黨，看馬克思和德國納粹是同款。」與此同時，臺灣的國民黨政權也在抓共產黨——抓共產黨是必須的和正確的，但將其擴大化為「寧可錯殺一千，也不放過一個」的白色恐怖，就錯得離譜了。

在美國留學期間，李登輝目睹了一九五二年底的美國大選，二戰英雄艾森豪戰勝民主黨候選人史蒂文斯，終結了民主黨長達二十餘年漫長的執政。艾森豪上臺後，提振了美國人對抗蘇俄的信心。此前，美國亦通過「馬歇爾計畫」支援歐洲重建，組建北大西洋公約組織，帶領西歐民主國家對抗蘇聯東歐共產黨集團，實行共同防禦。艾森豪在歐洲對蘇俄寸步不讓，在亞洲發起「東南亞公約組織會議」來對付共產黨的威脅。共和黨政府比民主黨政府對在臺灣的國民政府友善，但艾森豪並未如蔣介石設想的那樣邀請國民黨軍隊參與韓戰，也不願支持蔣介石反攻大陸的計畫，因為美國的戰略中心還是在歐洲，不願因為亞洲燃起戰火而分心。然而，一九五四年九月，毛澤東發動第一次臺海危機，企圖阻止美國與國府簽訂《中美共同防禦條約》。沒想到弄巧成拙，反而迫使美國改變立場，與國府簽訂《中美共同防禦條約》。歷史學者林孝庭指出：「國民黨政府在臺灣這塊最後權力根據地的安全，至此得到了法理的保障。誠然，蔣介石獲得他想要的：即國民黨政府與美國之間的協防關係，然而這個新的軍事架構，卻也在本質上將國民黨政府的統治範圍，自此局限在臺灣與澎湖。」這就是日後李登輝提出的「中華民國在臺灣」的歷史依據。

這次留美，讓李登輝奠定了堅實的學術根基，成就了他技術專家的身分：「去美國真正的感想，是認為他們經濟學的理論很先進，我後來經濟學的基礎都是在這裡打下的。另外我在學校一年的時間，上了七門統計學，後來我對臺灣的樣本理論有一套特別的看法，就是在愛荷華訓練出來的。這對我回來以後在農林廳的工作，有很重要的意義。在美國訓練一年半的時間，也讓我對時事的問題很深入，不是只是一些理論、

想法、理想而已，我也完全了解實在問題的處理方法。……因爲在愛荷華的關係，之後才建立我在農業方面、在農林廳、農復會時代實在的工作和對社會的貢獻。」

這段經歷也讓李登輝此後與美國在臺灣的援助項目產生了密切連繫。作爲一名有良心的臺灣人，他對美國對臺灣的幫助心存感激。他回臺灣後，在臺大徐慶鐘教授引薦下，擔任臺灣省農林廳技士及經濟分析股股長，也在臺灣大學兼任講師。之後，又轉到「合作金庫」以及農復會就職，從事研究工作。

李登輝在農復會工作了十二年，跟他後來當總統的時間一樣長。這一工作經歷，對他一生影響極大，也在相當程度上打造出他的美式思維方式和工作形態。農復會在某種意義上而言，就是美國出錢、出人、出力建立的「外派機構」。一九四八年十月一日，中國農村復興聯合委員會（Joint Commission on Rural Reconstruction，即JCRR，簡稱農復會）於南京成立，乃中美聯合成立的組織，故同時擁有中、英兩個名稱。因爲農復會的經費源自美援，決策以美方爲主。農復會以委員會的形式運作，設有五個委員，包括三名華籍人員及兩名美方人士，分別由中、美政府各自任命，首任主委爲蔣夢麟。日後，中央政府農業主管部門以委員會的模式運作，實奠基於此。一九四九年九月，農復會遷至臺北，座落於美國駐華共同安全分署大樓。在美援時期，各單位送交農復會的計畫，及農復會提出執行的策略，其審核權限主要在美方。美援結束後，經費來源改由中美經濟社會發展基金支出，農復會的主導權轉由臺灣政府掌握。一九七九年，美國與中華民國政府斷交，美方召回兩位美籍委員及其他員工，臺灣保留農復會架構並改組爲「農業發展委員會」，作爲中央主管農業部會。

農復會對於臺灣農業的復興與發展，扮演著重要的角色。農復會輔導公私農業單位改良作物與豬隻品種、協助蓋穀倉與鋪設曬穀場，以及辦雜誌、拍電影來宣導農業，如水一般滲透融入臺灣人民的日常生活，影響至極。由於農復會爲美國財政支援，其員工待遇相對優渥，研究的

自由度亦較大，李登輝在該單位工作期間可謂如魚得水。

美國爲臺灣培養了包括李登輝在內的一大批「發展專家」。在「美援會」、「經發會」、農復會、「國際經濟合作總署」等機構任職的專家，五成以上有留學美國的背景，百分之四十七爲工程師出身，百分之三十四是社會科學（主要是經濟學）專家，百分之七爲自然科學專才。與國民黨官員普遍的腐敗倦怠形成鮮明對比，他們操守正規，工作勤奮，給社會帶來一種就事論事、腳踏實地的風尚。學者吳聰敏在《臺灣經濟四百年》一書中對美國幫助臺灣培育人才及推動臺灣經濟發展的貢獻有充分的評估：「臺灣經濟奇蹟的推手不是尹仲容，也不是李國鼎，而是美國合作分署與美國駐臺領事館的官員們。……一九四五到一九五〇年代晚期的經濟管制，曾使社會陷入困境。幸運的是，美國對臺灣的經濟援助使臺灣走回市場經濟制度，並跨出高成長的第一步。」

李登輝在康乃爾：臺灣與美國休戚相關、榮辱與共

一九六五年，四十二歲的李登輝向農復會申請留職停薪，在得到美國洛克菲勒農業經濟協會以及康乃爾大學的獎學金後，前往康乃爾大學攻讀農業經濟博士。這是其第二次留美。

李登輝早已成家立業，過了求學的年紀，算是一個「老學生」。爲了在學術上精進，他與妻子在美國生活了三年，將孩子留在臺灣，全心攻讀博士學位。這是他第四次進入大學校園：第一次進大學是在日本京都大學，因爲戰爭終止了學業；第二次進大學是戰後入臺灣大學，完成本科學業；第三次是在愛荷華州立大學進修。他漫長的求學生涯，並非一帆風順，屢屢被時代的巨浪打斷，卻憑藉著驚人的毅力和求知的熱情，最終拿下康乃爾大學博士學位。

李登輝比他的指導教授梅勒還要年長五歲，他卻深知求知道路上不嫌年長的道理，每天寒窗苦讀、手不釋卷。康大功課很緊，他念的農經

系更吃重，他當時的研究生辦公室在華倫樓，「作研究常要拚到半夜，摸黑回家」。當時與他一起在康乃爾念書的黃大洲回憶說：「他長得高高大大的，擠在小小的課桌認真聽講，記筆記，交報告，不能不佩服他的毅力。」博士班的同學陳河田也提到：「李先生非常用功，幾乎沒有其他的活動，不是圖書館就是研究室，打高爾夫球是唯一的消遣。」系上的教授斯勒如此評價說：「他非常用功，經常在課堂上問我各種功課上的疑問，並確定所完成的作業有沒有問題，他對每一件事情都要追問清楚，並急於了解，他是我所教過的最用功的學生。」

李登輝博覽群書，且在專業上有卓越表現，早已不輸於任何該領域的教授。有一次，他的指導教授梅勒告訴他，最近俄國經濟學家恰雅諾夫的著作《農民經濟組織》英譯本出版，要他去讀一下。李登輝立即說，這本書他早在二十年前就看過了。梅勒大吃一驚，問：「你會俄文嗎？」李登輝說，他不會俄文，但該書在一九三〇年已翻譯成日文出版，他會日文，讀的是日文版。他早已讀得爛熟於心，而且用書中的理論來討論臺灣小農經濟的問題。

李登輝在赴美之前，對博士論文就已成竹在胸。他經歷農林廳、「合作金庫」與農復會等部門和機構的工作，又長年在大學授課，對臺灣現代農業的發展歷程瞭如指掌。他收集並整理從一八九五年至一九六〇年代長達六十多年的經濟數據，無論是國民所得、勞動力、工業、農業，還是出口、進口，都相當全備。他只用兩年半就完成博士論文，拿到博士學位。當時他已在專業領域很有名氣，美國和國際上有名的經濟學會都請他去參加。口試時，看過他論文的教授們都覺得沒有什麼問題可問，都在「講天說皇帝」，問他臺灣的事情怎樣啦。

李登輝的論文〈一八九五到一九六〇年，臺灣農工部門間的資本流通〉（*Intersectional Capital Flows in the Economic Development of Taiwan, 1895-1960*），證明政府投資一般性支出與灌溉等方面對農業發展的重要性。該論文是他十幾年來工作與研究的集大成，更可說是戰後臺灣農業經濟研究的里程碑。該論文獲美國農業經濟學會一九六九年全美

傑出論文獎，一九七一年由康大出版社出版。此事經美國和臺灣媒體廣泛報道，讓李登輝一夕成名。後來留在美國從事研究工作的陳河田回憶說：「李登輝總統在康乃爾大學時，給我最深的印象，就是他做事非常認真、非常徹底。他拚博士論文，一心一意，全力以赴，竟拚到美國農經學會年度最佳論文。這就是他的性格。」

李登輝的博士論文幾乎整本都是艱澀的理論與數據，一般人很難閱讀。他的學生、前農委會主祕廖安定說明，這篇博士論文，反映一九六○末期臺灣農村遇到的發展困境，國民政府聲稱「以農業培養工業，以工業發展農業」，實際上卻是「榨取」農業資源扶植工業，「農業這隻母雞已經被榨光了」。農民因為各種苛捐雜稅，收入始終偏低，大量農民離開農村，來到加工出口區工作，又造成農村勞動力不足、務農成本提高的惡性循環。因此，李登輝要解決的問題就是「臺灣農工部門發展為何嚴重失衡？」

康乃爾大學的博士學位，堪稱李登輝的學者生涯中最亮麗的一塊拼圖。那時的李登輝，確定是要走學術道路。就連他妻子曾文惠都說，因為她確定李登輝要走學術和學者的道路，才嫁給他，根本沒有想到後來李登輝的人生道路會發生翻天覆地的變化。

但李登輝並非「兩耳不聞窗外事，一心只讀聖賢書」的象牙塔中的學者，他對當時的美國的社會、政治、文化頗為關心。一九六○年代中後期的美國，與李登輝上次前往留學的一九五○年代初已截然不同。媒體急劇左轉，民權運動和女權運動興起，反越戰聲勢浩大，學生造反席捲校園，整個國家動盪不安。康乃爾大學在政治上偏左，是東岸學生運動的一個重要基地，李登輝雖是外國留學生，沒有深入參與美國國內的政治鬥爭，但他有自己的觀察和思考。

一九六○年代，美國最重要的政治人物不是總統或越南戰場的將軍們，而是作為民權運動領袖脫穎而出的馬丁・路德・金恩。一九六三年春，金恩在阿拉巴馬州伯明翰市發動一場大規模的廢除種族隔離的活動，引起全國民眾關注。同年八月二十八日，在金恩帶領下，二十五萬

抗議者朝著華盛頓特區的林肯紀念堂行進。金恩在那裡發表題爲〈我也有一個夢想〉的著名演講。他和無數人的努力，使得《權利法案》得以通過。一九六四年四月四日，金恩遇刺身亡。多年後，李登輝仍記得此事帶給他的震撼：「金恩牧師並非從外部，而是從內部促進黑人意識變革，是偉大的領導者。我體悟到，民主主義才是促進社會和平轉型的動力。不過，我當時完全沒有想到，自己後來竟然會成爲政治家。」

另一方面，李登輝在伊薩卡（又譯綺色佳）的家，成爲接待很多臺灣籍留學生的沙龍。「李總統當時很照顧其他臺灣同學」，陳河田回憶，「一方面是李總統來康大時，已當過臺大教授，年紀比我們大；另一方面也是出於他有基督徒的愛心。」他曾到李登輝家吃飯，由李夫人下廚，做些家鄉味，「非常好吃」，「到他家，我們吃家鄉菜，說家鄉話，偶爾夾些日語，很舒服。記得有一次看李總統留在臺灣兩個孩子的生活照，李總統和夫人說很想念他們」。李登輝回憶說：「我有幾道菜也做得很好，譬如說蠔油牛肉啦、白斬雞等我都會做。」李登輝在同學中最年長，獎學金最多，有時週六晚上，他會請幾位同學到城裡喝啤酒。同學經常會問：「李老大，什麼時候請我們喝啤酒？」

李登輝忙於課業，且還有政府公務員身分，儘管聽聞海外臺獨運動的消息，卻從未參與過。他與後來刺殺蔣經國的黃文雄見過面，他認爲黃並未影響他，反倒是他影響了黃。「那時候談政治那麼危險，不小心都會受一些人影響，我不要讓這些少年家受害，不敢做什麼事情。」但他心中同情臺獨運動，「心中對臺灣的疼惜和對臺灣的獨立性問題，本來在思想上就是一體的，沒有什麼差異」。一九六九年，他被警備司令部抓去審問，他主動問他們：「是不是要問我在康乃爾時有沒有參加臺獨」。

拿到博士學位後，李登輝拿到世界銀行及聯合國亞洲暨遠東經濟委員會的工作機會，原本他想在海外工作，但時任農復會主委的沈宗瀚跑到康乃爾，極力勸說他回臺灣工作。於是，他放棄海外工作的機會，回農復會任職。這又是一個重要的人生岔口，若他留在美國，固然能在專

業領域有所發揮，可是就無法帶領臺灣順利實現民主轉型了。

　　李登輝擔任總統期間，美臺外交取得突破性進展。一九九五年，他以總統身分首次訪美。一開始並不被當時柯林頓政府接受，在國會壓力下，柯林頓政府才勉強同意李登輝回母校康乃爾大學發表公開演講。離開康乃爾大學二十七年之後，李登輝以康乃爾大學校友和中華民國總統的身分，在康大歐林講座，以〈民之所欲，長在我心〉為題發表演說。他充滿感情地指出：「回到母校，使我們有重溫舊日時光的機會。猶憶當年圖書館中熬夜苦讀，教堂內清心自省，課室間匆忙往返，黃昏時攜手漫步。往事如昨，歷歷在目，讓我們深覺喜悅與感激。此次來美參加康乃爾大學校友返校盛會，不僅是登輝個人的殊榮，更重要的，這也是中華民國在臺灣二千一百萬同胞共同的榮幸。」

　　李登輝在康乃爾的演講，完美而精準地定義了美臺關係。他從自己留學美國期間的親身經歷，探究了美國的民主制度對臺灣民主轉型的啟發：「一九六五年至一九六八年在康大的求學生涯，是我一生中甚為難忘的時光。那段時期正是美國社會經歷民權運動與反越戰風潮的不安年代。雖然歷經動盪，但美國的民主制度仍然屹立不搖。也就是在那幾年間，登輝深刻體認到，充分的民主是促進社會和平轉變的動力，只有以更民主的方式去推動民主，只有以更自由的理念去推動自由，才能促成民主自由的早日到來。這也是登輝回國之後，決心為加速臺灣社會全面民主化，貢獻心力的信念泉源。」他進而指出，臺灣的民主和安全，與美國的立國價值和國家利益息息相關：「我要再次對返回母校之行表達感謝之意。我不但感激母校的培育，也要感謝美國。回顧歷史，我們不難體會中美兩國關係的緊密相連。而對人類尊嚴與正義和平的共同信念，更使雙方人民緊密結合在一起。中華民國政府遷臺初期，美國對我們的經濟發展多方援助，極具貢獻。我們不會忘記這一份『雪中送炭』的溫暖，也因此對美國有一份特別的感情。……我在留美的研習過程中，學得促進國家成長與發展的知識，也觀察到美國民主政治的優點與缺點。在臺灣的我們認為，美國的民主制度有許多值得學習之處，不

過，我們也認為應當發展自己的模式。」這段講話，放在數十年後的今天，在臺海關係的危機中，在臺灣親共勢力和政黨刻意操作的「疑美論」乃至「反美論」中，如警鐘長鳴、發人深省。

北京方面對李登輝的演講作出強烈反應，除了口誅筆伐之外，還製造了一九九五年至一九九六年間的「臺海導彈危機」。但李登輝臨危不懼，從容應對，如輕舟已過萬重山。

李登輝擔任臺灣總統十二年，臺灣藉著民主化的轉型，開始重返國際關係舞臺，特別是藉著和平轉型的成績單與美國往來，也開始與北京斡旋。一九九五年李登輝訪美後的「臺海危機」，美國派遣航母至臺灣海峽，新的美中臺三角關係成型。

從中共延安時代開始，美國國務院就長期存在一個「擁抱熊貓派」。兩岸對峙時期，這些親中或受季辛吉影響的職業外交官，一直討好中國、打壓臺灣。這種格局直到川普入主白宮，在蓬佩奧輔助下大刀闊斧改變對華政策，才得以打破。李登輝時代，臺灣勢單力薄，李登輝卻能以小搏大，有時不惜觸碰美國的「底線」，以尋求臺灣的最大利益。一九九九年七月九日，李登輝提出「兩國論」，讓中共抓狂，也讓美國的親中官僚大驚失色。當時任副助理國務卿的謝淑麗結束北京訪問、抵達日本時，很多記者圍著她問此事，她發狠話說：「我一定要李登輝把這句話吞回去。」李登輝沒有屈服，沒有把這句話吞回去，倒是謝淑麗本人多年後才發現她對中國的單相思是一場春夢。

二○○五年十月十一日，卸任後的李登輝再度前往美國，進行長達十四天的旅行和訪問。他訪美的首站為阿拉斯加，受到州長穆考斯基熱情招待，並在「世界事務會議」發表題為〈臺灣民主與亞洲和平〉的演講。他指出，在臺灣民主化過程中，有很重要的一個因素，就是國際的支持，國際的支持中，又以美國扮演最重要角色。「正因為有國際和美國對於臺灣民主的支持，以及臺灣人民追求民主，作自己主人的信念，讓中國不得不採取自制的作法。」他更強調：「就如同阿拉斯加州在美國亞洲地區的第一道線防線一樣；臺灣站在面對中國專制政權的第一道

防線：臺灣的民主與存在，對於中國與亞洲未來的民主化有重要的意義。確保臺灣免於專制中國的威脅與併吞，讓臺灣民主繼續茁壯，對於整個中國人民或是亞太民主，更具指標意義。對美國而言，民主臺灣的存在，代表民主在亞太地區擴展的存在，更是美國在亞太安全與利益的基石。」

　　在華府訪問期間，李登輝前往國會山莊參加參眾議員歡迎茶會。二十幾位參眾議員發言向其表示歡迎並致敬，李登輝也發表簡短演說表示「攜手相隨、共創和平」，成為第一位進入美國國會的臺灣前總統。李登輝也應邀到華府國家記者俱樂部發表演說，吸引國際媒體約兩百人前往參加。主持人希克曼表示，國家記者俱樂部從未有如此多人參加的記者會。

　　成功訪美回國後，李登輝召開記者會表示，希望以美國為首的民主陣營，面對獨裁中國軍事霸權崛起，聯合民主國家力量，幫助中國人民走向民主，才有助區域和平，解除霸權中國對臺灣的威脅。他還談及，參觀費城自由鐘行程時，參閱國家檔案局所藏《獨立宣言》原稿，體會美國民主制度是美國開國元勳為國家無私奉獻精神，建立的典範，也奠定美國建國基礎。他說，臺灣應不分朝野，效法美國開國元勳，以建立長遠制度為考量，團結為後代子孫建立可長可久的制度，才是臺灣人民希望見到的。他還表示，他學習到很多美國民主發展過程中美國人的精神，親身感受美國對臺灣民主支持相當堅定。臺灣要更有信心，維護民主自由，只要團結向國際社會展現守護臺灣民主自由決心，必定得到國際愛好自由人民和國家支持。

　　李登輝對臺灣民主化的貢獻和對美國的友善，也得到美國各界的普遍認同和肯定。二○二○年七月三十日，李登輝過世當日，美國國務卿蓬佩奧發表正式聲明，稱「在十二年的執政期間，李登輝的大膽改革發揮了關鍵作用，將臺灣轉型成為我們今天所看到的民主燈塔。他鞏固了美國與臺灣之間的深遠友誼」。李登輝去世後，美國衛生部長阿扎爾專程到臺灣弔唁，再次重申臺美關係緊密，並稱「李前總統的民主遺產，

將永遠推動美臺關係向前發展」。

二〇二三年，有國民黨民意代表宣稱：「最早跟美國打交道的是國民黨，結果我們的下場是什麼？是退守到臺灣來。」有評論人反駁說，國府「應該心存感謝，讓他們還有臺灣這塊土地可以落腳。真要說起來，臺灣是太平洋島鏈的一環，打贏太平洋戰場的是美國，而不是國府。只要美國有這個意思，大可以對臺灣另作安排，讓這塊土地的歷史往另一個方向發展。」但美國沒有那樣做，「還是讓國府在臺灣安身立命，並且提供大量的軍事與經濟援助，讓這個輸到風雨飄搖的政治集團，有了另起爐灶的資本」。美國的援助並不只是提供駐軍、武器或金錢，而是深入影響臺灣在一九四九年後的經濟政策與社會體制，從而促使經濟的全面升級改造成爲可能。可以說，沒有美國，臺灣人不可能有現在的生活水平。

哲人已逝，哲思猶存。在中美關係日益惡化的背景下，臺灣必須選邊站。該站在哪一邊，李登輝早就在康乃爾大學的演講中說得清清楚楚。這個簡單的道理，就連被毛澤東稱爲「開鋼鐵公司的」共產黨強硬派鄧小平都清清楚楚——一九七九年一月二十八日至二月四日，鄧小平以副總理身分訪美（實際上他已掌握最高權力，美方亦予以國家元首待遇），一訪就是九天。陪同出訪的英文翻譯、中國社會科學院副院長兼美國研究所所長李慎之在飛機上問：「我們爲什麼要這麼重視同美國的關係？」鄧回答說：「回頭看看這幾十年來，凡是和美國搞好關係的國家，都富起來了。」

第四章

意外的國父，各有朝聖路

我們說過，一個獨立的新加坡根本無法生存。如今，讓新加坡生存卻成了我們的艱難任務。我們要如何讓一批來自中國、印度、馬來西亞、印度尼西亞和亞洲其他地區，使用多種語言溝通的移民形成一個國家？

—— 李光耀

登輝一生的理想就是希望將臺灣從外來政權的統治中解放出來，邁向自由的國家；希望將「生爲臺灣人的悲哀」轉換爲「生爲臺灣人的幸福」，這就是我的人生目標。

—— 李登輝

李光耀是新加坡的國父，這一事實被所有新加坡人認可，也在全球範圍內得到確認，即便其反對者和批評者也承認這一事實。

而如果說李登輝是臺灣的國父，則尙有相當之爭議，因爲臺灣是否已經獨立，這本身就是一個剪不斷理還亂的敘事。而國民黨及統派視之爲仇讎，更不會承認其爲國父。

這種對照並不能說明李光耀比李登輝更能開天闢地，而是兩人所處的國情、歷史脈絡及國際環境大相逕庭。新加坡人固然在李光耀的帶領下竭力擺脫英國殖民地的身分，但此後新加坡脫離馬來西亞聯邦卻是被動之舉。反之，李登輝受其時代及環境之限制，在其退休後才直接打出臺獨旗號，而中國的戰爭威脅及臺灣島內數百萬趨向與中國統一的國民黨及其支持者並不認同這一方向，臺灣的國族身分至今曖昧不明。

新加坡的前世今生：從「次殖民地」到殖民地，再到馬來西亞聯邦的一部分

新加坡這個小島，在三世紀已有馬來人居住，其最早的中文文獻記載源自三世紀東吳將領康泰所著的《吳時外國傳》，其中記載「拘利正東行，極犄頭海邊有居人，名蒲羅中國」，但這段記載是否確實指新加坡尚存疑。元帝國旅行家汪大淵在《島夷誌略》中提及「單馬錫」、「龍牙門」，則較為確定是指新加坡。歷史上，這片區域一直扮演著人員、商品和思想流通重要的管道。很多海洋民族居住在這一帶，在此發生交集，各自反映著東亞、南亞和東南亞的海洋式生活。

根據傳說，有位早期訪客逃離爪哇，在名為淡馬錫的一處砂岸登陸，看到一頭黑首、紅身的野獸，他認為是一頭獅子，宣布在此地建立城市，取名為「新加普拉」，意為「獅城」。公元十四世紀，這座建立在靠近馬六甲海峽最狹窄的小河口的貿易之城逐漸繁榮起來。它本身沒有什麼物產，但重要的戰略位置讓它成為連接爪哇和泰國並延伸到印度和中國的國際貿易流通之要衝。

大航海時代來臨，歐洲各國開始到亞洲尋覓國際貿易機會，馬六甲海峽成為重要航道。葡萄牙和荷蘭人都曾到過新加坡。將其收入囊中的是後起的海洋帝國英國。一七〇三年，蘇格蘭船長、貿易商亞歷山大‧漢密爾頓來到此地，與柔佛蘇丹做生意——後者主動提出將新加坡交給這位外人管理，但漢密爾頓婉拒此好意。那時，英國的關注焦點是印度。之後，英國人從荷蘭人手中奪取馬六甲地區很多據點，希望在附近建立基地，進而締造商業網絡，將來自印度、中國、東南亞和母國的眾多產品結合起來，從中賺取巨額利潤。

一八一九年一月二十九日，英國東印度公司高級官員湯瑪斯‧萊佛士登陸被濃密的雨林覆蓋、距離赤道只有一天航程的新加坡島，從周圍眾多據點和島嶼中選擇新加坡作為貿易站：「我們要的不是領土，而是做生意，是一個偉大的商業中心與貿易支點，我們由此基點可以向外擴

張政治影響力……馬爾他在西方的地位，就是新加坡未來在東方的地位。」二月十六日，他與柔佛蘇丹簽約，仿照英國在其他地方的統治方式：柔佛蘇丹擔任名義上的君主，萊佛士成為實際上的城市管理者。

英國人陸續來到，但這座城市依然前途莫測。後來，人們才發現，這個避風港是一千英里內最深的港口。亞洲史學者約翰・濟伊寫道：「它充滿戰略與商業上的潛力，具有成為一座欣欣向榮的自由港的願景。」當湯瑪斯・萊佛士三年後再次造訪新加坡時，他看到繁忙的船隻駛進港，當地人口已從一百五十人激增到五千人，三年後再增加到一萬多人。如史家約翰・培瑞所說：「自由港是最大的吸引力：沒有沉重的關稅，對移民沒有設限，也沒有奴隸；廢奴雖尚未全面制度化，但大英帝國自一八○七年起已宣布禁止販售奴隸。」新加坡天然擁有地理上的優勢，但若非英國制度和英國秩序引入當地，它不可能由麻雀變成鳳凰、由漁村變成國際貿易重鎮——就像香港一樣，若一直是中華帝國的一部分，它不可能有一百五十年「東方之珠」的黃金歲月。

一八八五年，博物學家威廉・霍納戴稱讚新加坡是「我所見過最便利的城市」，他將這座日益繁榮的轉口港比做「一張桌子，上面滿是抽屜跟格架，每樣東西都有定位、都能在這裡找到」。萊佛士本人也是個孜孜不倦的收藏家，而他正是讓新加坡變成這般樣貌的主宰者，移民被依照種族與技能安置在不同區域；那時一個人走在街上，從身邊人們模樣就能知道自己身在何處。量身打造的新加坡，每個人都在這裡找到自己待的抽屜。這不是種族隔離，而是各種不同種族各安其位，形成某種水果拼盤般的格局。

一八二四年，英國與柔佛蘇丹重訂新約，後者將新加坡永久割讓給英國，新加坡正式成為英國的領土。一八二六年，新加坡與馬六甲併入檳榔嶼，成為「海峽殖民地」。三年後，英國又將「海峽殖民地」降低為轄區，隸屬印度孟加拉省，其地位類似於「次殖民地」。一八五一年，新加坡等三地改由印度總督直轄。

一八六七年，新加坡改歸英國殖民部管轄，成為「皇家殖民地」。

十九世紀後期，新加坡人口飆升，某些契約勞工從印度坐船來，但大部分人都來自中國福建、廣東兩省，華人逐漸成為新加坡各種種族中的絕大多數，奠定了後來新加坡華裔占四分之三的人口結構。當地制度全都由少數英國人規劃，最高法院、市政廳在市中心建立起來，法律和經濟制度與大英帝國其他殖民地一樣。「這麼多船，這麼多停泊不動的船隻，你會感覺到它們好像在等待某個獨一無二的事情來臨。」這是英國小說家毛姆訪問新加坡時的觀察心得。

一九四五年九月十二日，占領並統治新加坡長達三年半的日本無條件投降，英國重新管轄新加坡，並恢復其名為「Singapore」。但是，新加坡人心思變，英國再也無法按照戰前舊有模式來統治當地。翌年二月，英國政府將新加坡從「海峽殖民地」分離，單獨設置為一個行政區域，這是它在現代史上首次脫離馬來亞大陸、以個別實體身分治理。

一九五〇年代，英國決定撤離亞洲，戰後江河日下的政治經濟局勢，使繼續維持龐大的大英帝國成為不切實際的幻想。關於這塊前殖民地的未來，英國不願耗費太多時間和資源幫助其規劃。李光耀在回憶錄中透露，英國人最初不樂見新馬合併，後來改變立場，是因為左翼之來勢洶洶，他們相信或李光耀讓他們相信，「新加坡傾向共產主義的危險實在太大」。對新加坡的華裔菁英集團而言，建構一個「大馬來西亞」何嘗不是又一次的「神救援」。李光耀認為，「我們需要英國人把共產分子鎖住，直到有一天，這個任務可以交給馬來西亞領導人東姑」。

李光耀承認，整個大馬來西亞方案由英國人提出，他負責擬定計畫：「英國人正鼓勵我提出一個有關聯邦的更大方案，也就是不僅包括新加坡，同時也包括婆羅洲英國三地（即北婆羅洲、汶萊和砂拉越）的宏大計畫，使他族人數不會影響馬來選民的多數地位。」李光耀於一九五一年五月六日提呈一份《馬來亞聯邦、新加坡和婆羅洲領地未來的文件》。英方樂見其成，只是為了推卸責任，英國在中東等前殖民地也是如此而行——一九六二年七月二十八日，英國首相哈樂德·麥克米倫坦白地告訴東姑：「我們這麼做不表示英國寬宏大量，只是通情達理

之舉。對於英國再也不能控制的地區，英國政府不願繼續負起責任。」

一九五五年二月，新加坡舉行立法議會普選，在三十二名立法委員中，二十五位是選舉產生，四人是任命產生，另外三人由政府官員兼任。這次選舉使新加坡由一個殖民地政府，轉變成一個自治政府。英國人馬紹爾律師領導的「勞工陣線黨」獲得十個席位，成為多數黨，馬紹爾因而出任第一位本地產生的新加坡總理。隨後，新加坡左派思潮氾濫，左派勢力坐大，工運和學潮頻繁，馬紹爾政府未能應付變局，於一九五六年六月七日辭職下臺，由林有福繼任總理。

一九五八年五月二十七日，新加坡獲准成為大英國協的自治城邦，除外交及國防事務之外，新加坡人皆可自主。一九五九年五月三十日，新加坡舉行首屆自治議會選舉，李光耀領導的人民行動黨獲得多數席位，李光耀正式組織政府，並成為自治邦首任總理。

隨即，人民行動黨及工會發生分裂和內鬥，左派建立社會主義陣線。左右之爭與民族問題交織在一起，新加坡的局勢撲朔迷離。

李光耀力排眾議，積極推動建立馬來西亞大聯邦，原因有四：第一，新加坡直接由英國治下的自治邦轉成馬來西亞聯邦的一個邦，繞開獨立的環節，避免對英國構成刺激；第二，由此可藉助馬來西亞的力量鎮壓茁壯成長的共產黨勢力，他已越來越難以制約黨內外極左派的挑戰。新加坡左派知道李光耀的這種算盤，故而與馬共及印尼的蘇卡諾聯手，誓言反對馬來西亞大聯邦構想；第三，新加坡土地狹小，資源匱乏，若能與馬來西亞聯合，則能在自然資源方面得到馬來西亞的輸血；第四，是李光耀個人的權力野心——他不滿足於充當新加坡這個彈丸之地的政治領袖，若是新、馬合併，他可順勢登上聯邦一級政壇，其權柄可擴展數十倍。對此，馬來西亞領導人東姑亦心知肚明，故而對李光耀的野心百般阻攔。

如果將新加坡與馬來西亞的合併視為一場婚姻，那麼主動求婚者的一方就是新加坡，馬來西亞一方始終充滿疑懼。東姑對新加坡華人族群與中國的關係心存忌憚：「新馬合併的前途，全視新加坡人民的志向決

定。如果新加坡人民——尤其是華人，都有馬來亞觀念，效忠本地，共為本邦的國家利益努力，少想到中國，則前途充滿美麗的希望。反之，假如要把新加坡變成『小中國』，自然會引起馬來同胞的疑慮。」一九六二年三月二十五日，東姑在與巫統高層的茶話會上說：「新加坡是個『小中國』，許多華人來自中國，其中一些極端分子希望與共產中國或其他共產國家發生關係。」

李光耀最明白英國不支持合併的動機與東姑不願合併的理由，他在一次群眾大會上說得非常透徹：「一九五七年以前，不要合併的是英國，他們要新加坡作軍事基地。一九五七年以後，因為部分英國人的謀略，以及新馬部分人的表現，讓東姑說，無論如何，他都不要合併。東姑不要合併，最初的理由是，新加坡不準備接受馬來語為國語，不準備接受回教為國教。但是，當我們同意接受這些條件時，東姑卻說，新加坡居民未有馬來亞意識。他是怕接受與新加坡合併，會改變華族與馬來族的比例，又說在新加坡一百萬華人中，有非常多共產黨人。」

新加坡自由社會黨祕書長梁蘇夫人支持新馬合併，但認為應當放慢腳步，先解決分歧：「無疑，新加坡是個多元種族的特殊地方，華人占大多數是事實。東姑是否對此感到害怕？若是，在完全合併的道路上，這是個應該消除的障礙，障礙消除需要時日。……合併假如在匆促中完成，可能造成未來的災害，不合併則將是切身利益受損。適當的做法是，讓人民有機會提出批評和建議，結果將更美滿。更重要的是，大家開誠布公，因為這是有關國家前途。」但是，李光耀和東姑都沒有聽取她的建議，兩人分歧雖大，但有一點個性卻是相似的——剛愎自用。

隨後，李光耀就加入馬來西亞聯邦一事舉行全民公投。公投前，他在電臺以「爭取合併的鬥爭」為總題做了十二場廣播演講，竭力說服新加坡人，馬新兩地有合併的必要。他的理想是，將新加坡建設為「馬來西亞的紐約，一個富裕、公義社會的工業基地」。一九六二年九月，公投正式舉行，「社陣」投空白票反對合併，但李光耀的合併建議贏得百分之七十一的壓倒性支持。

公投大勝之後，李光耀趁勢舉行立法議會選舉。在五十九席中，行動黨贏得三十七席，穩穩掌握絕對多數。一九六三年九月十六日，新加坡立法會通過加盟馬來西亞的議案。這一天正是李光耀的生日——他收到了一份生日的「政治禮物」。一如他的設想，在合併過程中，共產黨勢力受到沉重打擊，「人們認識到勢力很大的共產黨人已變得脆弱，因此漸漸地不再怕他們」。

九月二十一日，新加坡加入馬來西亞聯邦第五天，李光耀宣布舉行大選，行動黨大獲全勝，在五十一個議席中獲得三十七席，在對抗共產主義勢力上贏得一次漂亮的勝利。與此同時，馬來西亞總理東姑違反不參加新加坡選舉的承諾，支持新加坡聯盟黨派出四十二名候選人參選，結果全軍覆沒，造成以後馬來半島人對李光耀的不滿。次年四月二十五日，在馬來西亞聯邦眾議院選舉中，新加坡人民行動黨消極參與，只獲得一個議席。李光耀公開指責選舉不公平：「我們總想跟巫統合作，但巫統，尤其是過激派卻決心摧毀我們。我看過他們如何以種族主義的手段瓦解沙巴的多元種族政黨，當時正設法在砂撈越如法炮製。我毫不懷疑，他們一旦解決了北婆羅洲的兩個州，就會對新加坡施加壓力，也把我們搞垮。」兩造的對立明明可見，融合遙遙無期。

隨後，新加坡爆發幾波馬來人與華人之間的種族衝突，數十人死亡、數千人被捕，形勢相當嚴峻。李光耀政府藉此指責東姑與聯邦政府試圖推行「種族沙文主義」，使馬來人在聯邦內享有特殊的高等待遇，並在幕後煽動在新加坡的馬來人反對新加坡自治邦政府。

一九六四年九月二十五日，李光耀與杜進才、林金山等人民行動黨領袖赴吉隆坡，與馬來西亞首相及聯盟黨領袖東姑會談，談判合組聯合政府的可能性。多年後，馬來西亞媒體披露了當年的一些有趣細節：東姑邀請李光耀在家中留宿，兩個人密談合併事宜。在李光耀洗澡時，東姑在隔壁聽到李光耀在唱歌。東姑在一篇回憶文章中寫道：「我聽見他在沐浴的時候唱起馬來亞國歌《我的國家》而深受感動，從那時起我就接受合併的建議。」而李光耀在一九八七年八月慶祝新加坡獨立的酒會

上則是另一番說辭，他說自己唱的是一首當年風靡東南亞的印尼歌曲《一隻老鸚鵡》而非馬來亞的國歌《我的國家》。《一隻老鸚鵡》的歌詞說：「一隻老鸚鵡累了，飛到窗口棲息，婆婆已經老了，只剩牙齒兩顆。」歌詞簡單幽默，曲調抑揚頓挫，旋律輕快活潑，是一首童謠，各族人都能唱。李光耀的解釋是，他唱的不是左派的革命歌曲，而是這種民間抒情小調，讓東姑覺得他在政治上是安全的，確定他不是一個危險人物。顯然，他是有意唱給對方聽的，可見他心機極為深沉。此類領導人之間個人交往的花絮，並不能掩飾新馬合併後，馬來西亞聯邦政府與新加坡自治邦政府在種族權利分配、經濟、文化等多項政策上的嚴重分歧。

面對馬來人的打壓，李光耀的回應是拳頭對拳頭。一九六五年五月，他在新加坡召開一項包括所有馬來西亞反對黨在內（除伊斯蘭黨外）的大會，成立「馬來西亞人民團結總機構」，簽署宣言呼籲成立「馬來西亞人的馬來西亞」（Malaysian Solidarity Convention）來對抗東姑沒有說出口的「馬來人的馬來西亞」（Malay Malaysia）。由於此一聯盟是以華人為主，局勢演變成華人和馬來人之間的鬥爭。在巫統聯盟政府看來，這是對中央的公開挑戰，使原已微妙的關係加速惡化到了爆炸點。

五月二十五日，李光耀首次也是最後一次在聯邦國會用流利的馬來語發表演說。他批評巫統聯盟政府所推行的政策，並強調自己雖願意接受以馬來文為馬來西亞聯邦的唯一國家用語，卻看不出這項政策怎麼幫助鄉村馬來人擺脫貧困。東姑不在現場，得知此消息後，做出了與李光耀分手的決定。李光耀承認，這場演說是導致新加坡被逐出聯邦的致命傷和最後一根稻草。東姑在七月一日的一封信中指出：「對於李光耀，我做了充分時間的考慮……也許現在與他談是一件好事，但最後我擔心我們會毫無選擇，不得已會將新加坡逐出馬來西亞，以免我身體其他部分受壞疽影響而腐壞。」

東姑的這個比喻相當富於攻擊性。與之對應，新加坡政治人物喜歡

「掛在脖子上的信天翁」的比喻，以形容原以為會帶來好運的，卻變成沉重的負擔。此前，李光耀將親共分子比喻為掛在脖子上的信天翁，而李光耀的戰友吳慶瑞也將加入馬來西亞喻為掛在脖子上的信天翁。後來，吳慶瑞負責新馬分家談判，他在一次口述歷史訪談中，引用信天翁作比喻：「我們曾經很天真地指望馬來西亞能夠帶來繁榮、共同市場、和平、和諧等種種好處。但是，我們的幻想很快就破滅，馬來西亞成了掛在我們脖子上的信天翁。」他甚至將整個新馬分家的最高機密檔案命名為「信天翁檔案」。

新加坡被「踢出」聯邦，李光耀「含淚」宣布獨立

雙方關係破裂前夕，馬來西亞中央政府一度考慮以武力解決分歧。有些馬來政治人物，包括後來出任首相的馬哈迪、巫統祕書長賽查化等均提出逮捕李光耀並派兵接管新加坡邦政府的建議。對比李登輝被警備總部帶走審訊、拘押數日的痛苦經歷，李光耀一生中三次面臨被捕的風險，這一次是最後一次（此前，英國殖民當局有過逮捕他的提議，自治政府的首席部長林有福也曾有逮捕李光耀及人民行動黨中堅分子的想法）。

但東姑和溫和派同僚不同意採取激烈行動。一九八二年，東姑在接受一位英國研究人員訪問時說，他當時確實承受了要求逮捕李光耀的強大壓力，但他認為：「逮捕李光耀沒有用，因為在我所處的世界裡，由於他是華人，華人也會同情他。他享有一定的國際威望，要對付他除非有令人信服的理由。我不想因為他，不想僅僅因為新加坡而遇到麻煩。腳不好的話，最好的辦法是鋸掉，我正是這樣做了……我當時知道李光耀是接管新加坡政府的最佳人選……（在馬來西亞）他的野心是沒有止境的。」由此可知，東姑做出「驅逐」新加坡的決定，從國家和民族層面來看，是不願讓擁有多數華人的新加坡在整個聯邦層面發揮影響力，

乃至讓華人凌駕於馬來人之上——華人已在經濟上占上風，若再在政治上有力量，天平會發生傾斜。而在個人政治生涯層面，東姑寧願讓李光耀獨自掌控新加坡，也不願讓其參與聯邦層面的權力遊戲，進而威脅到他本人以及馬來人政治菁英集團對中央權力的壟斷。

東姑沒有採取激烈行動對付李光耀，也跟英國及大英國協施加壓力有關。當時的英國首相威爾遜指出，當他得到消息說有一場針對李光耀的政變時，「我覺得有必要讓東姑知道，要是他採取這類行動，到大英國協會議露面將是不明智的。因為多數首相和總理，包括我自己會認為，這類的行動跟我們的共和聯邦信念背道而馳。」大英國協關係部在給赫德的電文中指出：「如果李遭逮捕，新加坡未必會默默地接受。……李被捕後局面如果嚴重惡化，需要在新加坡動用英軍，要爭取英國輿論了解和支持是難上加難。」

有趣的是，李光耀聽聞巫統高層有人建議將他逮捕的消息後，他反問說：「如果因一個人的意見不同而逮捕他。那麼，接下來要做什麼？難道要拔出手槍？」然而，他卻忘記了，他本人此前不正是因為同樣的理由，將數百名異議人士關進監獄嗎？

李光耀及其政府對未來可能發生的危機做出詳細預案，有備無患。他得到柬埔寨元首西哈努克親王一口答應，一旦他本人被逮捕而馬來西亞中央政府又接管新加坡政府時，人民行動黨可以在金邊成立流亡政府。這段期間，新加坡隨時都有一名內閣部長留在國外環球旅行，只要馬來西亞中央政府一出手，能逃出的閣員即可飛到金邊，宣布成立流亡政府。

幸運的是，雙方沒有兵戎相見，沒有流血事件發生，沒有人被關進監獄，新加坡也沒有在海外成立流亡政府。雙方的分手基本上是和平的，儘管整個過程中雙方對彼此嚴厲指責，使用了不少惡毒的字眼。

八月七日，李光耀到吉隆坡首相官邸與東姑最後攤牌。兩人單獨會談四十分鐘，李光耀仍未放棄留在聯邦的願望：「我們花了多年時間成立馬來西亞，成立還不到兩年，你真的想讓它分裂？」東姑則已決定分

家：「現在沒有別的辦法，我打定了主意：你們走你們的路，我們走我們的路。只要你們在任何方面跟我們掛鉤，我們都很難成爲朋友，因爲我們會介入你們的事情，你們會介入我們的事情。明天當你們離開了馬來西亞，我們不再在國會或選區裡爭吵後，會再度成爲朋友。我們相互有需要，會互相合作。」東姑的意見比李光耀更明智──對於這兩個種族、文化和宗教信仰迥異的國家來說，唯有距離才能產生美感。

一九六五年八月七日，東姑以避免局勢惡化爲由，下令將新加坡自馬來西亞聯邦除名。東姑、李光耀及其各自的閣員簽署協議，新加坡脫離馬來西亞聯邦。八月九日，以巫統爲首的執政聯盟在馬來西亞國會緊急修憲，並以一百二十六票贊成、零反對通過解除新加坡與馬來西亞的關係的提案，將其「踢出」聯邦。當天傍晚，國會和上議院都通過三讀，最高元首也同意。東姑在國會演講後向報界發表談話，保證分家是「基於雙方在防務、貿易和商業方面密切合作」。

同日，李光耀在新加坡廣播電視臺的電視記者會上宣布，新加坡已驟然與馬來西亞分家，成爲一個獨立國家。他談起努力奮鬥多年的新馬一家的政治理念就此劃上休止符，一時悲從中來掉下眼淚，以致記者會延後二十分鐘。這是他少有的在公眾面前流露出內心眞實情感的時刻，不是故意作秀。他在記者會上說：「新加坡即日起將成爲一個主權獨立國家。每當我們回顧簽署協議讓新加坡脫離馬來西亞的這一刻，那都會是令人感到極度痛苦的一刻。對我來說，這是痛苦的時刻，因爲我一生……打從我成年以後……我就相信新馬必須合併，兩地是一體的。」他在演講最後恢復了平靜，力圖安穩民心：「這有什麼好擔心的。許多事情都將照舊。但我們要堅定和冷靜。新加坡將會是一個多元種族的國家，我們會樹立一個榜樣。」多年後，他在回憶錄中寫道：「我從來沒有這麼悲傷過。分家成了事實，我辜負了馬來亞、沙巴和砂勞越許許多多的人。他們響應我們的號召，主張成立馬來西亞人的馬來西亞……我接受分家，使他們失望。內疚使我情不自禁地痛哭起來。這是我痛苦的時刻……在華人區，商人則放鞭炮，慶祝不會再受到壓迫。」悲痛的李

光耀細心地捕捉到華人不願與馬來西亞聯合的民心與他所持的新馬聯合的立場背道而馳。

新馬分家之後，雙方彼此指責，打了很久的口水仗。八月十一日，李光耀在專門針對新加坡境內的馬來人的記者會上表示，新加坡將成爲一個獨立共和國，各族群平等，馬來語仍是國語，新加坡不是華人國家，也不是馬來人國家或印度人國家，而是新加坡人國家。他指控馬來激進分子迫使新加坡退出聯邦；又說東姑應在一年前壓制種族主義分子；新加坡想維持鬆散的聯邦，但因爲激進分子的無理索求，新加坡別無選擇，只好退出。馬來西亞領導人東姑則在回憶錄中認爲，是李光耀故意要脫離馬來西亞：「英國之所以不讓新加坡獨立，是因爲人民行動黨受到共產分子控制。所以李光耀若不同意加入馬來西亞，就要維持作爲英國殖民地地位。這就是爲何李光耀要加入我們的原因。但在新加坡加入馬來西亞後，他卻用盡各種方法退出。這就是今天他的立場，他不是一個可靠的人。」在東姑看來，李光耀是過河拆橋，利用了馬來西亞一把。李光耀與東姑都說出了一部分眞相，合併起來才是全部的事實──強扭的瓜不甜，這是一場在錯誤的時間、錯誤的地點舉行的錯誤的婚禮。

除了口水戰，兩國一度陷入「冷戰」狀態。馬來西亞認爲，將新加坡踢出去之後，仍可通過種種手段對其施壓，將其塑造成一個可憐的附庸國。東姑告訴英國最高專員赫德：「如果新加坡的外交政策損害到馬來西亞的利益，我們可以恫嚇切斷柔佛供水，對他們施加壓力。」東姑在驅逐新加坡當天也告訴澳洲最高專員克里奇利：「我們占了上風。新加坡跟外國政府打交道時，必須同我們磋商。」他認爲，經過一段時間的孤立無援，新加坡將陷入嚴重的困難，會爬回來，而且接受馬來西亞的所有條件，甚至必須同意馬來西亞在新加坡駐軍。東姑等馬來西亞領導層尤其痛恨李光耀，多次鼓勵新加坡其他實權人物起來造李光耀的反，卻未能成功。

一九六五年九月十八日，新加坡剛獨立四十天，四十二歲的李光耀

在農業展覽會開幕禮上說：「新加坡不會對他人晃動指節套環，因為我們謙恭有禮。然而，這個島國決心在未來的一千年在東南亞生存，沒有人能阻擾我們。」但他心中的恐懼戰兢卻不願向國人表露，在一九九八年出版的回憶錄中才全盤托出：「新加坡是英帝國在東南亞的心臟地帶，因此繁榮發展起來；隨著新馬分家，它變成了一個沒有軀體的心臟。在我們的兩百萬人當中，有百分之七十五是華人。在居住著一億多馬來或印尼穆斯林並由三萬座島嶼組成的群島裡，這樣的華族人口簡直微不足道。新加坡是馬來海洋中的一座華人島嶼。我們要如何在這樣一個不利的環境裡求存呢？」

李光耀承認自己並未主動追求新加坡的獨立：「一些國家原本就獨立，一些國家爭取到獨立，新加坡的獨立卻是強加在它頭上的。……我們從沒爭取新加坡獨立。……我們說過，一個獨立的新加坡根本無法生存。」李光耀的同僚、後來成為新加坡總統的蒂凡那指出：「新加坡是就我所知唯一一個……被踢出來得到自由並建國的國家。」新加坡外交家許通美也承認：「世界上沒有其他國家是被聯邦驅逐而獨立的。」李光耀日後使用的說法是新加坡「被掃地出門」（turfed out）。可是，這個國家後來卻因為分手而得益良多。

當時，海洋城邦國家似乎是異想天開的願景。李光耀意識到，新加坡必須替一百多萬人民尋找就業機會，提供像樣的生活環境，並且打造國家意識。新加坡外交部長拉惹勒呼籲國人：「如果你認為自己是華人、馬來人、印度人或斯里蘭卡人，新加坡就垮了。你必須想到新加坡——這是我的國家。」李光耀著眼於經濟模式：「我們必須創造新的生活方式，而這需要有連接美國、日本和西歐的海上生命線。」他後來說，獨立伊始，他和其他許多人一樣私下悲觀，但不得不在公開場合表達樂觀精神。他以臺灣和香港的成功經驗鼓舞民眾：「這兩個華人的海洋社群給我很大的鼓勵……我得到一些有用的提示。如果它們能夠成功，那麼新加坡也可以。」

同時，獨立後的新加坡開始尋求國際承認。一九六五年九月二十一

日，新加坡加入聯合國。同年四月，加入大英國協。一九六七年八月八日，在新加坡的協助下，東南亞國家協會宣告成立，新加坡雖小，卻在東南亞乃至全球的事務中發揮著遠遠大於其實體規模的影響力。

新加坡在這一輪打擊下倖存下來，並抓住歷史機遇發展對外貿易，一躍成亞洲人均收入最高的城邦國家——其富裕程度在全球範圍內亦屈指可數。在新加坡和馬來西亞的邊界上，每天都會排起長龍，主要都是要到新加坡去打工的馬來西亞勞工。東姑若是親眼目睹此一場景，不知當作何感想？

半個多世紀之後，新加坡的外部環境比臺灣和香港更好。香港在一九九七年被中國再殖民（劣質殖民）之後，東方之珠已淪為專制臭港，英國建立的法治與自由蕩然無存，經濟更是奄奄一息。臺灣在民主化領域遙遙領先新加坡，卻受到中共極權政權之武力威脅和紅色滲透，無法像新加坡那樣在國際上得到廣泛承認。臺灣人尋求獨立的努力，數十年來始終遭到北京野蠻打壓和封殺，與之對比，新加坡當年「被迫獨立」的經歷讓臺灣人無比羨慕。

新加坡在經濟上取得巨大成功，也沒有像以色列那樣周邊都面臨敵對國家的戰爭威脅，但李光耀深知「生於憂患死於安樂」的道理，一直向國人灌輸「要經常生活在災難的恐懼中」、「新加坡不是正常國家」、「新加坡如同建築在軟泥地上的八十層大樓，是一個極端脆弱的國家」的觀念。他說：「我擔心的是新加坡人會以為新加坡是一個正常的國家，認為我們可以和丹麥、紐西蘭，甚至列支敦士登或盧森堡相提並論。我們處在一個非常動盪的區域。……我們沒有樂見我們繁榮的鄰居。當我們茁壯成長，他們多年來認為我們是利用他們的資源。」、「我們有一座六百平方公里的小島。別以為你把它搞垮了，還能落在濕軟的稻田地上。這可是硬邦邦的水泥地，掉在上面你會粉身碎骨，立刻完蛋。」他所說的不友好的鄰居，當然包括馬來西亞。很多人批評他故意製造恐怖氛圍，以此壓制異見和政治競爭，他卻依舊我行我素。

一九八八年十一月十四日，六十五歲的李光耀訪問澳洲，脫稿感

嘆：「一百年後重訪澳洲，澳洲依舊風吹草低見牛羊，人們舒適地生活在這片土地上。但是，我無法肯定，這個稱爲新加坡的人爲國家，是否會依然存在。」在這裡，李光耀承認新加坡不是自然形成的國家，而是人爲製造出來的國家，它並不必然永存，隨時可能消失。他慣性地直言：「我看著新加坡成爲一個更像大都會的國家，卻懷疑最後會是什麼結果。而且，我也不十分肯定，我們爲確保生存推行的事物的必要性。」到了九十歲時，他對這個國家存在與否仍心存疑慮：「美國、中國、英國、澳洲，這些國家百年後還會在。但新加坡直到最近，從來就不是一個國家。」新加坡學者謝裕民所著之新加坡史，直接以「不確定的國家」爲書名。有分析人士指出，李光耀巧妙地用新馬分家事件激起需要全民犧牲奮鬥的危機意識。「這是這個小國的主旋律，這個危急存亡的旋律後來不斷在新加坡歷史樂章中反覆出現。」

　　直到其晚年，李光耀對於新加坡無法併入馬來西亞聯邦，以及他主張以各族群平等的立場而競爭成爲聯邦領導人之理想無法實現，仍有遺憾。一九九六年六月七日，他在一場演講中表示，假設新加坡可能重新加入成爲馬來西亞聯邦政府一分子的條件，就是馬來西亞像新加坡一樣推行「論功行賞政治」（meritocracy），政府不會規定某一種族享有特別利益；以及馬來西亞和新加坡追求統一目標時取得同等的成功，爲人民帶來經濟利益。而任人唯賢和維護多元種族制度這兩大原則就是當年新馬分離的最重要因素。此論一出，馬國輿論一片負面評價。馬國外交部長說，在此議題上，以一個大國去遷就一個小國所提出的準繩，是不恰當的。亦有馬國政治人物表示：「兩國是否合併不是單一領袖所能決定的事，李光耀不該把新加坡當成自己的產業；新馬分家已數十年，兩國人民對彼此是否還有認同感？李光耀的言論顯然沒有把人民放在眼裡。」

「兩個李登輝」：從「中國人李登輝」走向「臺灣人李登輝」

臺灣的歷史比新加坡複雜多變。在近代民族國家和主權觀念形成之前，臺灣經歷過本島原住民建立的大肚國等準國家的部落集團階段、西班牙殖民者來此建立據點階段、荷蘭統治島內部分區域時期以及明鄭（東寧國）時期，直到清帝國康熙朝將其納入帝國版圖，臺灣才勉強進入「中國化」時代。一八九五年，清帝國在日清戰爭中慘敗，被迫在《馬關條約》中將臺灣割讓給日本。從此，臺灣進入長達半個世紀的日治時代。

李登輝在日治時代度過其少年和青年時代，後留學日本，接受日式菁英教育。當時，李登輝的國籍是日本人，自我身分認同也是日本人。戰後，青年李登輝從日本回到臺灣，不由自主地經歷了主權轉移及國民身分認同的轉變（包括重新接受一種新的文化、政治治理模式及語言）。

李登輝親身經歷了「二二八」事件，當時他住在開米店的朋友何既明家，還想過要不要到臺中參加謝雪紅部隊，只是沒有交通工具而作罷。國民黨軍隊開到臺北開槍殺人時，他在延平北路，躲在柱子下，「看到他們開槍，被掃射的人不少呢」。事後，他對國民黨極度失望，「我的各種想法就和中國『再見』。本來為了臺灣，想要從日本回來『祖國』拚，但是這時卻感到失望了，慢慢地我轉變到以臺灣為主體」。受此刺激，他很早就誕生了臺灣獨立意識，只是他早年專研農業問題，謹守技術專家身分，且身在黨國體制和白色恐怖的時代氛圍之下，不可能公開表達其政治立場，否則生命都將不保——他在臺大時同事彭明敏因宣揚臺灣獨立理念而被捕、下獄、流亡的下場，他看在眼中、憂在心頭。

李登輝決定走一條跟彭明敏殊途同歸的道路——先加入體制，再改變體制。李、彭二人都有清晰的臺灣意識，只是表現方式不同。日本

學者上坂冬子如此對比李、彭：李登輝置身體制內，取回臺灣人的臺灣；彭明敏則在反抗體制中遭到通緝，在流亡的異地貢獻於「臺灣人的自救」，兩位俊秀人物可謂不期而從國內外挾擊，終於奪回臺灣人的臺灣。李登輝表示：「要改變外來政權，有兩種方式，一種是由體制外改革，彭明敏先生與很多朋友所走的路線就是這一種；另一種是由體制內進行，設法加入行政體制，藉由行政體制的改革達成目標，這就是我經過審慎思考後，決定選擇的路線。」李登輝去世後，彭明敏在一篇紀念文章中評論說：「在臺灣各方，經濟、政治、文化、社會的轉換時期，他站在過程中關鍵時點，主政成功，有形無形功勞甚大，相信在臺灣歷史上，必將永久占有偉大地位。」

另一方面，彭明敏也直率地指出，李登輝在國民黨威權政治中求生存，「命中註定必須成為雙重人格者」，「如果要承受臺灣的宿命悲劇，繼續生存的話，只有背上矛盾，用自己可以接受的方式採取妥善的行動。李登輝體內，必定有作為臺灣人的自我與作為國民黨員的自我經常在互相爭戰。」他舉例加以說明：「一天李登輝接受報社訪問，談到臺獨，所說完全錯誤，我忍不住也在報上為文強烈批判。他很生氣，其後若有人對他提起我，他就發脾氣。數年彼此忌避。……我常說，有兩個互相矛盾的身分在李登輝的身上結合在一起。一是作為臺灣人的李登輝，另一是作為中國國民黨主席的李登輝，前者要保護和伸張臺灣人的政治權利即民主化，後者則為了『統一』中國，一些基本人權必須犧牲，他在此兩種立場上掙扎，天人交戰。」

確實，李登輝在不同的階段，對自我身分認同及與之相關的臺灣獨立這一議題有不同的表達方式。他並非如梁啟超那樣，因價值觀的變換而屢屢「以今日之我反對昨日之我」，而是審時度勢，在不同的歷史階段拋出不同的說法，不斷向最高目標接近。攻擊李登輝的人說他兩面三刀、謊話連篇，其實，這恰恰表明李登輝是一個成熟務實的政治家，而非一個理想主義的知識分子，他意識到自己身處的權力格局和歷史限制，不斷衝撞與突破，卻又不至於造成石破天驚、玉石俱焚的結局。用

學者李福鍾的說法就是，李登輝在兩岸問題上從「心口不一」走向「心口合一」，固然可以用「馬基維利主義」來形容之，但李或許並不認為自己在玩弄權術，而是一種務實主義，是「以務實的態度選擇可以做到的部分先做」。

據日本記者河崎真澄在《李登輝祕錄》一書中披露，一九六一年，李登輝還在農復會任職期間訪問日本，在幾乎無人知曉的情況下，他與海外反對國民黨的臺獨和民主人士有所接觸。在日本從事臺灣獨立運動的學者王育德在日記中記載了李登輝的來訪，他故意將李登輝的日文名字寫錯，但稍加分析就知道他的訪客一定是李登輝：「一個身材非常高瘦、英俊的男性，感覺應該是一位出類拔萃、特別的人。……他確實是一位令人有好感的人物，來到日本後，第一次遇到這麼棒的臺灣人。對將來的獨立可寄予厚望。」根據王育德日記所載，李登輝拜訪的那一天，另一位臺獨活動人士黃昭堂也在場。黃昭堂將只有一面之緣的李登輝視為「祕密盟員」，也就是「內心契合的非公開同志」。後來，黃昭堂與李登輝建立了親密的友誼。

獨派大老辜寬敏提及，一九七二年他回臺後，國民黨高官蔣彥士邀請他在在臺北餐敘，李登輝也在座。當時，李登輝當著眾多高官的面直言：「要臺灣獨立，才會有將來。」同席一起吃飯的財經高官、日後出任中央銀行總裁的梁國樹表示同意這個看法。時任臺大校長孫震則說，他原則上同意，只是他是外省人，態度必須保留。

李登輝掌權之後，臺灣意識不再是「敏感詞」，而進入公共空間。在其執政前期，首要任務是鞏固權力、憲政改革和民主化，臺獨不是迫在眉睫的議題，也遠未到水到渠成之地步。而且，李登輝為了安撫統派及對岸的中共，必須照顧對方面子，使出障眼法。所以，他在相當長的一段時間有關兩岸關係的說法是中國必將統一，臺獨不可行，「我是臺灣人，也是中國人」——看上去後者比前者更重要。

一九八八年三月二十一日，李登輝在接見日本客人時說：「本人多次表示，本人雖然在臺灣出生，但我也是中國人。所以我們的目標絕不

以建設臺灣爲滿足，而是放眼中國大陸。對於若干人有關臺灣獨立的論點與主張，本人堅決反對。」同年六月七日，李登輝在接見來臺灣參加大陸問題研討會的美國學者時表示：「登輝雖然是臺灣人，但絕不認爲臺灣應該特殊化，因爲臺灣無論在歷史、文化及客觀條件上，都沒有獨立的理由與可能。臺灣的前途在大陸，身爲中華民國的總統，登輝日夜思考的，都是國家安全與如何統一大陸的問題。」

一九八九年四月，李登輝繼任總統一年多之後，在接見「全美臺灣同鄉聯誼會」成員時說，臺灣「自長遠觀之，獨立發展極爲困難」、「應該放眼全中華，了解中國問題」、「只有我們⋯⋯才有能力解決中國問題」。他還說，他致力於中國統一的目標「已經講了一萬遍」，也講了一百三十四遍的「反臺獨」言論，他根本沒有「搞臺獨」。

一九九一年，李登輝主持下的國家統一委員會通過《國家統一綱領》。在《國統綱領》中，寫有「臺灣固爲中國一部分，大陸也是中國的一部分」這樣的說法。李登輝隨後更提出具有濃厚大中華文化特色的政策方向——「經營大臺灣，建立新中原」。

身爲國民黨黨主席和中華民國總統，李登輝不可能一步登天，直接說出「我是臺灣人、我支持臺灣獨立」的話來。通常是往前走一步，又不得不後退半步，敷衍與照顧那些沒有跟上來或不願跟上來的人群。一九九五年的中華民國國慶慶典上，李登輝表示：「四十多年來我們之所以奮鬥不懈，就是要爲將來以三民主義統一中國立下可供遵循的典範。」此外，他在接見美國聯邦眾議員湯姆・坎貝爾二世（Tom Campbell II）時，表示「『臺獨』只會斷送國家的大好前途，犧牲社會的安定繁榮，這是不可能，也不應該的，我們應該以三民主義統一中國」。

在時機成熟時，李登輝又會積極往前走。「另一個李登輝」即「臺灣人李登輝」的部分逐漸增強，壓倒「中國人李登輝」。他有意通過一些有影響力的訪客，將認同臺灣意識的觀點表達出去。

其中，最有代表性是事件是：一九九四年四月，李登輝接受日本作家司馬遼太郎訪問，當司馬講到「出生地的痛楚」時，他沉痛地回應

說，出生在波士尼亞的人，實在是太不幸了，他爲無從爲波西利亞略盡心力而感到苦楚，然後話鋒一轉說，「生爲臺灣人，也有過不能爲臺灣盡一份心力的悲哀」。這種「身爲臺灣人的悲哀」，在臺灣作家吳濁流的《亞細亞的孤兒》等著作中已有過淋漓盡致的表達，如今卻在一國最高元首的口中說出來，更有戲劇性落差；這種「身爲臺灣人的悲哀」，讓李登輝談及聖經中的《出埃及記》，他逐漸有了像摩西帶領猶太人出埃及那樣，要帶領臺灣人「出中國」的宏大理想——這個理想，高於總統的權位，這個理想，讓李登輝成爲一個有歷史高度的總統。

司馬遼太郎在與李登輝對談時，提出一個尖銳問題，即便中國不使用武力征服臺灣，「假如中國大陸……說出乾脆由你們來撫養我們吧？這時候您怎麼辦？」李登輝無法回答這個問題，連忙說：「啊、啊、啊！」而且舉起雙手在他的笑臉前急忙地左右揮擺。他明明知道這是假設的話，卻率直地流露出爲難的神色。司馬遼太郎理解李登輝的難處，如此寫道：「只要中國人口中的一成，像泥石流般瀉進臺灣，那麼不管是公或私，乃至現今的繁榮，頃刻之間就會崩潰。」他感嘆說：「像中國那樣過分巨大的大陸國家，凡人類所思考過的任何近代國家之原理或營運方法，也都難以適用。……一個國家是有適當規模的，大約像法國吧。它剛好和四川省差不多的大小，然而四川省永遠還是四川省，而法國卻產生了文明。光一個北京政府，要控制比整個歐洲更廣闊的地域，實在太過勉強。不管怎麼做，都會成爲粗暴的國內帝國主義。」

在這場談話中，李登輝進一步指出他對臺灣與中國的關係的看法：「中國共產黨說臺灣省是中華人民共和國的一省，這眞是個怪異的夢吧。臺灣與大陸，是不同的政府。目前，我只能說到這裡。」這個看法，儘管猶抱琵琶半遮面，卻成爲「兩國論」的先聲。

談到對臺灣人的感情時，李登輝這樣表示：「我沒有槍，拳頭也小，在國民黨裡頭也沒有派系。儘管這樣，我是這樣能支撐到今天這個局面，靠的是我心中的臺灣人民的聲音。臺灣人對我有所期望。我必須堅持下去，我常常這麼想。」換言之，正是他堅持臺灣意識，才得到臺

灣人的真心支持和擁戴，這是他與之前的臺灣最高領導人（兩蔣父子）最大的差異所在。

李登輝後來解釋說：「臺灣人從荷蘭、西班牙一直到國民黨，一直都在外來政權的統治之下，雖然日本在短期內把臺灣這個殖民地提升為近代社會，並予以教育，但即使如此，我們還是沒有自己的政府。臺灣現在明明已經民主化了，卻至今處於無法建立自己國家的狀況。」他說自己引用摩西的故事，重點並非以摩西自詡，其重點在《出埃及記》後半段，也就是以色列人當家做主之後，建立進步文明的過程，「這正是『新時代臺灣人』當前處境的最貼切寫照」。

李登輝還引用美國政治學家杭廷頓在《文明衝突與世界秩序的重建》和《我們是誰？》等著作中的觀點，認為臺灣身分認同的建立，是臺灣面臨的中心思想問題。他誠實而冷峻地指出：「雖然我們常說『臺灣是實際存在的一個國家，也是一個主權獨立的國家』，但真的是如此嗎？只要冷靜觀察，就會發現臺灣並不能說是一個正常的國家。臺灣本身並沒有憲法，直到現在還在使用中華民國這樣的國號，所以為了讓臺灣存在，就非得用明確的形式來形成國家不可。」李光耀也常常強調新加坡不是一個正常的國家，但就國際法和國際地位而言，新加坡比臺灣「正常」太多──新加坡在聯合國內有席位，與世界上絕大多數國家都有邦交，沒有任何一個國家對新加坡的主權存有異議。

李登輝在其任內完成了民主轉型的「寧靜革命」，但他也承認「臺灣的改革迄今尚未結束」。政治改革不能只停留在政治這一領域，還需要有司法改革和教育改革等，以及必須進一步貫徹的「精神改革」。另一方面，還要重建國家認同，毫不猶豫地往「成為正常國家」的目標邁進。

學者江昺崙指出，李登輝的人生哲學「我是不是我的我」，表面上說的是無私奉公的精神，但其實另一面也隱含了「我是哪一個我的我？」的終極探問。如同李登輝使用的四種語言（學術用英語、對親近的人用日語及臺語，公務用華語），他的人生混和了多歧的文化及認

同，李登輝總是不代表李登輝，他終代表一個苦悶、複雜而又壯闊的時代。

「兩國論」與「中華民國在臺灣」

一九九一年四月二十五日，李登輝接受法國《國際政治季刊》書面訪問，在回答兩岸政策時指出：「在國際間堅持一個中國的原則，希望與中國大陸彼此採取相互尊重、互不排斥的立場，共同參加國際組織與活動。」他嘗試性地提出「東西德」和「南北韓」的模式或許是「分裂國家」的借鑑。但他立刻又退縮了：「這並非表示中華民國有意走向『兩個德國』或『兩個中國』之模式。我們還是堅持一個中國，同時希望在此原則下，一方面穩定兩岸關係，另一方面拓展外交空間，善盡國際責任。」李登輝小心翼翼，盡量避免與中共政權撕破臉。他不像兩蔣時代以中共政權為「漢賊不兩立」的敵對政權或叛匪，而是將對岸當作談判對象和對等政府。

但是，中共並未接受李登輝的善意，依然將臺灣視為一個尚未臣服的省分，強迫臺灣接受香港的「一國兩制」模式。面對一九九七年香港主權移交，加上中共持續的軍事外交威脅，同年底中華民國失去最後一個重要邦交國南非後，李登輝關於兩岸關係的言論逐漸表現出更加強硬的立場——臺獨即便不是中共造成的，中共的愚蠢作為也為臺獨提供了合理性。臺獨意識是在外在強權的打壓之下逆勢成長起來的。

一九九九年七月九日，李登輝在接受「德國之聲」錄影專訪時，對方提問說：「北京政府只把臺灣視為中國的一省，在兩岸關係已然緊張的情況下，你認為應該如何處理這樣的危機？」李登輝明確提到海峽兩岸的關係是「特殊的國與國關係」，這就是擲地有聲的「兩國論」：「一九四九年中華人民共和國共產黨政權成立以後，從未統治過中華民國所轄的臺澎金馬。我國並在一九九一年的修憲，增修條文第十條（現在為第十一條）將憲法的地域效力限縮在臺灣……一九九一年修憲以

來，已將兩岸關係定位在國家與國家，至少是特殊的國與國的關係，而非一合法政府，一叛亂團體，或一中央政府，一地方政府的『一個中國』的內部關係。所以，戰爭既已結束，則中華人民共和國政府將中華民國視為『叛離的一省』，有昧於歷史與法律上的事實。」這番言論引發軒然大波，中共及臺灣島內統派由此將李登輝歸入臺獨分子，口誅筆伐。

後來，李登輝回顧此一事件時指出，這並非他一時失言，而是深思熟慮的結果。這一年中共隆重慶祝建政五十週年，北京將會聚集來自世界各地的政要，北京政府打算在他們面前宣告「臺灣與香港並列，透過一國兩制合併」，一旦有了這個宣言，臺灣將會被逼入困境，所以有必要先發制人，在這個時間點明確表示「兩岸關係是特殊的國與國關係」，臺灣才不會被驅逐到世界的角落而一籌莫展。

李登輝進而解釋說，「兩國論」優於「臺獨論」：「在考量臺灣的認同該何去何從時，也有人主張『臺灣獨立』，可是說要『獨立』又是要從哪裡獨立呢？臺灣現在並不是被哪個國家所占領，所以我認為沒有必要提倡『獨立』，自己也不會把『獨立』掛在嘴邊。」他的務實主張和做法是：「只要繼續保全中華民國的主權和地位，並修改憲法內容，讓中華民國成為新共和國，那麼也就沒有宣告臺灣獨立的必要，只要把中華民國『臺灣化』就好，也就是所謂的『本土化』。」學者薛元化對此闡釋說：「『兩國論』的提出，是為了確保中華民國與中華人民共和國溝通、協調甚至談判時對等的底線。同時它也可以提供中華民國作為主權國家，在國際舞臺上繼續生存的重要依據。」

李登輝在卸任前一年出版了《臺灣的主張》一書，之後再發行日文和英文版。該書討論臺美日關係頗多，對兩之關係亦有兩大新的述說：一、定義臺灣為「中華民國在臺灣」；二、建議中國分割為七部分（臺灣、華南、華北、西藏、新疆、蒙古、滿洲），各自競爭發展以維持安定。後者即引起巨大爭議的「中國七塊論」。此前，在與司馬遼太郎的對談中，他曾指出：「臺灣如果宣布獨立，北京應該也會怕起來。說不

定西藏與新疆也會跟著要求獨立。」所以，在他看來，臺灣獨立不單單是臺灣一地的問題，必然引發連鎖反應，西藏、新疆、滿洲、內蒙（南蒙古）、香港、澳門以及更多的地方，都會效仿之，中國就會走向崩解。對此，學者李弘祺評論說：「李登輝以一個國民黨的主席，能看出中國歷史如果要從那個狹隘的『一統以馭天下』的民族主義中解放出來，來建造一個近悅遠來、不分貴庶，表裡如一的政府，以塑造一個合乎近代理性價值的中國文化，這是非常不容易的。……他敢於提出七塊論的說法……彰顯臺灣存在的現實意義……更具體地顯現出現代性及全球性的謀略和見解。」

更為宏觀地看，唯有解構中國，臺灣才有不受中國武力威脅而選擇自己存在方式的自由。在此意義上，臺灣必須關心和研究中國問題。僅僅支持中國民主化是不夠的，因為中國民主化若與民族主義興起並行，一個貌似民主的後共產中國政權，同樣會對臺灣張牙舞爪、喊打喊殺——就如同後共產俄羅斯一樣，曾為蘇共黨員和格別烏中級官員的普丁是蘇共的叛徒，但普丁照樣操弄民族主義意識形態，為轉移國內矛盾而對得到國際社會普遍承認的主權獨立國家烏克蘭發動侵略戰爭。所以，臺灣在支持中國民主化的同時，還應當幫助中國完成解體。中國的分裂未嘗不是另一次浴火重生——在東亞大陸這片土地上，一個新的歐洲式國家群落的出現，才能讓臺灣免於遭受中央集權的秦制帝國的武力威脅。在這一點上，李登輝比很多對中國採取「鴕鳥政策」的獨派或臺派人士更為高瞻遠矚。

李登輝卸任之後，不再受限於總統的官方身分，其言論發表有了更大的自由度。他表示，「臺灣是一個主權獨立的國家，它的國號叫做中華民國」或「中華民國是一個主權國家，它的領土範圍在臺澎金馬」。他與日本學者中嶋嶺雄合著《亞洲的智略》一書，在書中指出：「中華民國在臺灣大致上可分為兩個時期，蔣介石、蔣經國統治是第一時期，因為，憲法都是在中國內戰時訂下的。現在，臺灣的憲法不但經過大幅度修改，過去的立法院也已全面改選，老立委退職、國民大會虛級化、

小國巨人：李登輝與李光耀

臺灣省已經『凍省』了、總統由人民直選，臺灣經歷了這些重大變革，憲法與政府結構也已經重組，這就是第二共和。」

　　隨後，李登輝在臺獨議題上越走越遠。二〇〇三年三月十五日，李登輝參加「世界臺灣人大會」第三次年會，公開認同大會所擇定的主題「認同臺灣國，制定新憲法」。他在致辭時指出，中華民國必須正名，否則走不出去，他自己在總統任內六次修憲，「修到衣服都不能穿了，將來應該重新制定一部新憲法」，同時應該讓國際社會知道「臺灣是臺灣人的臺灣」。同一天下午，李登輝出席臺灣李氏宗親會第四、五屆理事長與理監事交接典禮，在致辭中更表示，「當十二年總統最惋惜的是沒有自稱『我是臺灣人』」。

　　雖然坊間（無論其支持者還是反對者）常常將李登輝冠以「臺獨教父」之名，但他本人並不接受此一冠冕。二〇〇七年一月二十九日，李登輝接受《壹週刊》專訪時表示，他不是「臺獨教父」，他從來沒有主張過臺獨；臺灣並不存在統獨的議題，只有左右的問題。而臺獨本身是假議題，因為臺灣已經是主權獨立的國家，只是現在的名字叫做「中華民國」。目前國家正常化才是接下來的目標，而正名、制憲、建立國家認同、加入聯合國則是國家正常化的要素。

　　兩天後，李登輝在接受TVBS電視臺專訪時強調說，自己不必追求臺獨，因為臺灣事實上已經是一主權獨立國家。他進一步說明，追求臺獨是退步，而且是危險的作法；因為這種作法不但把臺灣降格為未獨立的國家，傷害臺灣的主體性，也會引起美國、中共方面很多困擾。他批評說，「現在有些人喊臺獨，只是為了權力鬥爭」。

　　李登輝說自己「從未主張臺獨」的言論，經多方解讀為路線改變乃至退縮。其實，此時李登輝已退休七年，不必在意中共的觀感，也不用面臨選舉的壓力，不存在討好選民獲取中間人士的支持的問題，他早已是隨心所欲、我口說我心的境界。他的這番說辭並非大幅退步，若是細讀其思想和論述脈絡就可知道，他確定臺灣已是獨立國家，故不存在是否獨立之議題。他認為，政黨惡鬥由統獨而起，也因此造成國家割裂。

臺獨與否乃政客操弄的假議題，國家正常化才是要努力的目標，在臺灣主權已經獨立的現狀基礎下，應當做的事情是：正名、制憲、加強國家認同，追求中華民國「第二共和」。

李登輝試圖在「臺灣」與「中華民國」兩個彼此存有相當的矛盾衝突的概念之間，尋求一種「最大公約數」。他在任內提煉出來的概念是「中華民國在臺灣」。早在一九九一年九月二十日，他在國民黨革命實踐院省市議員工作研討會上，就第一次公開提出「中華民國在臺灣」這個概念——當時他立刻又補充說，「怎麼回大陸，這是我們必須走的路」，但天平已悄然向「臺灣」這一邊傾斜。

到了蔡英文時代，蔡英文又往前邁出一步，提出「中華民國臺灣」的概念，將兩者之間的「在」字去掉。一字之差，又有明顯的突破。在外部有中共武力威脅、以美國為首的西方國家在支持臺灣的同時又希望兩岸暫時維持現狀，而臺灣內部對於統獨議題尚有嚴重分歧的情況下，「中華民國」這個國號尚無法迅速且徹底地丟掉，臺獨或許只能是一個長遠規劃，而難以一步登天。在此背景下，使用「中華民國臺灣」，意思是說，「中華民國」是一個可以變動的朝代（就如同中國歷史上的漢唐明清一樣），臺灣則是一個永恆的存在。這種解釋，大致符合李登輝的原意。

值得注意的是，蔡英文說「中華民國臺灣」，李登輝晚年在《餘生：我的生命之旅與臺灣民主之路》一書中使用的概念則是「臺灣中華民國」——兩者順序排列有所不同。李登輝將「臺灣」放在「中華民國」之前，是精心考量的結果。他最後的結論是：「在變化的過程中，臺灣現在的認同問題已經發展出了『臺灣中華民國』的意識。中華民國已經不是以往的中華民國，而是『New Pepublic』，也就是所謂的『第二共和』。」

總而言之，正如學者汪浩所說，李登輝是臺灣的「意外的國父」。說「意外」，是因為李登輝只是順應時勢的發展，或者說其力道與時勢發展的方向一致。歷史並非如馬克思主義者所說，有一種僵硬的必然

性，或由人來自行規劃：歷史乃是一種海耶克所說的「自發秩序」，或者亞當・斯密所說的「看不見的手」。李登輝不是某種主義（包括臺獨）的原教旨主義者，他在總統任上，或在卸任後，都深知任何一種理論在實踐中都需要做出某種程度的調適，比如必須竭力吸納與團結中間選民（在臺灣，藍綠的基本盤各為三分之一，中間群體亦有三分之一）。另一方面，李登輝特別強調「第二共和」的概念，他的潛臺詞是，「第二共和」才是眞正的共和，此前兩岸的國號英文翻譯中都有「共和」一詞，但兩岸的政治人物及民眾都未必深刻理解「共和」的眞實內涵。在某種程度上說，「共和」是比民主更重要的價值。在某種意義上，李登輝再造了「共和」，也重塑了「臺灣」。

第五章

「他的黨」與「不是他的黨」

我們不是保存人民行動黨，而是保存一套能確保國家生存的制度。……我們雖然沒有強大的反對黨，還是能確保這套制度在運行。你必須把黨和政府區分開來。這樣一來，行動黨任何時候出局，政府、國會、民事服務都還會在。警察和武裝部隊繼續執行任務。國家不會垮掉。

——李光耀

我與蔣經國見過面後，他勸我加入國民黨，但我並不喜歡國民黨，也對政治毫無野心，老實說，心情是五味雜陳。但最後，我還是選擇置身體制內來改革臺灣的這條路。對於經歷過白色恐怖時代的我來說，這樣的判斷或許是我潛意識裡認為：「最危險的地方也是最安全的地方。」

——李登輝

新加坡人民行動黨成立於一九五四年，從一九五九年開始執政，至今從未失去政權，也從未遇到強有力的反對黨的挑戰。用新加坡第三任總理李顯龍的話來說：「沒有人民行動黨，今天的新加坡不會存在。」這個黨是在李光耀的家中誕生的，此一細節說明，該黨就是李光耀的黨，李光耀不僅是新加坡的國父，更是人民行動黨的「黨父」。

而李登輝跟中國國民黨沒有太深淵源，他中年以後才半推半就地加入這個被他視為外來殖民者政黨。後來，李登輝成了中華民國總統和中國國民黨主席，他利用這兩個職位推動了臺灣的民主化，卻未能帶領中國國民黨成為民主社會和議會政治中的競選型政黨，他始終與國民黨的

精神氣質格格不入，最後被國民黨開除黨籍乃是歷史的必然，這好似一場錯誤的婚姻——因不了解而結合，因了解而分手。

人民行動黨如何麻雀變鳳凰？

人民行動黨誕生於新加坡歐思禮路三十八號的李光耀家——這個事實足以說明李光耀是最關鍵的建黨之人。該黨有十四人發起人，以種族劃分，有七個華人、三個馬來人和四個印度人；以職業劃分，有兩個律師、兩個記者、兩個教員、兩個郵差、一名前拘留者、一名學術人員、一名書記、一名醫院雜工、一名工頭和一名檢票員，其中有九人是工會領袖、四人是左派——可見，該黨一開始就是親勞工的左派政黨。

多年後，當有學者研究人民行動黨黨史時，關於黨的名字和黨徽的源起，當事人已是眾說紛紜。黨的名字帶有些共產黨的味道，李光耀當時說，還是滿足一下那時的華文中學學生運動的口味好些，對於華語社群也有號召力。對於黨徽，有人批評說跟共產黨或納粹有相似之處，李光耀解釋說：「我們的想法是顏色鮮豔點，要吸引人。所以，我們用紅色來塗上閃電的標誌，代表行動。紅色也代表勇氣。」圓環的想法來自奧林匹克的團結標誌，代表人民的團結。藍色代表忠誠，白色背景代表純潔。其最初的宣言和黨章從一份言辭激烈的反殖民主義小冊子裡照搬而來。

一九五四年十一月二十一日，人民行動黨在維多利亞紀念堂召開正式的成立大會。李光耀在回憶錄中寫道：「那是個濕熱的上午，會場上坐滿了人，但不是爆滿。人人都坐在籐把木椅上。會場沒有熱情洋溢的氣氛，也不算緊張。來自工會的支持者占了大約三分之二的座位，其餘是來自其他政黨的觀察員和有興趣的外人。我讀出講稿，沒有滔滔不絕的演講。我們穿開領襯衫。」李光耀傳記作者陳加昌的記載有所不同：「行動黨主席杜進才在祕書長李光耀宣布黨成立後主持會議……成立大會的出席者情緒熱烈，在高呼馬來亞獨立的口號聲中結束。」從此，

穿象徵廉潔的白色襯衫就成了人民行動黨的標誌，人們稱之為「白衣人」。

李光耀走入政壇，最初就是靠工會的力量。一九五二年，二十九歲的、「對新加坡政治灰心喪氣，甚至義憤填膺」的李光耀，被他服務的黎覺及王律師樓安排負責擔任擁有五百名會員的郵電制服職工聯合會的律師，與政府談判。隨後，該工會罷工的勝利讓李光耀名聲鵲起，找李光耀當法律顧問的工會和會館不下五十個。李光耀坦言：「當時所有毫無希望或近乎絕望的案件，最後都找上我。而且，幾乎都是免費的。」他說：「即使收費，錢是給公司的。我為什麼要收費？黎覺並不知道。如果他知道，必然制止。」當然，李光耀並不是無償服務，他有其政治野心：「我們可以在工會中建立群眾基礎，並因而進一步獲得政治力量。」

李光耀承認人民行動黨是靠與左派結盟成立和發展起來的，卻對馬共在其中所起的作用忌諱莫深。半個多世紀之後，馬共前總書記陳平透露，李光耀曾為人民行動黨組黨的事要馬共派幹部去協助他：「剛開始他從倫敦回來時，加入右派政黨進步黨，經過選舉後，他看到進步黨毫無出息，沒有前途。過後，我想他嘗試向左轉。嘗試接近和協助我們的學生運動──學生的激進組織和工會，成為他們的律師，爭取到我們的信任。……他主動說要成立新黨，叫我們派幹部去協助他。我們派了一些我們的黨員，一些跟我們黨很密切的人去幫他：沙末、依斯邁和印度人蒂凡那。」馬共願意支持李光耀，「因為他是那時的最佳人選，能與我們的統一戰線合作推翻殖民地政權」。為掩人耳目，馬共最初派三個女學生去見李，李對她們說，他要成立一個新的左翼政黨，他缺乏人手。

李光耀與左派的合作，從現實角度觀察，是互不信任，互相利用，各取所需，互相搏鬥，最終分道揚鑣。李光耀最初對馬共派來幫助他的華校的左派學生讚不絕口：「有那麼多活躍分子，個個生龍活虎；有那麼多理想主義者，他們不自私，準備為更好的社會犧牲自己的一切。」

然而，後來當他與左翼決裂後，他的說法卻悄然改變：「在這一切清教徒式的熱忱中，也不乏女郎登場。在密駝路工會總部的後房裡，被視為革命婦女的年輕女郎大搞男女關係，而且都巴不得有林清祥和方水雙這樣的風雲人物做伴侶。那些姿色較差的女郎，只好去找其他各個工會支部的領導人。」他說的都是事實，只是在不同時期將不同的部分拿出來說。

人民行動黨建立之初，目標為參與議會政治，通過合法選舉掌握權力，與試圖依靠社會運動乃至暴力革命奪取權力的共產黨有相當之區隔。此時，英國殖民當局開始憲政改革，希望以此抵消當地居民的反叛情緒。一九五三年，英國駐新加坡總督請來學者林德制定憲法，此即「林德憲法」。該憲法引進英國的議會民主，且採行一院制，將立法會改成立法議會。

一九五五年四月，新加坡舉行憲政改革後首次大選，計有八個政黨投入選舉。在選舉中奪取十個議席的最大黨派為勞工陣線，這是一個中間偏左的政黨。當時，剛剛成立幾個月的人民行動黨在組織上很弱：沒有受薪人員，沒有黨部，沒有基層領袖。但靠著李光耀等比較知名的候選人的努力，人民行動黨獲得三個席位，成為關鍵少數。代表資產階級且比較親英的進步黨、民主黨等慘敗，逐漸淡出政壇、走向消亡。

人民行動黨內部的非共與親共兩大對立力量的角力，是其建黨初期的一大主軸。人民行動黨不是一個大一統的列寧式政黨，而是分裂為兩個對立陣營：李光耀這組人為「溫和派」，與之對立的是「極端派」。李光耀警惕共產黨，卻也向其學習經驗——對於左翼分子的政治信念及簡樸生活，他深表欽佩，他很早就意識到，如果他的團隊要從左派那裡贏回人心，就必須「比左派更左」。

隨著人民行動黨崛起，黨內矛盾很快激化。李光耀最初找左派參與組黨，是權宜之計，而左派入黨後，則企圖鳩占鵲巢，架空李光耀。這就跟一九二〇年代中期中國的第一次國共合作一樣，共產黨試圖取代國民黨，國民黨遂先下手為強進行清黨。一九五七年八月，該黨舉行第四

次黨員大會並選舉中央委員，左派領袖公開表示對李光耀不滿。由李光耀推選的十二位中央委員候選人名單，反對派沒有照單全收，只接受一半，另一半是反對派挑選的候選人，由此形成在中委會裡支持和反對李的兩派勢力平分天下。李光耀在大會上得票最高，但他拒絕接受選舉結果。

這場爭鬥持續了兩個月，李光耀不甘受挫，又無法以民主的方式擊垮對方。於是，他主動要求勞工陣線政府逮捕共產黨人。一九五七年八月二十二日早上，林有福首席部長下令逮捕人民行動黨左派領袖林清祥、方水雙、蒂凡那等人，包括剛剛當上人民行動黨主席十天的馬共成員陳從今，為李光耀清除障礙。林有福私下宣稱是在李光耀書面要求下才做出逮捕行動。勞工陣線政府認為，不能讓共產黨取得人民行動黨的控制權，如果共產黨控制人民行動黨和整個工人運動，那麼整個新加坡就會落入共產黨手中。具有諷刺意味的是，當黨內左派同僚被捕後，李光耀貓哭耗子假慈悲，常去獄中探視，還帶去家中廚師製作的美食和啤酒。

借刀殺人之後，李光耀絲毫不浪費時間，即刻修改黨章，對一萬四千名黨員進行重新登記，將黨員區分為幹部黨員（cadre）和普通黨員兩種，幹部黨員必須由黨領袖及中委會謹慎挑選後才能被委任，只有幹部黨員才能當候選人和領導職位，也只有幹部黨員在黨的選舉中才有投票權。李光耀在記者會上聲稱：「任何大會的議決案很容易在群眾情緒受煽動下通過，以致亂了會議進程。這是不民主的。」什麼是民主，什麼是不民主，全都由他一個人說了算，對他有利的就是民主，對他不利的就是不民主。黨主席杜進才承認，這個巧妙和大膽創新的制度是從共產黨的組織中學來的，「共產黨有自己的幹部制度，外人很難滲透進共產黨。這不是我們的構想，是從他們的制度中抄襲來的」。李光耀的說法則是，這個構想來自梵蒂岡的制度，就像教宗任命紅衣主教，反過來由紅衣主教選舉教宗。如此一來，即使親共分子控制了每個支部，權力仍然由中委會牢牢掌握。

不過，李光耀畢竟不是史達林或毛澤東，沒有用暴力手段將黨內反對派斬草除根。黨內左派領袖出獄後，又在黨內興風作浪。一九六一年七月十七日，李光耀與黨內共產分子攤牌：他辭去總理職務，要求立法議會舉行信任投票。林清祥等十三名議員叛離黨的路線，拒絕投票。儘管如此，李光耀在五十一名議會中，仍獲得二十七人的信任投票。再度任總理的李光耀斷然採取「清黨」措施，開除所有親共分子。隨後，被開除者聯合左傾工會領袖成立新的政黨「社會主義陣線」，在李紹祖醫生和林清祥領導下，吸引了從人民行動黨轉來的大量華裔勞動階層、學生與知識分子，使得人民行動黨失掉百分之八十的基層黨員，而新的政黨也成爲議會內最大的反對黨。新加坡退出馬來西亞聯邦之後，蒂凡那與留在馬來西亞聯邦的人民行動黨黨員吳福源、曾敏興醫生等宣布與李光耀脫鉤，重新組織新政黨「民主行動黨」。但李光耀以行政權力打壓，當這個新政黨的領袖人物被捕或流亡之後，「民主行動黨」群龍無首，很快在政壇式微。

馬共人士後來回顧這段歷史時感嘆，他們當初赴湯蹈火幫助人民行動黨趕走殖民者，卻又成爲李光耀「螳螂捕蟬黃雀在後」的犧牲品。李光耀後來很得意地表示：「這個池塘裡的魚由共產黨人餵養大了，我要偷捕，並盡可能釣取。」馬共領袖方壯璧說：「這是一個左派分子坐牢，右派分子當官的所謂『公開統一戰線』。這是一個講華語者做事、講英語者掌權的『公開統一戰線』。」流亡泰國的前馬共活躍分子方明武認爲，馬共過於依賴自己人，也就是受華文教育的群體，「馬共其實應該拉攏不同群體。李光耀比較精明，他拉攏了郵局工人、馬來人和英文教育背景的人」。當時，左派領袖大都太年輕，對馬列主義一知半解，且沉溺於「中國幻想」之中。李光耀說，他注意到左派使用的口號和採取的行動完全效仿中國共產黨在中國的做法：「他們不明白這裡是馬來亞，是新加坡，不是中國。他們的想法已經糊塗了，整個大背景不對，他們在做出決定時所依據的資料都跟本地不相干。」當時，唯一明白新加坡的地緣政治價值的人是李光耀，左派分子中沒有任何人看得出

新加坡處在國際交通交叉口的位置。

戰勝對手後，李光耀仍肯定作爲難纏的競爭對手的左派領袖無私的獻身精神：「他們爲我們設下很高的障礙。要跟他們競爭，我們必須像人民證明我們跟他們一樣有決心、一樣具有獻身精神。他們迫使我們爲自己設下非常高的標準以求生存，即使在打敗他們後，我們也堅信要是沒有這些高標準，我們就會滑坡。我們維持這樣的標準。我們想這是他們的貢獻。這是非常重要的。」

李光耀身邊並沒有一個像納粹的蓋世太保、蘇俄的格別烏、臺灣兩蔣政權的警備總部和調查局那樣的祕密警察機構，所以，他打擊左派的方式基本還是低烈度的——他畢竟是留英背景，沒有像蔣經國那樣有留蘇背景因而學到蘇聯殘酷的政治清洗手段。他也未能完全防止身邊的人士被馬共滲透。比如，李光耀長期信任和重用的一位助手陳新嶸，就是馬共安插在其身邊的特務。此前，英方的政治部就告訴李，此人是共產分子和顛覆分子。李卻回答說：「我知道，但他屬於另一類。」他過於自信了，認爲能完全駕馭此人。然而，陳新嶸對共產主義意識形態的忠誠，高於對李光耀和人民行動黨的忠誠。多年後，李光耀在回憶錄中承認：「我以爲他已經變了，他卻仍然聽命於共產黨。那是我的錯誤。」李光耀還承認，陳的叛變是「所有最無情的傷害」。

清除了左派，人民行動黨的權力掌握在以李光耀爲代表的華人菁英手中。很快，李光耀又面對同爲黨內溫和派的王永元的競爭。王永元是澳洲墨爾本大學畢業的合格會計師，未參與人民行動黨組黨，但在該黨第一屆中央執行委員會產生時，出任財務委員這一關鍵職位。他是華文教育出身，是演講高手，跟李光耀等從小接受英文教育、華語讀寫說都不佳的黨內同僚相比，在群眾大會上講普通話和福建話都深具吸引力、煽動力，是人民行動黨初期的政策代言人。一九五七年，王永元當選爲新加坡第一任也是唯一一任市長，在任上政績突出，建立了基層的影響力。

一九五九年，人民行動黨在立法會選舉中取得壓倒性勝利，取得執

政權。王永元贏得百分之七十七的最高得票率，高於李光耀的百分之七十。這是王永元個人的榮譽，卻是人民行動黨危機之始。王永元認為，他比任何人更有資格出任政府最高領導人，也就是首席部長或總理。但李光耀認為，自己作為黨的最高領袖（該黨行動委員會主席是虛位，行動委員會祕書長才是真正的黨魁，猶如政府部門中總統與總理之關係），才是政府首腦的必然人選。兩人為最高權力展開龍爭虎鬥。

　　人民行動黨十二名中央委員以投票決定總理人選。投票結果，王、李得票相同。此時，主席杜進才投下決定性一票，支持李光耀。於是，李光耀擊敗王永元，奠定了新加坡此後的歷史進程。

　　王永元未能圓總理夢，入閣擔任國家發展部長，位列第三號人物。但他與李光耀的關係並未改善。一年後，王被「暫停」黨權，理由是「言行反黨」。王及若干支持者退黨，另組「人民統一黨」，此後多次在立法議會選舉中高票當選。一九六五年，新馬分家後兩個月，王永元突然退出政壇，從此人間蒸發，直到二〇〇八年去世，他此前政治活動的蹤跡被李光耀政府從歷史中移除，年輕一代人完全不知道人民行動黨曾經有過這一號人物。史家感嘆，王氏是國家走向獨立途中的時代悲劇人物。

　　李光耀在黨內戮力清共──遠不如蔣介石一九二七年清共那樣血腥，卻比國民黨清共更徹底，並經歷多次黨內分裂和權力鬥爭，成為該黨獨一無二的黨魁。

李光耀：以一人控制一黨，以一黨控制一國

　　一九六五年，新加坡與馬來西亞分家。一九六八年，李光耀領導人民行動黨參加新加坡獨立為新加坡共和國之後的首次大選。此時，人民行動黨已由勞工政黨蛻變為中產階級政黨，黨的意識形態偏向中間派，此前的政績頗受民眾肯定；再加上最大的反對黨左派的社會主義陣線拒絕投入選舉、部分政治人物出國或相繼辭去職務，所以人民行動黨以百

分之八十六點七的得票率拿下全部五十八個國會席次，反對黨得票率跌到百分之十三點三的低點，且沒有任何候選人勝出。至此一個兩黨體制完全落空，人民行動黨壟斷政府和國會的權力。此後半個多世紀，這種格局始終不變。李光耀本人以百分之九十四點三的得票率，第五度當選議員並連任總理。

其後一九七二年、一九七六年與一九八○年的國會選舉，人民行動黨面臨五至八個反對黨的挑戰，卻仍贏得這三屆國會的全部席次。在這段十二年多的時間裡，國會沒有反對黨，不但顯示反對黨長期推不出足以與人民行動黨競爭的候選人，而且反對黨的得票率也在下降。不過，這段時期新加坡大體還有民主政治的架構──改選定期舉辦，反對黨從未被禁止，選舉的競爭依然有意義，選舉結果具備正當性，民主的基本性質也不容質疑，只是在議會民主制之下，人民行動黨對行政權逐漸建立起絕對的控制。

人民行動黨長期執政，新加坡的民主制度逐漸弱化和退化。政府和國會都成了黨權的延伸：一旦內閣會議通過法律或政策提案，沒有與反對黨協商或爭取支持的必要，也不太需要舉辦所謂的公聽會，而且只要議員在國會的表現受到黨內肯定就有機會進入內閣。就政務官而言，人民行動黨的核心領導是內閣部長與政府官員，其中黨的祕書長擔任總理，中央執行委員會與內閣閣員絕大多數重疊。人民行動黨與政府的人事高度重疊，而且各級黨組織具有直接處理行政事務的職權，足以介入經濟和社會的管理。再者，人民行動黨擬定的政策方案，一定程度近似於政府的公共政策。再就事務官而言，新加坡共和國文官體制是從西方傳進來的，但是它與西方不同的是，事務官必須忠於人民行動黨與其領導的政府，同時事務官對於政治衝突少有同情心，視民主政治的討論、商議與競爭，潛在地會使經濟成長不穩定，所以堅持唯有人民行動黨制定和執行正確的政策，才能確保新加坡的經濟社會得以發展。

人民行動黨本身有系統地招攬和壟斷優秀人才，黨員人數約一萬名左右，似乎不多。但黨員分成普通黨員和幹部黨員，前者主要是紮根基

礎，加強與人民連繫，為選舉的獲勝服務；後者需經過嚴格選拔，首先由黨分部的議員提名，然後經過部長或重要的國會議員面談，再由中執會任命，人數約一千名左右，名單是保密的，他們有權參與中執會的選舉，也能被提名參選國會議員。中執會是人民行動黨的權力中心，由祕書長領導，一般中執委約十多人（類似於共產黨的政治局，這個建構顯然是從共產黨那裡學來的），負責提名參選國會議員的人選，制定公共政策方針，大多數中執委也是內閣成員。

人民行動黨的黨內機制相當隱蔽，人民無從與該黨互動。自一九七〇年代起，人民行動黨貫徹菁英領導，以李光耀總理為核心發展出威權主義，此威權主義堅持普遍的功績主義，也就是建立廉潔高效的政府，十足具備現代化的取向。但這種現代化，只是在經濟層面，而不包括政治和文化層面。新加坡自治及獨立之初仿效英國的憲法和憲制，基本被李光耀所虛化。新加坡的選舉制度存在嚴重缺失，選務部門直接受總理府掌控，得票四成的反對黨只在國會擁有一成席位。於是，人民行動黨得以永遠執政。

臺灣學者郭秋慶對新加坡人民行動黨的統治模式及特徵，有如下之概括：

第一，新加坡的政黨體制從民主的群眾政治之多黨競爭，到一九六八年變成人民行動黨一黨占優勢。人民行動黨在國會始終是絕對多數，得票率從未低於六成，而反對黨均顯得弱小，生存的空間有限。不過，反對黨一直存在著，人民行動黨認為這最符合新加坡的利益，即一個主要政黨和幾個小黨並存的模式，美國學者薩托利稱此為「一黨優勢體制」。

第二，李光耀在新加坡獨立建國過程中，是新加坡的利益承攬者，而且由於沒有其他可以取代的領導人，他和人民行動黨早期致力國家建設的表現，獲得全民的支持，因此李光耀本人在新加坡共和國的統治正當性似乎是無庸置疑的。

第三，新加坡共和國的政黨體制帶有儒家傳統的等級文化烙印，因

爲人民行動黨要求民眾安於接受菁英統治與安排，國家由少數菁英組建「仁慈政府」來管理，因此政治體制的設計成爲反映李光耀的菁英主義之結果。

第四，民主政治的反對黨，對於執政的人民行動黨而言，是當作民主政治的標誌予以容忍，它的適度存在有益於人民行動黨的執政，不過若是對立的反對黨，像惹耶勒南或鄭亮洪等領導的黨派，則採取壓制作爲，所以新加坡共和國的反對黨知道自己的角色，要不是從事督促政府，就是爲照顧他們的特定階層利益，反對黨不能像一般民主國家的政黨，具有替代性或對立性。

第五，新加坡的議員由公開的政黨競爭與自由選舉產生，但在國會選舉中的政治表達受到阻礙，新加坡的民主政治淪爲人民行動黨一黨優勢之下的「可控式民主」。

李光耀創建的人民行動黨一黨獨大體制，受到西方國家的批評，卻受到中國、俄羅斯、中亞和非洲很多國家的讚譽。李光耀辯解說，新加坡周邊的亞洲國家，包括馬來西亞、印尼、菲律賓、泰國等，奉行多黨制，政府經常輪替、政治醜聞不斷、腐敗嚴重，民生也受影響。相比之下，新加坡是一處和平進步的綠洲。他堅稱，新加坡承受不了政黨全面對立的體制，這個七百〇七平方公里的島嶼太小了，多元種族的社會基礎太脆弱了，經濟上的生存能力也太薄弱了。

李光耀退休後，該黨出現的一個細微變化是，由李光耀一人的黨蛻變爲李家一家（李氏父子）的黨。在李氏父子之間，有吳作棟執政十四年的過渡，吳被稱爲「暖席者」，有如兩蔣之間的嚴家淦，只是其「暖席」時間長得多。李光耀在吳作棟擔任總理期間從未放權，他公開表示：「成功之後，我的下一個任務是尋找一位可以維持這個系統運作的接班人。一旦這個系統崩塌，我的努力就會功虧一簣。」換言之，接班人不是民眾選舉出來的，而是李光耀挑選的，選舉只是走形式。

當時，李顯龍資歷尚淺，還不足以直接接班，必須尋找一個過渡人物。於是，李光耀找來吳作棟和他的團隊，李光耀在背後指導吳作棟、

教他如何處理政務。吳可以做一些改變，但必須在李光耀的許可範圍之內，如同光緒皇帝的改革不能逾越慈禧太后所劃定的界限：「如果他要進行改革，就必須這樣做，以免破壞整個系統。在他最初任職的六個月，三位部長由於不喜歡他的作風而辭職。我勸他們收回請辭。我說，給吳作棟一些時間，讓他先適應下來。三位部長後來願意留下，而吳作棟也當了十四年的總理。我幫助他。他委任我的兒子爲副總理，成爲促使他成功的好幫手。」

新加坡作家林寶音在一篇評論文章中指出，吳作棟並非眞正擁有實權的人，李光耀的存在仍然是支配性的：「作爲正式決策者的一員是一回事，但另一方面，他的影響力如此之大，以致只要回想起李光耀，記起李光耀的不快，便足以讓人畏縮。確實，這是目前的情況，只要有他在的一天。」李光耀在受訪時反駁林寶音的觀點爲「西方報章流行的理論」，是「頭上塗有一點毒藥的飛鏢」，「假如林寶音寫的是我，而不是吳作棟，她不會有這個膽子，對嗎？因爲我的姿態和反應是，如果有人挑戰我，我會戴上我的指節銅套，把你逼入死角，沒有人會質疑這一點……要治理一個華人社會，沒有其他的方法」。此後，林寶音被迫道歉。吳作棟則回應說，其言論「越界」了。

實際上，林寶音說出了眞相。在吳作棟的堅持下，李光耀保留了自己的辦公室，而吳作棟在李光耀辦公室樓上找了一間廢棄不用的房間改建成其辦公室。吳作棟知道其權力是李光耀賦予的，他必須歸還給李家，用李光耀的話來說就是：「吳作棟的成功意味著我的成功，不只是他的成功而已；他的成功反映了我的可信度。他決定幫助我的兒子成功，因爲這麼做對他有正面的影響。」李光耀一點都不掩飾其父子傳承的企圖。吳作棟隨後任命李顯龍爲其副手，並表示：「我很放心把棒子交給他。」李顯龍後來身兼新加坡政府總理和人民行動黨祕書長兩個關鍵職務，這兩個職務都是從父親那裡繼承而來的。李顯龍當了一年總理之後表示，這樣的權力布局是有效的。

然而，這種軟性的一黨獨裁模式，在後李光耀時代（尤其是李光耀

死後）逐漸遇到困境與挑戰。施仁喬、劉浩典兩位因爲批評新加坡政治而被迫離開新加坡的學者指出，二〇一一年，人民行動黨的得票率降至新低，若不承諾推動改變，人民行動黨便難收拾殘局。國家領袖能購買昂貴房車、能夠享受一級醫療服務、能夠在世界各地置業，但卻無法理解民眾對公共交通、公營醫療、公營房屋政策之不滿。在二〇一一年之前，政府無視上述社會怨氣。但是，人民行動黨政府越是拖延民主改革之進程，人民行動黨實力轉弱，被迫行之的風險便會增加。屆時，人民行動黨對改革議程的發言權更會轉弱。

李光耀及人民行動黨與中共一樣強調「穩定壓倒一切」。按其觀點，新加坡天生脆弱，故此需要另訂跟西方不一樣的政策乃至制度。因而形成政府強調維持社會與政治穩定、壓制宗教與種族不穩定因素之傾向。這種強調社會工程的管制觀，對培育社會與政治韌性助益不大。有識之士指出，政府、領袖及黨不應視社會與政治系統爲工程系統（共產黨的思路），而應視之爲生態系統（米塞斯和海耶克的思路）。在此系統中，所有事物都很複雜，互有連繫，也難以預測。所以，政策制定者要擁抱政府內外的辯論與意見。思想多元合乎新加坡之生存需要。健全的民主不一定時刻運作暢順，但其好處，是能夠提供不同政策選項，以適應越來越複雜的問題。

不過，人民行動黨畢竟不是納粹黨或共產黨那樣的極權主義政黨，它只是壟斷高層政治權力，並未實現對社會各階層和各領域「水潑不進、針插不進」的控制。它對在野黨的打壓，以及內部的黨政，都是低烈度的，從未發生過酷烈的大清洗——史達林與毛澤東式對異見者的肉體消滅和靈魂控制，至多將政敵流放和關押。而且，即便在人民行動黨聲望最高的時候，它也沒有試圖像納粹黨顛覆威瑪共和那樣取消選舉、終止有限度的民主。

在李光耀晚年，他看到人民行動黨面臨越來越大的挑戰，在年輕人中的得票率越來越低，對此憂心忡忡：「即便人民行動黨再怎麼認眞努力，年輕的新加坡人最終要的可能還不只是政治上的競爭，而是全面的

兩黨制。他們自有選擇的權利。畢竟每一代新加坡人都有權自行決定他們要建立一個怎麼樣的國家，要塑造一個什麼樣的社會。但我希望年輕人不會輕率地做決定，而是考慮後果、權衡得失。因為後果終究得由他們自己承擔，不是我，或者我的那一代人。」當記者提問說「我們是否可以達到一個平衡點，既不是像過去行動黨的一黨專政，也不全然是個兩黨制，而是介於兩則之間？也許，反對黨三分之一，執政黨三分之二？」李光耀斷然否定說：「你認為有這樣可能嗎？假如你有三個孩子，你能夠說服其中兩個投票支持行動黨，而第三個把票投給反對黨嗎？」他的這個反問是不成立的，背後也顯示了他的威權性格。第一，父親並沒有權力決定孩子投票給誰；第二，同一個家庭中長大的孩子，完全可能投票給不同的政黨。

李光耀承認，未來人民行動黨有可能在選舉中失敗。那麼人民行動黨能夠主動啟動政治多元化的改革嗎？人民行動黨能夠去李光耀化和威權化，蛻變為一個面對和接受政黨輪替的政黨嗎？至少在目前來看，還沒有這種可能性。二〇一一年的大選被視為「分水嶺」，人民行動黨得票率降至歷史新低（百分之六十一）。李顯龍在競選群眾大會上就人民行動黨政府的表現致歉，並指李光耀的治國風格已不合時宜。二〇一五年，新加坡建國五十週年，李光耀於同年去世，並最後給人民行動黨加了一把力——同年的大選，人民行動黨的得票率回升到七成。然而，二〇二〇年的大選，其得票率又下跌十個百分點，反對黨所得國會議席更創歷史新高，共得十席。反對黨有沒有可能繼續成長，最終將人民行動黨取而代之？

李登輝無奈的選擇：「如果要從政，一定要加入國民黨」

李光耀是人民行動黨的創建者之一，後來成為其唯一的黨魁。可以說，在新加坡，人（國父）與黨是合一的。

但在臺灣，李登輝與國民黨的關係則大不相同。國民黨並非臺灣本土政黨，而是在中國的國共內戰中失敗後逃離到臺灣的、在中國已有數十年歷史的中國政黨，國民黨在臺灣創建了一個「遷占者政權」。作為臺灣本土菁英的李登輝，違心地加入國民黨並陰差陽錯地成為總統及國民黨主席，但他並不認同國民黨的綱領、章程和理念，試圖對國民黨展開大手術，讓國民黨走向本土化。但國民黨從來不是李登輝的政黨，也不接受李登輝的思想觀念，李登輝與國民黨的關係，如同油浮在水面，而非鹽溶入水中。所以，在國民黨在二〇〇〇年的大選中第一次喪失政權之後，國民黨既得利益階層遷怒於李登輝，被李登輝視為接班人的連戰率先逼迫其辭去國民黨主席一職。後來，國民黨更是將臺獨立場越來越鮮明的李登輝開除出黨。李登輝與國民黨決裂，是「民主先生」與威權政黨無法合一的必然結局。

李登輝從美國留學歸來之後，一直以農業專家的身分在美國主導的農復會工作。一九六九年六月，他突然被警備總部抓去問話。李登輝長媳張月雲曾於《華枝春滿》一書，記錄李與妻子曾文惠所經歷的白色恐怖：「一切來得突然，媽（曾文惠）永遠忘不了那個六月的清晨。天剛矇矇亮，一陣刺耳的門鈴聲，穿著睡衣前去應門的爸，首先映入眼簾的是四、五個穿著制服的憲兵，而不遠處的巷口，正停放著一輛軍用吉普車。」曾文惠後來告訴兒媳說：「你爸當時還算很鎮定，他很快地換好衣服，從櫃子中取出康大回來後剩下來的美金支票，簽好名字，交代拿給憲文（李登輝長子）處理。然後就轉身出房去……」

歷經十七個小時，當天晚上十一點，李登輝被送回來。曾文惠說：「那是我有生以來度過的最長的一天。」李登輝曾講：「大概因為我當時已稍有名氣，他們的態度一直相當客氣。」最後一次談話結束之際，「那位操閩南一帶口音的警總人員，留下了一句耐人尋味的話——像你這種人也只有蔣經國敢用你。」

李登輝於國史館留下的口述認為，整個過程，「可能是蔣經國要用我，想把我『清理』好，免得以後有麻煩。後來才讓我做政務委員。他

不會和我說這些事，說了就糟了，所有事情都會曝光。中國幾千年的政治，厲害就在這裡，臺灣人如果要做政治，就要稍微向他們學一下，不然要對付這些人，實在說是沒辦法的」。但此事並沒有如此雲淡風輕，張月雲仍寫下：「歷經的那場驚嚇，成為媽久久揮之不去的夢魘。有好長一段時間，她習慣在睡覺時將耳朵緊緊地貼在枕上，入夜時分，任何駛過巷道的車聲，都會使她整顆心揪緊。她屏息傾聽，直到確定車子只是尋常路過，並從巷子的另一頭消失。」

一九七〇年，聯合國開發總署東亞支部邀請李登輝到曼谷主講農業經濟問題，蔣經國表示同意。但李登輝的護照遲遲未核發。在美援運用委員會任職的王作榮回憶說：「我之所以仍然推薦李登輝與我同行，是我一向知道部分情治人員會小題大作，時常冤枉好人，逼人造反，我願意承擔責任。」王作榮稱李登輝「為一難得之本省籍人才，重用之不遑，如何又以限制其出境這種無用手法，製造敵人」。王上書蔣經國之後不到一週，「李登輝出境之事即獲批准」。

除了王作榮與農復會主委沈宗瀚的推薦之外，李煥、李國鼎、王昇等高官也向蔣經國推薦李登輝。當時，蔣經國正要進行農村改革，於是作為農業專家的李登輝獲得其注意。蔣經國十分賞識李登輝，希望李登輝加入國民黨，但李登輝一直拖延不入黨。經歷過「二二八」屠殺的李登輝，被迫接受國民黨的統治，出任政府公職，卻不願加入這個外來政黨、為虎作倀。但王作榮告訴他，單純做一名學者，無法實現理想抱負，如果要實現理想抱負，就要從政；如果要從政，一定要加入國民黨，因為權力被國民黨壟斷，「你要參加，你若不參加，以後重要的會議都會被別人排除在外，實在沒有辦法可以了解大事」。因其言詞剴切，李登輝於是同意入黨。

一九七一年十月，王作榮和太太范馨香把國民黨入黨申請書都寫好，讓李登輝蓋個章，然後送到國民黨中央黨部。所以，李登輝的黨籍是在中央黨部的小組。國民黨一黨獨裁，壟斷所有資源及上升渠道，那個時代像李登輝這樣的本土菁英，也只有加入國民黨才能施展抱負。在

國民黨中忍辱負重、等候時機,這是一種無奈與痛苦。李登輝加入國民黨,卻沒有被國民黨所同化(很多加入國民黨的臺灣人被國民黨的腐敗文化同化,如連戰、吳伯雄等曾擔任國民黨主席的臺灣人),因為他有堅定的理念與信仰。

一九七二年,蔣經國擔任行政院長,李登輝以政務委員入閣,成為當時最年輕的閣員,年方四十九歲——他也承認自己是「蔣經國學校」的畢業生。蔣經國將李登輝看成是其嫡系人馬,外出巡視,去鄉下、金門、馬祖等,都讓李登輝隨行。旁人看在眼中,會對李登輝特別關心和巴結。但李登輝不動聲色、小心謹慎,做了六年政務委員,一直沒有向蔣經國要求更大的官做。

一九七六年十一月,國民黨高層安排李登輝競選中央委員。當時,他是從臺北大安區出來選,投票前三天黨中央才通知他去參選。他只用了兩天做準備,根本沒有什麼人脈。他以第二高票當選,可見這是由黨中央事先規劃好的,那種選舉徒具形式。隨後,蔣經國又安排李登輝當國民黨中常委。他資歷最淺,不可能在國民黨中常會發揮什麼作用,李登輝後來回憶說:「當選中央委員,只是在表面上給你一個位子,根本沒有發言的地位。」不過,他也承認:「我也沒有想到,踏入國民黨以後,我的地位會那麼高。」

多年後,李登輝在與日本作家司馬遼太郎交談時,吐露了其權力觀。在司馬眼中,李登輝擁有國家權力,卻經常笑容可掬,他又是欽佩又是驚詫地道出了感想,以替代詢問:「真不簡單,您登上了這個寶座啊!」李登輝對此立即反應道:「我並沒有想要獨攬權力。況且無意讓自己成為權力本身。我是這麼想的,就把權力放在這裡(指桌上),加以客觀化……換一種說法,我採取的是實際主義,而我只要從權力之中,採取有用的部分。」正是這種「客觀化」和「實際主義」的態度,讓李登輝選擇加入在價值上並不認同的國民黨。

詩人和政治評論家李敏勇如此對比李登輝與彭明敏的差異:李登輝是務實主義者;不像彭明敏浪漫,李是「瓦全型」;彭是「玉碎型」。

彭明敏的「玉碎型」，跟世家性格有關係，他起草《臺灣自救運動宣言》不是一種政治作秀，他有革命性卻不是政治實際的革命操作，卻因此遭受很大的災難。李登輝沒有革命性格，他利用體制完成他的作為，他不只利用國民黨內臺灣人的體制，也利用外部進逼民進黨的體制，去完成作業。

一九七八年，李登輝轉任臺北市長，這是一個實權職位。一九八一年，蔣經國又安排李登輝擔任臺灣省主席。李登輝在這兩個職位上都有突出的政績，因而再上層樓。

一九八四年二月十五日，國民黨在中山樓召開第十二屆二中全會，主要任務是提名總統和副總統人選。蔣經國已病重，會議開始之前躺在後臺的床上，他將李登輝召到床邊說：「登輝兄，這次要提名你當副總統。」李登輝事先對此一無所知，趕緊推辭。但蔣經國已做出決定，不容他反對，他只能答應。

當天會議進行中，蔣經國宣布提名李登輝為副總統候選人，會場響起很熱烈的掌聲。經中央委員以舉手方式選舉，計出席者一百五十人，贊成者一百四十九人（李登輝本人為表示謙虛，未舉手）。李登輝起身向所有與會者答謝致意：「我的內心充滿千萬種的思緒，但隱約清楚的是：這一片充耳的掌聲是不能完全當真的。」此時，他僅有十二年多一點黨齡，在國民黨內資歷很淺，他跳過很多元老坐上副總統位置，又是本省人，當然引起國民黨內部很多人的嫉恨與憎惡，只是他們不敢公然反對蔣經國的決定。

做強人蔣經國的副手，是一件辛苦的事情，「要看頭家的臉色，要扮演什麼適當的角色是個問題」。李登輝的頭家是蔣經國，兩人之間並不存在分工的事，一切權力都在蔣經國手裡。蔣經國很清楚副總統是備位元首，不會把每件事都放手讓副總統做。蔣經國通常不會把話講得很具體，談話意義很含糊，要讓人去猜，最多他只是告訴李登輝：「我的身體不是很好，有些事情希望你多幫忙。」李登輝回憶說：「當副總統時我很乖，什麼事情都照步來，不要引起事情就好了。當時我的侍衛都

是被派來的，既然他被派來替你工作，你就得信任他。他是在義務上要替你做事，在什麼情況下，要做什麼事都是一定的。在這種情形下，你要如何看待他，要如何面對、處理，這要你自己小心。」李登輝不是書呆子，對蔣經國的個性和意圖都知道得一清二楚，伴君如伴虎，稍有不慎，即墜入萬丈深淵，不止是被換掉那麼簡單——歷史上，沒有做成接班人的「前接班人」，很少有能全身而退的。那張李登輝與蔣經國談話時，沙發只坐三分之一的照片，頗能說明當時的蔣李尊卑關係。用李登輝自己的話來說，「寄人籬下要懂得分寸」。顯然，他沒有將國民黨當作「自己的黨」，他只是寄居者而已。

到了後期，蔣經國逐漸讓李登輝與黨政軍各部門接觸，如總統府各局、軍方、外交和黨務系統，甚至叫參謀總長不定期向其報告。蔣經國還安排李登輝在重要的公眾場合多多亮相，比如讓其代表他主持忠烈祠的祭祀。李登輝對此表示：「我沒有確認過蔣經國是否有意要我擔任總統，不過政府必須任用可以信賴的臺灣人，並藉由民主化與臺灣化來獲得更多支持，否則國民黨的命脈也將終結。蔣經國應該是如此考慮的吧！」

一九八六年，連蔣經國都意識到，國民黨不變不行了。在國民黨第十二屆三中全會的時，推出十二人小組，討論六項重要的改革議題。最初由嚴家淦任召集人。嚴家淦中風後，由李登輝代理召集人。李登輝發現，蔣經國那時是真有改革的意思，但十二人小組的成員都只是敷衍給蔣經國看。李登輝參加十二人小組的結論是：要改革就不能用這種方式。但當時黨務大權掌握在中央委員會祕書長李煥手上，李登輝無從下手。

李登輝讓臺灣成為民主國家，卻未能讓國民黨成為民主政黨

一九八八年一月十三日，蔣經國突然在官邸去世。當時李登輝正在

總統府會見來訪的美國客人，當他趕到蔣經國官邸時，蔣經國已去世，沒有給李登輝留下任何遺言。

根據憲法，作為副總統的李登輝必須即刻就任總統。當天晚上八點多，李登輝在總統府宣誓就任中華民國第七任總統——其實，他承接的是蔣經國所遺留的兩年零四個月任期。

繼任了總統，並不意味著就繼承了蔣經國的權力。李登輝面臨第一個也是最大的挑戰是能否順利接任國民黨黨主席。一九二七年，國民黨政權在南京建立之後，國民政府主席以及後來的總統，若不能身兼國民黨總裁（主席），便只是虛位元首。國府遷臺之後仍是如此。一九七五年四月五日，國民黨總裁蔣介石去世後，副總統嚴家淦接任總統之職，但嚴家淦在黨內沒有重要職位，國民黨總裁的頭銜永遠為蔣介石保留，而只是換了一個名稱的國民黨主席的位置則由蔣經國繼承。由此可見，嚴家淦只是名義上的總統（國家元首），並無實權，也是過渡人物，行禮如儀地完成蔣介石剩下的任期後，將由蔣經國來接任總統。在嚴家淦擔任總統那段時間，最高權力不在政府（總統府），而在黨（國民黨中常會），國民黨中常會由黨主席兼任會議主席，處理所有重大事務，中常會的決議再交由行政院院會執行，這就是「以黨領政」。所以，李登輝能否繼任（代理）國民黨黨主席，直接觸及「接班」的核心，牽一髮而動全身。

當時李登輝確實危機四伏。他的兩名智囊黃主文和吳梓去總統府見他，黃說：「總統，您現在雙手空空，五權沒有一權，您的處境很危險。」這裡說的「五權」，指軍權、黨權、行政權、國安、情治等權力。吳梓則說：「您辦公室的地毯要全面換新的。」李笑著說：「會有老鼠躲在裡面嗎？」意指竊聽器。

特地由美國祕密返臺的悍婦宋美齡，集合郝柏村、李煥、蔣緯國、陳履安等國民黨實力派人物，開始緊急策劃不將權力交給李登輝的政治操作，首先就是不讓李登輝接任國民黨代理主席。若李登輝不能繼任黨主席，就只能淪為嚴家淦那樣有名無實的總統。

能否順利兼任黨主席，原不是李登輝可控制的範圍，他根本無力控制事態的發展。但國民黨大佬的內部紛爭，讓他坐收漁翁之利。當時，俞國華掌握政府行政、郝柏村負責穩定軍方、李煥主持黨務，三足鼎立，並無可服眾望的一方之霸。

宋美齡寫信給李煥，信中轉述陳立夫的建議，主張不設黨主席，由中常委輪流主持中常會。實際上，宋美齡覬覦黨主席的位置，希望自己出馬當黨主席，然後控制黨政軍大權，成為蔣氏父子之後臺灣第三位獨裁者。宋美齡雖有蔣夫人的冠冕，但其旁若無人、居高臨下的態度，引起諸大佬對「官邸派」的嚴重不滿。這些大佬寧願擁戴弱勢的李登輝，也不願頭上再有一名位高權重的慈禧太后。

代理主席遲遲不能產生，黨籍民代及民間輿論壓力日增。黨務系統分頭徵詢除李登輝之外的中常委及黨內大佬，二十八人中有二十三人認為應設代理主席，十八人支持由李登輝任代理主席。諸大佬於是推出李登輝為代理主席提案。

一月二十七日，國民黨召開中常會，原本不打算討論代理主席提案，但副祕書長宋楚瑜臨門一腳，推動此提案列入討論。三十位中常委聯署推舉李登輝出任代理主席，扣除當天出國請假者，獲得二十七位常委一致起立通過。

半年之後的七月，國民黨召開十三全會，是李登輝進行權力鞏固的第二步。李登輝在全場起立表決的方式下，完成接任黨主席的法定程序，由代理黨主席成為正式黨主席。行政院長俞國華辭職後，李登輝將多年掌控黨務的國民黨祕書長李煥任命為行政院長，擁戴李登輝有功的宋楚瑜則升任國民黨祕書長，由此李登輝表面上掌握了黨務大權。但這並不意味著李登輝的權力已經鞏固，他仍然如履薄冰、潛龍勿用，正如其第一本日文傳記作者劉明修所說，李登輝在未掌握黨政軍特權力之前，「甘心成為黨內外省人元老所期待的『傀儡』」。

國民黨是一個黨軍一體化的半列寧主義政黨。總統和黨主席若不能控制軍權，仍然是沒有實權的象徵性人物。在一九二〇年代和一九三〇

年代當過國民黨主席的張靜江和胡漢民，都是因為不掌握兵權，成了可有可無的擺設。後來的蔣介石與蔣經國成為獨裁者，正是因為掌握兵權，才牢牢控制政權與黨權。李登輝要鞏固權力，必須直面軍方強人郝柏村。當時已擔任八年參謀總長的郝柏村揚言：「只要有我在，十五年內都不會讓李登輝為所欲為。」李登輝權力基礎尚弱，不能與之發生直接衝突，遂以明升暗降的方式削弱其對軍方的影響。一九八八年底，李登輝將郝柏村升任國防部長。看起來是更上一層樓，但基於文人擔任國防部長的原則，郝柏村必須卸下軍職，對軍隊的影響力必然受限。

宋美齡相當器重曾任蔣介石侍衛長的郝柏村，她要在臺灣重新掌權，就必須通過郝柏村掌軍。宋美齡召見李登輝，要求「讓郝柏村繼續擔任參謀總長」。宋美齡用英文說道：「Please listen to me（聽我的）」。李登輝以聽不明白宋美齡夾雜著上海口音的華語為由，要求「請將內容寫成書面給我」，是想留下她施壓的證據。宋美齡的書面文件送達總統府，李登輝還是完全無視此一「命令」。宋美齡最後一次嘗試垂簾聽政失敗，最後悻悻然離開臺灣。

在完成蔣經國遺留的兩年多任期期間，李登輝推出多項重大改革，剝奪了諸多大佬的權位和利益，也與專制宮廷的老國民黨文化格格不入。由此引發國民黨既得利益集團（「非主流派」）的凶猛反撲。

一九九〇年的總統選舉，仍採用國民大會間接選舉總統的制度。李登輝沒有提名李煥或蔣緯國為副總統候選人，反而提名長期在司法界任職的李元簇。李煥、郝柏村及外省元老開始反彈，策劃「拉下李登輝」，是為「二月政爭」。二月十一日，國民黨召開第十三屆臨時中央委員會全體會議。二十一日清晨，李煥等突然提出變更副總統提名的投票方式，要從原來的「起立」更改為「無記名」投票。看似更加民主，實際上是否決李登輝的副手，進而否決李登輝本人。但此一變更企圖被挫敗。李登輝後來回顧說：「那次真的是拂曉的政變。」

李煥與郝柏村不甘失敗，推出另一組候選人林洋港、蔣緯國，希望在國民大會層面上勝過李登輝及李元簇。然而，在全體七百一十四名國

大代表中，林蔣配最多能獲得一百八十票，完全不是李登輝的對手。在黨內大佬的說服下，林、蔣不得不放棄參選。李煥與郝柏村的計謀再次失敗。

一九九〇年，國民黨內部發生的這場「二月政爭」，李登輝為主的「主流派」獲勝，「非主流派」敗退，李登輝獲得國民黨總統提名並經國民大會選舉成為中華民國第八任總統。

李登輝一上任後，即提拔國防部長郝柏村為行政院長，一來讓其無法再控制軍隊，二來可平息非主流派力保李煥的暗潮，也可安撫黨內各派系。貪權好名的郝柏村接受提名，但在離開國防部前，將《國防組織法》修改為軍政、軍令系統合一，國防部長直接向行政院長負責，由此仍可控制軍權。郝在行政院長任內，多次違反體制召開軍事會議。李遂任命非郝系的劉和謙為參謀總長，自此郝無法阻擋李掌控軍系。

一九九二年，立法院進行全面改選，李登輝以「建立行政院向立法院負責」為由，要求郝柏村辭職。李郝體制從看似「肝膽相照」演變為「肝膽俱裂」。

清除改革的攔路石之後，李登輝對國民黨和黨國體制展開一系列大刀闊斧的改革。他成功連任黨主席，在黨內團結的名義下，巧妙壓下「非主流派」的郝柏村、林洋港的反對意見，以「老店新開」來形容此時的國民黨，意味著「國民黨將在本土化之後重新出發」。在此基礎上，他開始推動總統直選。

然而，國民黨守舊派認為，一旦採用直接選舉制度選出總統，那就與「選出臺灣國的總統」沒有兩樣，等同於「宣布臺灣獨立」，而且會造成「總統權力過於膨脹」。此一爭論上呈到國民黨全國代表大會上。多年後，李登輝接受日本學者上阪冬子訪問時，回憶當時的爭論場景：「在各界代表出席的大會上，李煥等人對我大肆謾罵。大約有一百人排隊，連飯都不吃持續開罵，我則以早晚會獲得諒解，安靜聆聽他們的意見。結果真的依照我的想法獲得結論，直接選舉制終於底定。一九九四年七月二十九日，這一天我永遠不會忘記。」上阪冬子評論說：「雖然

成果如此輝煌，李登輝卻以低沉的語調敘述這件事。或許是由國民黨內舉行的總統選舉改由依照民主方直接選舉，回想事情上軌道前的緊張，或者是先行布局，增加代表大會的人數，才能依照預定方針獲得勝利的感慨，讓他語氣激憤不起來吧。」

　　一九九六年的第一次總統直選，李登輝大獲全勝，讓國民黨的聲勢達到頂峰。他順勢展開各項改革措施，但國民黨本身的特性和結構並未被改變，內部分歧嚴重，並由此陷入長期的衰退。日本學者小笠原欣幸指出：「那並不是平緩的下坡曲線，而是在上下起伏的過程中逐漸弱化，看不出來國民黨正在衰退。」美國學者斯迪芬‧海哥德、羅伯特‧R‧考夫曼在《民主化轉型的政治經濟分析》一書中指出：「到了一九九〇年代中期，核心問題不是國民黨是否能夠在一個更為開放的政治體系中有效地爭取到選票，而是國民黨能否解決多元化以及特殊的選舉體制所造成的不斷擴大的內部分歧。」雖然在李登輝的領導下，國民黨在此次大選中展示出了決定制度變革速度及範圍的能力以及有效限制反對派活動空間的能力，但李登輝無法阻止國民黨的多次分裂。

　　二〇〇〇年的第二次總統直選，李登輝在兩名接班人中，拋棄民意支持高漲的宋楚瑜，選擇較為弱勢的連戰為總統候選人。此舉導致宋楚瑜不滿，以無黨籍身分參選總統，成為瓦解國民黨體制的一股力量，對國民黨的衝擊比此前新黨的成立還要嚴重。有人認為，李登輝有意利用宋楚瑜與連戰的矛盾，分流國民黨的票源，讓國民黨在一場穩贏的選戰中因內部分裂而敗北。但李登輝從未承認這一點。他後來指出，中央黨部在選前提報的民調結果都顯示連戰會贏，只是多少的問題。在選前一天，他還告訴美國在臺協會前處長李潔明，「國民黨的連戰會贏六個百分點」。直到開票當晚，李登輝取消了前往國民黨中央黨部的行程，因為「口袋裡只準備了勝選謝詞，沒有落選感言」。由此可見，他並不是故意讓國民黨敗選。

　　二〇〇〇年三月十八日，在野黨民主進步黨籍的陳水扁以相對多數當選中華民國第十任總統。由於陳水扁的當選，李登輝實現「在任內和

平轉移政權」的理想。國民黨成爲在野黨，結束在臺灣長達五十五年的統治。

國民黨大選失利後，大批國民黨支持者抗議選舉結果。黨內長期不滿李登輝的人士要求其辭去黨主席一職。他們一度包圍位於博愛特區的國民黨中央黨部。在宋楚瑜宣布將在黨外組黨之後，李登輝辭去國民黨主席一職，交予連戰代理。

五月二十日，李登輝任期屆滿，正式離開總統府，與陳水扁進行權力交接，結束十二年的統治。卸任後，李登輝完全離開國民黨權力核心。李登輝並未留下掌控國民黨權力的接班人和派系，反李登輝的政治力量迅速掌控國民黨。李登輝與國民黨的決裂，只是時間問題。

二〇〇一年九月二十一日，李登輝爲新成立的臺灣團結聯盟候選人站臺。他被臺聯視爲精神領袖，卻從未正式成爲臺聯黨員。李登輝對國民黨的本土化已徹底失望，原本期望臺聯成爲民進黨之外第二個重要的本土政黨，與民進黨形成兩個本土政黨之間的良性競爭。臺聯一度有立法委員進入立法會，但後來逐漸被邊緣化。第二個強有力的臺灣本土政黨始終未能成長起來，這也是李登輝的一大遺憾。因李登輝對臺聯的支持，國民黨考紀會決議，正式撤銷李登輝的黨籍。至此，國民黨已然將李登輝視爲敵人，李登輝也徹底擺脫國民黨黨員身分之羈絆。

在當代政治家中，曾爲執政黨之黨魁，卻又變成該黨之敵人的，大概以戈巴契夫和李登輝最爲典型。一九九一年，蘇聯共產黨總書記戈巴契夫在黨內頑固派企圖推翻他的政變失敗之後，宣布辭去蘇共總書記一職，並取締蘇聯共產黨。此舉亦導致蘇聯迅速解體，戈巴契夫隨後被迫辭去蘇聯總統一職。之後，俄羅斯共產黨得以重建，在葉爾欽時代扮演最大反對黨的角色，在普丁時代卻又被邊緣化。而戈巴契夫一直到去世，都被共產黨人咒罵爲導致蘇聯解體的最大罪人。戈巴契夫在西方享有盛譽，卻在俄國國內名望很低，因爲蘇聯在冷戰中的失敗挫傷了俄國人作爲帝國子民的民族自豪感。李登輝與國民黨的關係則與之相反：李登輝的種種政治改革政策，確實是讓國民黨失去一黨永遠執政特權的根

本原因，對國民黨不利，卻對國家有利。李登輝未能像戈巴契夫解散共產黨那樣解散國民黨，卻被國民黨開除出黨。但國民黨的這一舉動，對李登輝已構不成任何傷害和羞辱，反倒讓國民黨喪失了走向本土化和民主化的歷史機遇。雖然後來陳水扁執政失敗導致馬英九和國民黨捲土重來，但國民黨背離臺灣主流民意、抱殘守缺，已是病入膏肓。而李登輝的民主化和本土化改革，除了被中共和臺灣島內的統派咒罵之外，得到大部分臺灣人和國際社會的肯定。

後人評價說，李登輝對臺灣最重大的貢獻是促成臺灣民主化和建立新國族的文化與文明。臺灣民主化是保臺的最佳地緣戰略，不但把兩岸的情仇從黨爭的層次提升到價值與信仰的層次，促使美國和歐盟不得不重新檢視與民主臺灣的關係，並承諾保護臺灣，同防中共。近來歐美日已組成反中共聯盟，並對臺灣大力協防，可見李的遠見與戰略思考的能力。

雖然身為中華民國總統和國民黨主席，但李登輝在位時就對這個政權和這個黨持批判態度：「到目前為止，掌握臺灣權力的，全都是外來政權。最近我能心平氣和地說就算是國民黨也是外來政權。只是來統治臺灣人的一個黨，所以必須成為臺灣人的國民黨。以往像我們七十幾歲的人在晚上都不能好好地睡覺，我不想讓子孫們受到同樣的待遇。」有一次，李登輝在會見日本學者松田康博時，曾舉起食指指著總統府上方說道：「這是笨蛋的高塔。」有時，他會向外人說出心裡話。可見，他對國民黨權力運作的荒謬之處有深切的體認。

李登輝這位民主先生，在推動民主化的過程中不憚使用權謀術及各種恩威並施的方式。成為他的政敵的人，大都很快被其剝奪權力，如郝柏村、宋楚瑜、蘇南成等人，但這些人不會受到李光耀的政敵所遭遇的司法迫害，不會被關進監獄、或被迫流亡海外。他們都能繼續從事政治活動，扮演反對派角色，公開批評乃至攻擊李登輝。這在李光耀的新加坡，是不可思議的事情。李光耀對待政治對手不會如此仁慈。

當然，李登輝是權術高手，《時代》雜誌稱譽的「民主先生」也需

要權術運作才能擊敗國民黨守舊派的阻撓、推動民主議程。如葉柏祥所說，李登輝擅長利用黨內派系人馬的種種矛盾，順勢而為，各個擊破，他慣用的手法與戰術為：以「名位」的給予，「拉一打一」、「上樓抽梯」，掏空大陸集團的實力。舉用昔日失意政客，推動國會全面改選，以「名位」擴大吸附支持的層面。作家莊芳華在《解構李登輝》一書中，對李登輝的這一面做出尖銳批評：「李登輝不敢任用有骨氣有擔當的人才，卻繼續延攬蔣家王朝的家奴型官員，在歷史地方選舉活動中，濫開支票、濫用國家資源，酬庸地方樁腳，向金權派系靠攏，以求鞏固個人在民間的地盤，縱容黑道勢力，支持財大氣粗、不學無術的地方角頭，從此國會殿堂，形成粗糙庸俗的政治生態。」也有曾經在李登輝身邊工作的人士批評其推動民主化改革「如同用污水清理下水道」。此類批評或許欠缺對當時歷史情境的「同情的理解」，因為李登輝需要快速展開一系列政治改革，沒有時間從容地從精神上改造國民黨（那要耗費一兩代人的時間，或許永遠不能成功），不得不使用「以毒攻毒」的手法。松田康博評論說，李登輝在了解國民黨存在著黑暗面的同時，認識到這是必要之惡並採取行動，即使是用污水來清理，下水道也比以前更乾淨。毫無疑問，當時的臺灣不存在清理下水道的淨水——今天的臺灣也是如此。李登輝不是「黑金政治」的開啓者，在他之前和之後的「黑金政治」都很嚴重，而且，「黑金政治」不僅存在於國民黨，後來民進黨執政期間也相當嚴重。因此，將「黑金政治」問題統統歸咎於李登輝是不公允的。

　　李登輝的使命只完成了一半，他改變了臺灣，卻沒有改變國民黨、沒有讓國民黨從中國人的國民黨變成為臺灣人的國民黨；從半列寧式的政黨變成為民主時代的選舉型政黨。李登輝執政十二年，臺灣邁向了民主化，臺灣變得更好了；但國民黨卻繼續沉淪，一步步走到今天這種荒腔走板的狀態，淪為中國共產黨在臺灣的「在地協力者」及「隨附組織」。曾為國民黨黨主席的李登輝對此有一定的責任，但最大的責任還在於國民黨自身冥頑不靈、拒絕變革，正如李敏勇所論：「李登輝的命

運共同體的概念，事實上是在對黨國體制、民主化以後的中國民國體制做一種引領，但在政治普遍充滿權力競爭的情況之下，最終李登輝不見容於黨國體制的殖民性格，這是國民黨在臺灣走下坡路的原因，也是臺灣共同體不能形成的關鍵。」

　　中國國民黨不可救藥，其肌體中的種種毒素成為臺灣民主深化的障礙——最讓人觸目驚心的是，即便是反對國民黨的民進黨，在其自身架構上也複製了國民黨的模式（列寧式政黨之特徵），比如設置中常委之類的機構和職位。李登輝與國民黨的斷袍割席，不是他的失敗，而是國民黨自己的失敗。國民黨拒絕李登輝這位良醫醫治其痼疾，就如同當年曹操諱疾忌醫，拒絕華佗為之治病。資深媒體人鄒景雯評論說，李登輝憑藉國民黨黨主席權力的行使，巧妙地運用國民黨這個有效的工具，不斷跨過四分之三的高門檻，實現民主化改革。他也以民進黨交互為用、時敵時友，構成恐怖平衡的槓桿，來快速推進國民黨有時耽於僵化的遲疑。毫無疑問，民主改革每進展一步，國民黨政治獨占的地位就減損一分，反對派的勢力版圖就擴大一寸。恐慌的國民黨人罵李登輝是袁世凱，是從國民黨那裡「竊國」的「竊國大盜」；民進黨則笑稱李登輝是戈巴契夫，改革成功之時就是下臺之日。事實上，李登輝既不是袁世凱，也不是戈巴契夫，李登輝就是李登輝，他在臺灣所操作的改革模式，在新興民主國家，恐怕已經成為典範。

第六章

威權教父與民主先生

我曾經被迫下狠手，比如不經審訊就把一些人關押起來。

——李光耀

我能在高喊人民萬歲的呼聲中，卸下國家領導人的職務，實感無上的光榮。以往的中國社會，唯有通過權力鬥爭或領導人死亡，才可能發生政權轉移。而如今，我們能在臺灣創立政權和平轉移的新制度和新社會，我由衷感到光榮與欣慰。

——李登輝

　　美國《時代》雜誌稱李登輝爲「民主先生」，稱李光耀爲「二十一世紀的哲學皇帝」——實際上，李光耀的「皇帝」身分大於「哲學家」，他實在很難算是「哲學家」，他只是鄧小平式的實用主義者，將儒家威權主義與西方現代國家主義結合，打造出新加坡這個「幼稚園城邦」。李登輝才是哲學家，他對以武士道爲核心的日本精神的闡釋和實踐，讓日本人也敬佩不已，他以基督教的清教秩序爲最高價值，在危機四伏的政治場域「爲主作見證」。

　　終其一生，李光耀堅持唯有威權統治才能維持新加坡的繁榮穩定，是一位名副其實的「威權教父」。他將權力轉移給兒子李顯龍，以維持李氏家族對新加坡的長期統治，這一點跟北韓的金家王朝頗爲相似。李登輝尤其看不慣李光耀的這一做法，他認爲偉大的政治家應當功成身退，留下制度化的遺產，正如他在華府國家記者俱樂部發表的題爲〈臺灣的民主改革〉的演講中所說：「臺灣的民主化是一個成功的故事，就像之前的經濟奇蹟一樣，引起世人的矚目。在民主化的過程中，本人領

導國民黨執政，傾聽臺灣人民的心聲，尊重主流民意的意志，成爲推動改革的主力。」

李光耀：「必須在反對黨羽翼未豐的時候剷除掉他們」

一九五九年，李光耀贏得大選，成爲新加坡總理，此後一直掌權至死。當他表面上將權力轉交給吳作棟時，甚至直接對後者說，「如果我發覺事情不對勁，會直接從墳墓裡爬出來，把船開正」。

李光耀並未將全部權力交到吳作棟手上，他讓出總理一職，還保留著實際權力比總理更大的人民行動黨祕書長（黨魁）之職，對於民間盛傳他想當總統，他也不準備闢謠：「也不是全然不可能，時機到來時，我自會考慮。」但他補充說自己不需要當總統也能繼續掌控全局：「憑我的身分，還有跟許多人的關係，我需要做的只是繼續擔任人民行動黨祕書長即可。我不需要當總統。只要繼續是黨祕書長，我就掌握決定權，施政方針也會是我說了算。我根本不必成爲總統，我也不再找工作。」這是明目張膽地破壞憲法和憲政的「垂簾聽政」。這對於推崇人治的李光耀來說，根本就算不了什麼。

吳作棟承認，他成爲總理的第一年，非常擔心隨時可能被李光耀換下來（選舉賦予他的統治合法性似乎弱不禁風）。對於自己的身分，吳自我辯解說：「我如果懷疑他讓我給他的兒子暖席，就暖個兩三年，那有意義嗎？那我一定會對他說：『讓我們想個法子讓李顯龍直接接班吧。』根本不需要多出我一個，一點意義也沒有。」但他又在不經意間說出一句實話：「政治人物一定要臉皮厚，懂得一笑置之。」換言之，吳作棟很清楚自己的身分，他不可能開闢一個迥異於李光耀時代的吳作棟時代，他永遠只是李光耀的副手，因此不得不容忍民間對他的各種嘲諷。

對於權力，李光耀從來看得跟生命一樣重要，只要他還活著，他就

不會放棄權力。任何人，只要想挑戰他的權力，他就不會手下留情。李光耀曾公開表示：「如果你惹我，我會戴上手指虎，把你抓到一個死胡同裡狠狠揍一頓。沒有人會懷疑這點。」他認爲，政治就是街頭鬥爭，不是你敗：就是我輸。這句話宛如從《教父》主人公口中說出來的。一位日本外交官用日本人慣有的含蓄指出：「對他的國家而言，他太大了。」也就是說，他是有統治像中國那樣龐大國家的能力的——難怪他念念不忘要與馬來西亞合併，以及屢屢訪問中國充當「國師」角色，乃至對全球政局指指點點。

李光耀拒絕接受有人將他形容爲「獨裁者」，他辯解說，他是經過民選產生的執政者，每一次的選舉，他的黨和他個人都擁有七成以上支持度——這比大部分西方民主國家領導人的支持度還要高。但是，表面上看，新加坡確實實行像模像樣的選舉，但這是一種經過巧妙且嚴格操作的僞裝公平公正的選舉。新加坡貌似有反對黨，但反對黨在李光耀軟硬兼施的打壓之下，從未對執政黨構成嚴重威脅，甚至從未形成具有制衡作用的「關鍵少數」。新加坡有從英國統治時代延續而來的獨立司法系統，但實際上法院如同李氏父子和人民行動黨的錦衣衛，對其言聽計從，在若干政治性審判中，法官向來是奉命判案，從未做出過對李光耀及執政黨不利的判決，重判李光耀的政敵時卻毫不手軟。

通常，李光耀在公開場合都會顯得溫文爾雅，面帶內斂的微笑，但他打擊政敵鐵石心腸，對異議者一向出手狠辣。他曾經利用《內部安全法令》（新加坡的《內部安全法令》授予政府在必要時「不經審判」即得以「無限期拘禁」危害國家安全的人士），採取不經正當程序和公開審判的方式，將數百共產黨人和左派抓捕入拘留營。早期與之合作的左派領袖林清祥被逮捕關押和放逐多年，其他左翼領袖（如謝太寶等）甚至有被關押達三十年之久的，此外也有大批人被他驅逐到國外，終身不許回新加坡。政界被長期扣留的有林福壽（醫生）、傅樹楷（醫生，陳嘉庚外孫）、曾福華等人。商界有陳六使（南洋大學主要創辦人）被扣留和被撤消公民權。新加坡的《內部安全法令》如同臺灣白色恐怖時代

的戒嚴令，也就是說，新加坡至今未能「解嚴」，仍然處於某種意義上的「戒嚴狀態」。

一九六二年十二月八日，汶萊人民黨爆發反對汶萊併入馬來西亞的叛亂。這場叛亂讓新加坡的共黨分子蠢蠢欲動。一九六三年二月二日，李光耀發起一場名爲「冷藏行動」（Operation Coldstore）的大規模逮捕行動，出動數百名警察，逮捕了一百六十九名左翼分子和政治活動家。李光耀表示，該項行動經過英國、馬來亞和新加坡依據內安委員會之決議而決定的。被捕者包括社會主義陣線、人民黨和左派的新加坡工會聯合會的領袖，有林清祥、方水雙、兀哈爾等人。

次日，新加坡內安委員會公布〈共產主義之陰謀〉的文件，指控被捕者利用新加坡作爲顛覆馬來亞之古巴式基地。二月十八日，新加坡政府依據違禁刊物令，查禁十家左派刊物。二月二十日，一百一十三名被捕者被宣布監禁一年。

黨員被緝捕的政黨都發表聲明抗議。被抓黨員最多的社陣主席李紹祖在聲明中說：「現在，讓我們不要假裝以爲新加坡還有國會民主制度。人們現在應當思考，此次的逮捕與鎮壓行動，是否已關掉憲法鬥爭的所有途徑。」

三十五年後，李光耀在回憶錄中認爲：「對共產黨人來說，這是嚴重的挫折。這次行動抓走他們搞統戰最有經驗的一些領袖。」

人在北京的馬共總書記陳平在回憶錄中承認：「冷藏行動瓦解了我們遍布新加坡的地下網絡。」

逮捕行動隨即擴大到南洋大學學生及華文中學學生，左翼幾乎被「連根拔起」。

傅樹介是當時被捕的左派記者，他後來受訪說：「我堅持的認爲，我之所以被監禁，是因爲我是左翼反對殖民主義者的一分子，在將舉行的一九六三年大選中，我們對李光耀構成威脅。共產主義和顛覆活動的罪名，經常用來扣在像我這樣的人身上，這種伎倆一再重複使用，直至今日。」在新加坡，鎮壓共產黨的顛覆活動是必要的，但這種模式不應

被常態化和擴大化。這次大逮捕被外界視爲「新加坡的傷口」，受害者至今未獲平反。

一九六六年，社陣主席李紹祖以文革的言行爲榜樣，突然宣布社陣的九名議員全部退出國會，並抵制大選。新加坡的政治從此進入人民行動黨一黨囊括所有國會議席的時代，因此，新加坡學者謝裕民稱李紹祖爲人民行動黨的「神救援」，而且影響往後二十年新加坡的政局。十年後，中國文革結束，李紹祖才恍然大悟，重新參選，英雄白髮，廉頗老矣，物是人非，屢戰屢敗。

一九六六年十月二十九日，退出國會的九名議員之一的二十三歲的謝太寶在社陣總部被捕。這個知名度並不高的左翼青年，矢志不渝地對抗李光耀的國家機器，坐牢三十二年，成爲全世界服刑最長的政治犯之一。

一九八七年，新加坡當局又發動「光譜行動」，以「反共產主義顛覆」爲由，未經審判便逮捕、關押了二十二人，包括天主教神職人員、商人和海外畢業歸來的學生，此即「五二一事件」。被捕者被指控企圖推翻政府，在新加坡「建立馬克思主義的政權」。若干被捕人士否認此一指控，同時投訴被拘留期間遭到虐待和迫供。時任新加坡律師公會主席的蕭添壽律師，是被捕者的辯護律師，當他去探訪委託人時，居然被以《內安法》一併逮捕。一度對李光耀政策略有薄評的新加坡律師公會，從此徹底對政府俯首貼耳。後來事實證明，被捕的人士中，極少爲共產黨人，大多數是批評新加坡當局的自由主義者。這種做法，跟臺灣白色恐怖時代以反共爲名大肆抓捕民主人士和臺獨人士如出一轍。不過，李光耀畢竟沒有蔣氏父子那麼殘忍，基本沒有對異議人士處以死刑。

李光耀特別害怕出現多黨競爭局面，當反對黨尚處於萌芽狀態，就將其掐死。有記者問他：「一個脆弱的國家容納得了政治異議嗎？」他回答說：「當你說我應該放寬限制容忍反對黨，你應該先看看周圍，看看哪一個東南亞或南亞國家，在更換政府的同時社會保持穩定，生活照

常。你找出一個例子來給我看。我不是要往人民行動黨、自己或任何領袖臉上貼金。我的目的是要穩固新加坡的將來，鞏固它的和諧與安全。」這位記者沒有反駁他，其實反駁他是很容易的——印度是世界上最大的民主國家（以人口而論），印度的政黨輪替很多次了，近年來並未因選舉而出現政治動盪。

記者問李光耀：「有人說行動黨之所以能長期執政，靠的是有效、有系統地摧毀反對黨。」李光耀坦率地承認：「請問天底下有哪個政黨會扶持反對黨上臺？我們為什麼不趁他們羽翼未豐，就先剷除他們？否則，等他們站穩腳跟，就很難除掉他們。……你們看看日本自民黨現在的下場，他們現在沒有辦法剷除反對黨了，因為他們已經失去威信，不再像他們的祖父或父親那代人那麼優秀了。」原來，李光耀的「優秀」的標準是除掉政敵，若按照此標準，民主國家的政治人物一個也不及格。而李登輝所從事的恰恰是李光耀所鄙夷的事業——扶植反對黨，打造政黨輪替的選舉模式。李光耀對日本自民黨的批評也是以小人之心度君子之腹：自民黨根本就沒有「剷除」反對黨的念頭——民主國家任何政黨都不應該有這樣的念頭，自民黨雖然短暫失去執政權，但很快就重整旗鼓，繼續長期執政，安倍等政治家比他們的前輩更優秀——優秀的政治家的定義，是解決國家當下的難題並為國家的未來指明方向，而不是處心積慮地打壓和消滅反對黨。

反對黨在新加坡的生存空間遭到壓縮，李光耀卻聲稱，反對黨無法吸引一流人才，所以才自我邊緣化。他掩耳盜鈴地表示：「如果我們有第一世界水準的反對黨，我們就會以第一世界的文明對待他們。就這麼簡單。但那不表示我們不會把你擊退。」這句話的言外之意就是，他對付反對黨的方式是第三世界獨裁國家的下流手段。

李光耀對反對派極為冷酷無情，打擊報復手段無所不用其極。在後來的政治生涯中，李光耀和新加坡政府不太使用臭名昭著的《內安法》，改為以誹謗罪起訴政治對手，使其賠償大筆金錢，數額大到對方賠不起的程度，迫使對方宣告破產，從而被剝奪對方從事政治活動的資

格。比如，一九七六年，律師惹耶勒南在競選集會上稱李光耀為李氏家族參與創辦的李及李（Lee&Lee）律師樓謀取特殊利益，及「搞裙帶關係，貪污受賄，不配當總理」，這樣的批評在民主國家的選戰中司空見慣。但他卻被李光耀起訴並被法庭判罰賠償及支付律師費。最後，惹耶勒南被迫關掉事務所，並從政壇消失。李光耀得意洋洋地宣稱：「惹耶勒南後來神經兮兮，跑到街頭賣東西」、「我覺得他們罪有應得，沒有什麼好後悔的」，他認為他是「以其人之道還治其人之身」。

在新加坡的法庭上，李光耀每告必勝，每勝又必會得判足以讓對方直接破產的巨額罰金，從此不得翻身。被告通常遭遇到連坐家屬，查抄資產，無法聘請律師，甚至被徹底剝奪辯護權，這些早就應該消失於法治社會的惡劣手段，在新加坡卻層出不窮、理所當然。李光耀們連基本的門面功夫都懶得做，只要達到消滅反對派骨幹，並殺一儆百的效果，就樂此不疲。

一九九六年，擬參加一九九七年新加坡大選的反對黨人士鄧亮洪，在競選活動中稱李光耀在購買兩間公寓時涉嫌貪污受賄。李光耀提出訴訟，鄧亮洪潛逃出國，沒有出庭答辯，法庭判李光耀勝訴。

在選舉中，李光耀利用政府資源報復那些投票給反對黨的選區，他並非愛民如子的「慈父」，他只愛投票給他的「順民」。投票給他的人就是高等公民，不投票給他的人就是劣等公民，他心胸狹窄，睚眥必報。一九九一年，工人黨提名的劉程強贏得後港選區的國會議席，之後在三次大選中連任。後港的選民因此「付出代價」，自一九九〇年代以來，後港地區存在組屋翻新滯後、公共運輸規劃不周等問題，工人黨支持者認為，這是新加坡政府有意對後港選民進行「懲罰」。

在二〇一一年新加坡大選前，李光耀不加掩飾地威脅阿裕尼集選區的選民說：「如果你們投給反對黨，你們這裡就會變成貧民區。」結果引起該選區選民反感，最終工人黨戰勝人民行動黨，贏得阿裕尼集選區的國會席位。

受中國法家思想及二戰時駐新加坡日軍的治安政策影響，李光耀推

崇嚴刑峻法、重刑重罰的法制理念。一九六六年前，新加坡鞭刑僅限於刑法中造成人民身心重大傷害的罪嫌，包括重傷害、搶劫、強暴及猥褻等罪。一九六六年，李光耀公布《破壞法》，以維護市容為目的來重罰處罰塗鴉及破壞公私財產的行為，將鞭刑範圍進一步擴大。這種嚴厲的處罰為世界各國所罕見，也在國際社會引起廣泛關注。一九九三年，美國少年鞭刑事件曾轟動國際社會，美國總統柯林頓直接與李光耀交涉而無果，李光耀以此彰顯他敢於對抗美國的強硬民族主義者的形象。國際特赦組織形容新加坡鞭刑「殘忍、不人道、有辱人格」。國際社會普遍認為，新加坡鞭刑違反聯合國禁止酷刑公約，但是新加坡不在此公約簽署國的名單之中。

李光耀在新加坡的威權統治遭到西方民主國家、西方媒體和自由主義者的嚴厲批評，但他從不在乎這些批評。新加坡在獨立的第二年（一九六六年）加入社會黨國際，這是資本主義世界中傾向社會民主主義的政黨的一個組織。早在一九六四年，李光耀就受邀發表演講。但是，一九七六年，荷蘭工黨指控新加坡違反人權，政治犯在內部安全法令下，不經審訊便被拘留，動議開除新加坡。李光耀致函該主席祕書，要求荷蘭工黨收回指責，否則將退會。荷蘭工黨當然不會收回其動議。於是，李光耀宣布退會。由此可見，人民行動黨和李光耀並無堅持的意識形態，也不需要意識形態。

支持李光耀的美國媒體人湯姆‧普雷特認為，李光耀是現代霍布斯：「在他務實、以數據說話的思維中，他今天所面對的恐懼是真實的。他的現代式霍布斯主義是趕在失序爆發之前，去除障礙和推翻敵人。他操控恐懼是為了不再感到恐懼。在他心中，他相信任何危機經常會悄然或不經意地出現，所以必須時刻保持警惕。可以這麼說，如果沒有危機可以面對，他會感到不自在。」

物以類聚，人以群分。李光耀對若干聲名狼藉的威權統治者「惺惺相惜」。他欣賞「能夠在短視的西方人權組織的無端指責下，為人民解決問題、接管政權的軍事將領。他不偏向任何的執政模式，只欣賞能夠

有效治國的結果」。比如，他批評緬甸軍頭，並不是因為他們的鐵腕手段，而是因為他們的統治很「愚蠢」，他們將資源豐富的緬甸經營得如此差勁，他簡直要自告奮勇為他們推薦新加坡模式了。再比如，當被人民推翻的前印尼獨裁者蘇哈托死去時，他無視其統治期間的腐敗和在人權上的斑斑劣跡，「力排眾議」地發表肯定性評價：「你必須從一個人的出身、社會地位和他的抱負來評價他。他原本是個農家孩子，加入日本占領軍成為士兵，之後擢升為下士。再經歷過單打獨鬥，他崛起成為對抗回歸的荷蘭部隊的領袖，此後成為軍事將領。他不曾上過中學，他認為自己是所有蘇丹中的大蘇丹，因此必須給他的家族和朋友所需的照顧。……他帶來了進步與整合，帶來了踏實的改變和生機，他是成功者。」李光耀對會晤數十次的鄧小平讚不絕口，更驢脣不對馬嘴地將習近平比喻為曼德拉，因為「他們青年時代都曾遭遇過苦難」。李光耀對獨裁者做出正面評價，因為他本人就是獨裁者之中的一員。

李光耀去世三天後，國會召開特別會議向其致敬。國會最大反對黨工黨祕書長劉程強在發言中表彰李光耀「過人的智慧和膽識」、「超乎常人的幹勁，精力和堅韌的毅力」，但也坦誠地指出：「我不認同人民行動黨一黨專政的政治格局，是新加坡經濟能夠迅速發展，社會能夠保持凝聚力，維持國家團結的關鍵，因為不少新加坡人在建國和制定政策的權衡過程中被犧牲，我們的社會也付出了代價。這也造成建國總理李光耀在一些民眾的心裡成為具有爭議性的人物」。他認為，李光耀制定政策憑藉理性判斷，但是「政策和選擇和施行，不單只是理性，應該還有人性和感性的考量，才能避免在實施政策時，使一些人民積怨或受到傷害，長久累積成為潛伏性的危機，影響人民的團結和對國家的認同感。」

李光耀：「所有的媒體都是我們的，我們不會蠢到自己來辦報紙」

判斷一個政治人物是不是獨裁者，一個最簡單明瞭的標準就是：他是否容忍批評意見，他執政的國家是否存在自由的新聞媒體。

新加坡資深媒體人、李光耀傳記作者陳加昌對李光耀有頗多溢美之詞，但也誠實地指出，李光耀執政前後，對媒體的態度「有極端的差別」。李光耀曾說過，頭腦好的人學醫；其次學法律；再來就是當記者。他的內閣中有多名來自新聞界的部長，後來的新加坡總統中也有兩人當過記者。在人民行動黨尚未執政時，李光耀說：「言論自由是不應受限制的」。作爲反對黨議員，他強調，政府不應該限制言論、出版自由等，應當廢除《緊急法令》，自由交流，百花齊放。

但一九五九年五月十八日，大選前十二天，當李光耀認定他將勝選並執政之後，便公開宣稱：「在五月三十日之後，任何報館如果破壞新加坡和馬來亞聯合邦的關係……將要面對顚覆罪。任何編輯、評論員或記者如果追隨這種媒體的路線，在政府維護公安法令條例下，我們將會扣留他和關禁他」。對此，《海峽時報》總編輯霍夫曼予以反駁，並在柏林的國際新聞學會發表演講，譴責人民行動黨恫嚇他主持的報紙，使新加坡新聞自由感到威脅：「即使一九四二年日本軍占領新加坡時，新加坡的報業都未嘗面對如此嚴重的威脅。」

當時，陳家昌就此議題訪問李光耀，詢問：「若人民行動黨執政，會不會自己來辦一份報紙（現有的《行動報》不在內）？」，意氣風發的李光耀冷笑著說：「哈、哈！到時候所有的報紙都會是我們的，我們不會蠢到自己來辦報紙。」李光耀在日本占領時代當過軍部的宣傳幹部，深知宣傳的策略及力量，掌權後如何對待媒體，他已成竹在胸。果然，李光耀的這句話不是隨便說說。他執政後，尤爲注重政府對媒體的監管。在新加坡，新聞媒體只能享有「有節制的權力和有約束的自由」，政府禁止和嚴懲一切攻擊執政黨以及鼓吹西方民主自由和生活方

式的言論報導，禁止不利於國家安全和有可能導致種族和宗教對立的言論報導。

李光耀一手塑造了新加坡現有的媒體模式。政府並不直接創辦新聞媒體，媒體並未國有化，但受政府管控，媒體清楚自己並非監督政府的「第四權」。一九七一年，李光耀在赫爾辛基的國際報業大會上公開宣稱：「一些人天真的以爲新聞自由是神聖和絕對的。其實，新聞自由等於報社老闆的自由。他有權聘請新聞從業人員，也有權開除他們。」他沒有說出的後半句話是：他的政府就是媒體的大老闆，可以對媒體指手畫腳、發號施令。媒體的自由「必須服從於新加坡整體和民選政府的首要職責」。這篇演講是回應西方對他此前打壓媒體的批評——他對《南洋商報》、《東方太陽報》、《新加坡先驅報》下重手：華文報《南洋商報》被他指爲煽動華文沙文主義，結果有四個工作人員遭到逮捕，包括編輯與記者。兩家英文報《東方太陽報》和《新加坡先驅報》被指責爲「不明外國勢力介入」，直接被政府關閉。

李光耀聲稱，他是「依法」來管制媒體。他在一九七四年推出《報章與印務館法令》，規定報社每年必須更新營業執照、報社必須是公開上市公司，在股權結構中必須加入由政府控制的管理股，其投票權是普通股的兩百倍。一九七七年，他又修改法令，禁止任何個人或機構擁有一份報章超過百分之三的普通股。這個頂限後來在二○○二年調高到百分之五。

李光耀對媒體事務鉅細靡遺地出手干預，跟他反對的共產黨做法非常相似（可見，反對共產黨的人，未必就是民主自由人權價值的支持者）。他反對共產黨，只是因爲共產黨要跟他爭奪權力，他卻與共產黨分享相似的意識形態和政治手腕。比如，《星期天國家報》是一家受歡迎的報紙，有一位名叫李瑪麗的主筆寫了一篇署名文章，批評新加坡過於重視文憑的現象。李光耀碰巧讀到這篇文章，非常生氣，隔天以總理的身分親自打電話給報社總編輯，要求將李瑪麗掃地出門。報社只好調李瑪麗當編輯，不能再撰稿。李瑪麗後來就移民到國外了。

李光耀還經常召集媒體高層到總理府訓話，讓他個人的喜好貫穿到社會的每一個角落。比如，他認為味精對人體有害，就不准報紙上提及味精一詞；他認為集郵是玩物喪志，報紙上不能談到集郵這一個人的興趣愛好。

李光耀深知控制媒體、封殺一切對其不利的報導，是維持他本人和人民行動黨不容挑戰地位的必要條件。既然媒體太多，管理不易，他就慢慢將它們合併起來。一九八四年，李光耀組建了壟斷新加坡所有媒體的報業控股集團，將所有報紙雜誌全都歸入集團旗下。於是，所有紙上新聞都成了新加坡報業控股的「獨家消息」，從此新加坡就只剩下對李光耀的歌功頌德之聲──此事發生在歐威爾的小說《一九八四》所設定的年分，此一巧合耐人尋味。新加坡媒體評論人李慧敏指出：「新加坡雖然有很多不同的報章，但都是屬於同一家報社，而報業集團的主席都曾任政府高官。電視臺雖然是私營機構，但政聯機構淡馬錫控股卻擁有部分股權。」

一九八八年，李光耀在美國報章編輯協會演講時聲稱：「將傳媒視為第四權的理論，並不適合新加坡。我們不能讓本地傳媒扮演像美國傳媒那樣的角色：監察、對抗和質疑當權者」。當有人批評新加坡的媒體親政府、缺乏公信力時，他反駁說：「西方媒體總愛彈這老調，因為他們認為他們的模式十全十美，任何與他們相左而成功的模式必須被推翻。……外國媒體從前說我們單調、枯燥無味、不好玩、沒有生氣，如今他們已經不用那些形容字眼了。可是我們並沒有改變我們的基本立場。我們不會屈服於他們持續不斷的攻擊。你一旦畏縮，你就軟弱，就是笨蛋。」

對於敢於逆龍鱗的外國媒體，李光耀也絕不放過，任何敢於批評他或新加坡體制的外國媒體或個人，如果不公開道歉並賠償大筆罰金，就會馬上被趕出新國，甚至連母公司及其主要股東也會連帶受到牽連。這種強硬手腕讓包括《紐約時報》、《經濟學人》、《華爾街日報》、彭博新聞社等諸多頂級國際媒體都向他屈服讓步。

一九九四年，《國際先驅論壇報》發表新加坡國立大學美籍教師克里斯多福·林戈爾的文章，批評李光耀說：「本區域一些容不下異己的政權在壓制歧見方面，展示了相當精巧的手段……其他比較含蓄：依靠唯命是從的法官替他們把反對黨人物整到破產。」李光耀起訴該報主編、出版人和作者，法庭判《國際先驅論壇報》支付損害賠償和訴訟費，作者林戈爾在傳票發出後逃離新加坡。

李光耀還將手伸到其轄區之外。中國經濟學家謝國忠，曾因為一份對新加坡表示不以為然的內部電郵洩漏，被新加坡政府施壓趕出就職的摩根史坦利公司。《華爾街日報》曾發表社論感慨說：「所有在新加坡發行的西方報刊，都受到新加坡政府的各種刁難。新加坡有世界一流的經濟，並想成為該地區的金融中心，還期待成為中國和印度兩大國之間的服務之橋，但如此嚴格限制信息的自由流通，不利於實現這樣的目標。」

李光耀聽不得一點批評意見，順我者昌、逆我者亡。被李光耀關進監獄的媒體人有李星可、賽·扎哈利、薩馬德、依士邁等人。陳家昌詳細披露了他的朋友賽·扎哈利被李光耀關押十七年的悲慘遭遇：賽是馬來亞少有的年輕知識分子，未到三十歲就已出任馬來亞唯一爪夷文《前鋒報》的新聞編輯。他不是共產黨人，只是跟很多共產黨人有來往，就被李光耀以涉入汶萊的武裝叛亂為由抓捕入獄。賽被拘留期間，如國際特赦、國際筆會、國際紅十字等組織紛紛呼籲新加坡將其釋放。美國總統卡特派遣助理國務卿到新加坡，要求會晤賽等在押人士。李光耀斷然拒絕。國際輿論的壓力越幫越忙，害得賽加長獄中歲月。國際社會完全不了解李光耀的性格是軟硬都不吃。凡是外界對他施加的壓力，百分之九十九他都不會低頭。陳加昌評論說：「李光耀有難以捉摸的性格。你若以強硬的態度對他，他會表現出比你更強硬。你若軟弱，他視你沒有骨氣，看不起你。只有向他投降一條路，宣布效忠。他一生中，對付政敵，誰看他手軟過？有人因此笑他的掌心看不出有感情線。」

在新加坡，政治犯要獲釋，必須在獄中簽下「電視明星」的合約，

也就是在電視鏡頭前認罪服軟，並承諾以後不參與政治活動——李光耀的這種做法，始於一九六〇年代，比中共更早，因為新加坡電視的普及比中國早二十年。或許中共讓異議人士「電視認罪」的方法是從新加坡學來的，從江澤民時代開始，中國派遣大量官員到新加坡受訓，李光耀式的管制一度成為中國效仿的榜樣。但是，賽自始至終不接受這份「明星」合約。這使得他遭到長期羈押。很多新加坡人心中都知道此案後來演變成兩人的「鬥氣」。賽案表面上是內安局負責處理，但誰都知道，它自始至終都是李光耀親自處理，部長、總統都不好過問。李光耀性格好鬥，有人向他挑戰，是正中下懷，是越鬥越勇。好幾次新加坡當局正考慮釋放賽，又碰上國際人權組織出面施壓，李光耀反倒決定繼續關押賽。

到了一九七〇年代後期，內安局檢討賽案，肯定賽對國家已經不構成威脅，向李光耀建議放人。但李光耀仍擔心賽出獄後從事政治活動並公開批評和挑戰他，於是召見內安局局長並警告說，若賽出獄後繼續搞政治，「我便砍下你的頭」——他不會真的砍下這名下屬的頭，但這種粗暴蠻橫的語言風格是其獨裁者性格的真實流露。賽獲釋後回到吉隆坡與家人團聚，十七年的牢獄之災給他的身體造成嚴重傷害，他中風後行動不便、步履蹣跚，艱難地撰寫回憶錄。自由電影工作者施忠明完成一部紀錄片《賽·扎哈里的十七年》，內容是半個世紀前的舊事，卻被新加坡政府列入禁片名單。

外界形容說，全球兩百多個國家，沒有哪個國家的領導人像新加坡這樣，控告媒體和反對派「誹謗」的次數這麼多，而且全部都「勝訴」，並獲得數百萬美元「賠償」。有西方媒體以「袋鼠法庭」的稱呼貶損之——在西方法律術語中，「袋鼠法庭」指所謂的「徒具形式、不合法律規章及正常規範」的法庭。新加坡不是法治國家，而是法制國家——「法家之制」和「以法制人」。李光耀自以為是地表示：「我說到做到。當我說我要做某件事情，他們知道我會做到。所以當我說我要去對付那個人，那個人就會受到對付。我們不需要加以掩飾。我會自備

武器。如果你占我便宜，我會對付你。我知道怎麼自衛，因為當你和共產黨進入死胡同，只有一個人能活著出來，而我已經活著出來。所以我不害怕和任何人進入死胡同，更何況是外國媒體。他們能拿我怎樣？他們能影響我的選票嗎？他們不能。」這種話，有點毛澤東的痞子風格了，李光耀是穿著西裝且說英文的痞子。

由此，新加坡變成了李光耀的一言堂。李光耀善於對公眾發表演講，在演講中指鹿為馬、強詞奪理。而新加坡人民主素質不高，偏偏很吃他這一套。所以，新加坡讓他如魚得水。他說：「我能夠主宰公共論壇，是我一生從政最大的實力。」表面上一切和諧和睦，不會像歐威爾的小說中描述的一九八四的世界那麼恐怖陰森，但這個不容異見、不許獨立思考的城邦國家，讓那些有創造力和想像力的人感到窒息，畢竟不是所有人都願意生活在這個富裕版的北韓。

在後李光耀時代，新加坡的新聞自由度排名仍處於墊底位置——僅比中國、北韓、古巴、伊朗等少數極權國家稍好一點。

李登輝啟動「分期付款的民主改革」

人民行動黨是李光耀創建的，新加坡這個國家也是李光耀締造的。李光耀可謂青年得志，他成為新加坡自由邦總理時年僅三十七歲。與之相比，李登輝大器晚成，他由技術官僚轉入政界是在一九七二年——他被蔣經國任命為政務委員，那一年他已經四十九歲了。此後，他仕途一帆風順：一九七五年做了臺北市長，施政首都，政績顯著；一九八一年，又成為臺灣省主席；一九八四年，他更是從諸多候選人中脫穎而出，被蔣經國挑選作為副總統。

蔣經國為何選中李登輝？至今眾說紛紜。有人說，蔣經國精於權謀，故意挑選曾是共產黨員的李登輝做副總統，李登輝有把柄在其手上，便於控制；有人說，李登輝此前在官場以順從出名，被稱為「搗米蟲」，沒有自己的派系和班底；還有人說，李登輝比其他臺籍人物林洋

港、邱創煥更弱勢，且中年喪失獨子，不可能經營家族利益。因此，李登輝可能是蔣經國用來平衡省籍又能確保大權的最好棋子。李登輝是副總統，卻未必是蔣經國選定的接班人。

然而，人算不如天算，一九八八年一月，蔣經國突然去世，並未留下政治遺囑；李登輝按照憲法規定，以副總統繼任總統，意外掌權，那時他已六十五歲。他形容自己是「虎口的總統」，在黨內沒有人脈，隨時可能被元老和政敵拉下馬。李登輝回憶說：「裡裡外外的問題堆積如山，只要踏錯一步都有可能萬劫不復。當時的情況就好像走鋼索一樣危險。」當時他對夫人說了「四周無倚靠」五個字。後來，他在接受日本作家上坂冬子訪問時說：「當時面對蔣經國突然去世的危機，我就下定決心，必須加以克服，度過這個困難的局面。雖然已經就任總統，當時其實並無餘裕考慮親手進行臺灣的民主化。」

然而，幾乎所有人都低估了李登輝。這位外表文質彬彬的學者早已從蔣經國那裡學到帝王術，經過一番合縱連橫、暗度陳倉、釜底抽薪，他終於鞏固權力，從激烈的黨內鬥爭中脫穎而出。一九九○年三月，在依憲法規定召開的國民大會中，李登輝被正式選為第八任總統，就此開始充滿嶄新活力的「李登輝時代」。此一階段，若是他想學蔣經國或李光耀，完全可以繼續拓展權力空間，建立派系，成為新一代威權人物。

李登輝卻反其道而行，開始大刀闊斧的政治改革——此一改革必將大幅限縮總統的權力，將威權總統變成民主憲政之下的總統。李登輝後來回顧說：「在國民大會被選為正式總統之後，我認為這是可以邁向自己心目中理想的民主國家大道的一刻。」就職成為第八任總統的五月二十日當天，他立即行使總統職權，特赦二十名政治犯，同時恢復十四人的公民權。他們大多數是「美麗島事件」中被依叛亂罪判刑的民主運動人士以及律師。李登輝的目的是想藉此暗示：他要清算過去獨裁政權所做的迫害，同時保證在野黨能自由進行政治活動。這是政黨政治絕對需要的指標。這在特赦史上也是少見的。

一九九○年三月，臺灣發生野百合學運，這是一九六○年代以後臺

灣第一次爭取民主和社會正義的青年學生運動的大集結。李登輝下令柔性處理，約束警察暴力，不僅與稍早在北京發生的「六四」屠殺天壤之別，也與此前蔣經國暴力鎮壓「美麗島」事件迥異。臺灣學者吳介民指出，在民主化過程中，「李登輝時刻」的第一個時間點就是野百合學運，當時缺乏民意基礎的李登輝在思維和行動上都非常敏捷，馬上掌握了這個歷史時刻，在學運第六天，也就是老國代選出他當總統的同一天，接見學生代表，從中汲取發動寧靜革命的動能。他非常清楚地承諾要進行政治改革，他也確實有照當時的承諾在行動。

一九九〇年六月，李登輝邀集包括民進黨等反體制派的政治人物，加上工商界、學界代表等眾多民間人士共一百五十人，舉行「國是會議」。這是臺灣歷史上第一次。此前，朝野領導人首次就「國是會議」的各項議題相互交換意見，氣氛相當融洽，民進黨主席黃信介在步出總統府、面對記者詢問時，脫口高呼：「總統英明。」這也說明李登輝是很誠懇的、很誠心的希望能夠促進朝野和諧。「國是會議」為期七天，一百五十人受邀，總計一百四十二人與會。參與籌備會議的邱進益指出：「我很客觀地講，這件事情只有李總統做得到，換了林洋港或邱創煥，甚至是孫運璿，恐怕都做不到。因為李總統有信心、有決心、有毅力，可以貫徹到底。……國是會議是李總統很重要的起手式，也因為國是會議，才能贏得反對黨的尊敬，也認為李總統的確是為了臺灣的利益與發展來做這件事情，所以大家樂於配合。」「國是會議」所呈現的民意成為推動改革的風向。李登輝在閉幕式上致辭說：「國是會議對於爾後的憲政改革有很大的影響力。我們要果斷地進行尊重民意的政治改革。」

李登輝對政治改革的步驟和速度有精準的掌控。一九九〇年七月五日，他在接見美國在臺協會處長魯樂山時，如此比喻當時的轉型時刻：「就像生物變化過程，由蛹變成飛蛾，在變化期間最危險，要小心因應，度過這段期間就好了。」

李登輝認為，臺灣的民主化有兩個攔路石。第一個攔路石是從

一九四八年實施的《動員戡亂時期臨時條款》，使臺灣處於長達四十多年的戒嚴狀態，國家體制無法正常運作，嚴重影響人民的基本人權和自由。而要解決這兩個問題，必須修憲。一九九一年四月，國民大會通過憲法增修條文十條，決定廢止《動員戡亂時期臨時條款》。四月三十日，李登輝在總統府宣示，從五月一日起，廢止「動員戡亂臨時條款」。臺灣學者陳儀深認為：「蔣經國解除戒嚴令確實是自由化，不過絕對不是民主化。藉由憲法的修訂，李登輝才是首度將民主主義予以制度化。從政治學的觀點來看，自由化與民主化不同。」

但是，僅僅是修憲並廢除《動員戡亂時期臨時條款》還不夠，其他的相關法律還要隨之修訂。一九九一年五月二十二日，公布廢除《懲治叛亂條例》；六月三日，又公布廢除《戡亂時期檢肅匪諜條例》，至此三大惡法都廢除了。一九九一年因而成為「臺灣民主元年」。

然而，一九九一年五月九日發生的「獨臺會案」，卻成為民主化進程中的一股逆流。歷史學者吳俊瑩在檔案中發現，一九九一年五月四日，李登輝在國家安全局呈報的偵辦陳正然等四人的報告上批示「可」。他分析說，在當時國民黨舊勢力依然根深蒂固的環境下，李登輝的民主化改革只能採取「進二步，退一步」的循序漸進方式。李登輝很難做出「緩辦」的批示，否則豈不坐實了國民黨內部及情治系統對其國家觀念模糊的質疑，影響他所設定的臺灣民主進程。

「獨臺會案」中，特務系統大張旗鼓進入大學校園抓人，激起民間社會巨大反彈，幾乎是千夫所指，到最後灰頭土臉收藏，負責此案的調查局副局長高明輝黯然辭職。此後，若干海外臺獨運動人士闖關回臺，陸續遭到抓捕，激起知識界籌組「一○○行動聯盟」，推動廢除刑法一百條內亂罪，並展開激烈的街頭抗爭。

李登輝與民進黨人士見面，民進黨祕書長張俊宏建議對臺獨言論持開放態度。李登輝回應說，他無意施行高壓統治，但開放臺獨言論尚需要一定的時日：「目前臺灣內部問題非常複雜，同時國際輿論也有意見，如要大幅開放臺獨言論，本人認為目前不是時候，可俟明年三、四

月修憲完成後再考慮。」可見，李登輝對廢除惡法和民主化有一張明確的路線圖。同時，他也需要臺灣民間及國際社會的配合與呼應。

　　一直到隔年的五月十五日，立法院三讀通過《刑法》一百條修正案、刪除「陰謀叛亂罪」的處罰，「獨臺會案」發回更審，七月二十七日全案改判免訴，至此「獨臺會案」所引發的連鎖效應才暫告落幕。此後言論主張不再構成叛亂之要件，白色恐怖時期關於思想、言論、結社構成叛亂的法律規定，正式步入歷史。

　　臺灣民主化的第二個攔路石是中央民意代表長期未能改選，使民意機構無法反映民意。李登輝推動衰朽不堪的國民大會全面改選，接下來立法院全面改選，以及臺灣省、臺北市及高雄市的首長民選，都推動得相當順利。

　　以國民大會全面改選為例，日本記者河崎眞澄指出，國民黨因有這群在中國選出的代表存在，剛好用來作為主張自身為「中國正統政權」的依據。這是蔣介石時代遺留的殘渣，完全是虛構的海市蜃樓。高齡化的代表霸占職位並坐領高薪，引發社會大眾嚴重不滿。對於李登輝來說，「到底要如何讓這數百名萬年代表退任，真的是絞盡腦汁」。一九九○年六月二十二日，大法官會議通過釋憲決議，所有中央民代依法應在一九九一年十二月三十一日前全面退職。李登輝是國民大會選出來的總統，雖然可以依憲行事，「但是要求自己的選民通過廢止臨時條款自我終結，卻是情何以堪」。為此，他一一拜訪六百多名國大代表，動之以情、曉之以理，請他們接受優渥的五百萬退職金與優惠存款退職，獲得大部分資深國代正面回應。李登輝指出：「當時國民黨非常有錢，當然要把錢用在讓臺灣能民主化這件事上。」可以用錢解決的事情，他就不用強制力量。

　　一九九一年四月二十二日，國民大會決議國民大會代表全面改選。同年十二月二十一日，國民大會完成全面改選，由此完成了一場不流血的革命。其後歷屆國大於一九九一年、一九九二年、一九九四年、一九九七年、一九九九年與二○○○年共完成六次憲法增修，此時期的

國民大會亦被稱為「修憲國民大會」。

這個過程基本沒有發生劇烈的政治衝突。學者羅國儲指出，李登輝給足了退職人員面子和裡子，有的給予資政、國策顧問等榮譽職務，有的頒發光華勛章，還成立類似智庫的國家統一建設促進會供其作為建言渠道。李登輝處理資深民意代表退職問題是從充實方案、制定自願退職條例、勸退，到最後的釋憲，先後花費將近四年時間，以漸進和圓融的方式完成。

直到陳水扁時代的二〇〇四年，憲政史上首次立法院修憲院會，以一百九十八位出席立委全數贊成，三讀通過「國會改革、公投入憲」憲法增修條文修正提案。依此次立法院通過的修憲提案，廢除國民大會，未來立法院通過的憲法修正案、領土變更案，將交由公民投票複決，也就是人民不再通過國民大會這個中間機構，而是直接行使政權。

李登輝持續推動修法促進思想自由、言論自由、新聞自由和學術自由，臺灣的民主改革即快速進入深化階段。他的很多改革措施，如同春雨般「隨風潛入夜，潤物細無聲」，影響深遠。比如，在此之前，「三民主義」是國民黨官方意識形態，一向被列入公務員考試的必考科目和大中小學的必修課程。一九九四年七月起，「三民主義」這科被廢考。這是考試院委員所做的決定。當時的考試院長是為李登輝加入國民黨建立橋梁的外省人王作榮。這一決定顯示，由中國渡臺的國民黨勢力已然衰退，國民黨的意識形態不再是全臺灣人都必須信仰的意識形態。

如何處理「二二八」事件這個歷史問題，考驗李登輝的政治智慧，也事關臺灣的轉型正義。李登輝在續任蔣經國剩下的兩年多任期期間，集中力量與國民黨黨內大佬周旋，鞏固自己的權力基礎，對「二二八」這樣的敏感議題保持沉默。一九九〇年，李登輝當選總統，基本擊敗主要政敵之後，指示總統府資政邱創煥針對「二二八」事件的處理進行專案研究。一九九一年一月十八日，在李登輝的指示下，行政院公布「二二八」事件專案小組與研究小組成員名單。一九九二年二月二十二日，行政院公布《二二八事件研究報告》。

一九九五年二月二十八日，李登輝在臺北「二二八」和平紀念碑落成儀式上，以總統兼國民黨主席的身分，公開向受難人士道歉：「在這裡，我以國家元首的立場，對過去政府的錯誤深深道歉。」三月，立法院提案將二月二十八日訂定爲和平紀念日。四月七日，總統公布《二二八事件處理及賠償條例》。隨後設立「財團法人二二八事件紀念基金會」。一九九八年，李登輝再針對白色恐怖案件，制定「戒嚴時期不當叛亂暨匪諜案件補償條例」，對白色恐怖時期的受害者進行補償救濟。

與此同時，李登輝解除「內亂罪」黑名單，大批流亡海外的民主人士和臺獨人士返回臺灣。爲了避免引發黨內既得利益集團太大反彈，李登輝迴避了轉型正義的另一方面——追究人權侵害者的罪行。長期流亡日本的臺獨運動活動家黃昭堂指出：「沒有將二二八事件的加害者加以確定，甚至送審判刑等罰責，是一大問題。」然而，「即令如此，本省人的李登輝首次以國家元首身分謝罪，這個意義非常重大」。

臺灣歷史學者陳翠蓮認爲，在臺灣威權轉型的重要時刻，李登輝以物質化、形式化處理昔日的不公不義，規避了國民黨的黨國體制所應負的責任，儘管李登輝有堅定的意志帶領臺灣走向民主化，但爲延續國民黨的執政，犧牲了轉型正義。李登輝最早撫慰受難者及其家屬，固然是平反的開端，尤其是補償金對晚年生活的改善與安頓極爲重要，但也讓臺灣錯過了許多轉型正義的工作時刻。

臺灣學者吳俊瑩在論文〈李登輝時代的轉型正義〉一文中指出，李登輝確立「謝罪、補償、紀念」的轉型正義基本框架，也爲後來的兩黨執政者所繼承，但幾乎未曾思考過以司法後行政手段追訴、追究侵害人權罪行的可能性，從未對誣陷他人的情治人員、枉法裁判的軍法官等，展開究責，只說是時代悲劇、歷史共業。「民主化往往帶給政治體制、政治變遷深刻的影響，李登輝貫徹實踐民主化意志毋庸置疑，但很難說李登輝有強烈貫徹轉型正義的動機。李登輝對轉型正義的貢獻，在於營造一個免於恐懼的空間，藉由推動民主轉型，以民主化捲動各式議題，

連帶開啓平反過去的政治空間。」轉型正義的下一步,有待未來的領導人與民間社會共同推動:不當黨產收歸國有、獨裁者再評價、加害者的識別、揭露與究責、人事清查、黨國壓迫體制整體圖像的公示等。

李登輝為臺灣帶來言論自由和新聞自由的同時,也將自己置身於作為「第四權」的媒體的監督和批評之下。在他執政期間,作為在野黨的民進黨創辦了很多報紙、電臺和電視臺,這些反對派媒體對李登輝的某些民主化改革措施持正面看法,同時也嚴厲批評他的另一些政策。代表國民黨守舊勢力的統派媒體,則越來越多批評李登輝的本土化政策。面對媒體上潮水般的批評聲音,他安之若素,從來沒有想過像李光耀那樣懲罰記者、關閉媒體,乃至成為媒體不能點名批評的卡里斯瑪人物。李登輝在面對嚴厲的批評,包括統派支持者的示威遊行、惡毒謾罵時,也容忍其言論自由權,並謹慎避免了對相關活動任何形式的鎮壓。與前任蔣經國的回應明顯不同的是,他從未動用安全部門騷擾反對者,也未施展任何暴力或逮捕無辜者的「白色恐怖」手段,同樣沒有指示媒體和教育體制將觀點不同的人排除在外。從這個角度看,在李登輝統治下,政府對人權和言論自由的保護獲得了明顯的改善。

李光耀認為,沒有人批評他的新加坡才是一個清潔乾淨的國家,整齊劃一最重要;李登輝的看法卻相反,他認為眾聲喧譁、百家爭鳴才是一個民主國家活力的所在。李光耀好諛惡直、剛愎自用;李登輝則胸襟寬廣、有容乃大。這就是「民主先生」李登輝與「威權教父」李光耀之間的根本差異。

李登輝在總統任內謹守三權分立原則,從不干預立法和司法。就連後來與之政治立場南轅北轍的王金平也稱讚說:「李登輝總統是民主的實踐者,自他以後的總統,不論是陳水扁、馬英九,還是蔡英文,都會干涉國會的運作,常常要求立法委員到總統府⋯⋯但是,李登輝從來沒有,雖然他可以用黨主席的職位來關心黨的事情,但是他很克制。」

李登輝的民主改革不是一步到位,而是步步為營,穩紮穩打。若是遇到巨大的攔阻,他就先停下來,重新制定對策,或繞道而行,如同二

戰中麥克阿瑟的跳島戰術；或集結更大的力量，來愚公移山。他在訪美時的一次演講中自豪地宣稱：「經過銳意改革，威權統治逐漸解體，民主之路蔚爲康莊大道。……我們接受第三波民主化浪潮洗禮後，以不流血的方式完成『寧靜革命』，雖然社會緊張甚至衝突在所難免。臺灣的民主成就，引起研究此一議題的杭廷頓教授重視。」由臺灣學者張憲炎主編的《李登輝先生與臺灣民主化》一書中，如此描述李登輝的民主改革：「他的做法也不是一次用革命的方式處理，而是一項一項地解決，這就是所謂的『分期付款的民主改革』，其實也就是體制內改革漸進的改革路線。」臺灣的民主轉型儘管存在若干缺陷，但即便在全球範圍內，也爲國際社會樹立了一個嶄新的發展典範，得到國際社會的肯定與讚譽。

李登輝推動總統直選，不怕政黨輪替

選舉是民主化的重要標誌，儘管不是唯一的標誌。美國政治學者達爾指出，選舉不是制定政策，但選舉決定由誰來制定政策；選舉不能解決爭端，它只能決定由誰來解決爭端。嚴格地講，一次選舉所顯示的僅僅是某些公民在競選公職者中做出的第一選擇。

總統選舉的方式，在民主化制度設計的研議中是最重要的議題。李登輝主張總統直選，卻在國民黨內部引發巨大爭議。這是李登輝推動民主化過程中遇到的最大挑戰。

關於總統選舉的方式，國民黨一度有委任直選之草案──依憲法由直選產生的國民大會選出總統，這種間接選舉的方式，是爲了維持「包含臺灣在內的中國各地選出國大代表，國大代表選出總統」的空殼形式。李登輝的第一屆正式任期便是如此當選的。但他上任後即主張實施全民直選（等於讓自己迎接更具挑戰性的全國大選），但在一九九二年的國民大會修憲過程中，該提議未獲通過。不過，此次大會將總統任期由六年縮短爲四年，並且在總統職權中加入新的權限。

一九九三年，以李登輝爲首的本土派系，巧妙地利用民意壓力及在野黨民進黨的訴求，取得國民黨的領導權，稱爲「主流派」。一九九四年四月，由李登輝的「主流派」控制國民黨舉行中央委員會臨時全體會議，通過總統直選案。總統選舉採取相對多數制，由全臺灣一人一票，得票數較多的候選人就算多一票也算當選。同年七月二十八日，國民大會通過第三次憲法修正案。憲法增補條文第二條明訂「總統、副總統由中華民國自由地區全體人民直接選舉之」。後來的《總統副總統選舉罷免法》及其施行細則皆依據此憲法增修條文制訂。這就是如今在臺灣已舉行過多次的總統選舉的法源依據。李登輝成功地將一向由國大代表進行的總統選舉，亦即始終在政權內（乃至國民黨內）舉行的選舉，改爲「民有、民治、民享」的人民直選，而他本人的權力合法性也由此奠定。

臺灣的選舉與新加坡的選舉，表面上都是全體國民以一人一票的形式投票，但實際上卻有本質的不同。首先，臺灣是總統制，選民不僅選總統所在的黨，更是選總統本人；而新加坡是內閣制，選民選的是黨，多數黨領袖自然成爲掌握實權的內閣總理（新加坡總統後來是直選產生，但總統只是禮儀式職位，實權掌握在總理手上）。其次，更重要的是，臺灣的選舉是在有言論自由的情勢下進行的；新加坡的選舉則是在毫無言論自由的情勢下進行的，用美國政治學者薩利托在《民主新論》中說法，「沒有自由輿論的選舉是毫無意義的」。換言之，言論自由和獨立的公共輿論是選舉公正的前提。而使相對獨立的公眾輿論得以存在的條件有兩個：一個不屬於灌輸制度的教育制度和一個由多元的、不同的媒體和信息中心組成的完整結構。李登輝時代的臺灣逐漸具備了這兩個條件，而李光耀時代的新加坡（至今仍然如是）根本不具備這兩個條件——後者是單一中心的宣傳系統，自然導致公眾中高度統一的輿論。

李登輝推動的總統直選，是其任內民主化的關鍵步驟。臺灣資深媒體人鄒景雯指出：「一九九一年至兩千年，國民黨大會一共進行了六次修憲，在這條漫長的憲政改革過程中，前一時期是以恢復長期戒嚴遭凍

結的人民權利爲軸線，貫穿每次的憲政議題。第二時期則依照臺灣以總統爲領導中心的國情，開始移動中央政府體制，使憲法由偏向內閣制的精神導向偏總統制的雙首長制，使民選總統獲有相對的權力調整。」日本學者若林正丈認爲，「如果以一九九二年『萬年國會』告終爲第一階段；那麼，第二階段是一九九四年臺灣省省長、臺北市市長、高雄市市長選舉的實現；第三階段則爲一九九六年總統選舉的實現。」這三階段改革都是在李登輝總統任期內完成的。

有趣的是，李登輝也從是否支持總統直選來判斷一個人是否具備基本的民主素質，他以此看穿了馬英九的威權本質。一九九八年馬英九選臺北市長，李登輝一開始不願幫其站臺。馬英九托黃主文去疏通，李登輝回了一句話說：「什麼哈佛博士？總統直選都反對！」

一九九四年，李登輝與司馬遼太郎會談時，司馬遼太郎建議他只做這一任總統（最後一屆由國民大會選舉的任期爲六年的總統），但他沒有接受該建議。這並非他戀棧。他二度參選總統，一是因爲他本人希望成爲臺灣第一任由全民直選的總統，這對他的歷史定位無疑是大大加分；二是因爲他在國民黨內部並未培養出與之理念一致的接班人——連戰和宋楚瑜看似他的子弟兵，其實跟他並不同心，後來很快與之分道揚鑣；三是他必須連任一屆，才能將第一個完整任期內沒有完成的民主化改革鞏固和深化，這是唯有他才能完成的偉大事業。

一九九六年，臺灣舉行第一次總統直接民選，被稱爲「中國五千年第一戰」、「臺灣四百年第一戰」。這次選舉有四名參選人：代表國民黨的李登輝（將實現民主化之後的臺灣政治慢慢推向溫和臺灣化方向）、代表民進黨的彭明敏（追求更激進臺灣化）、代表新黨的林洋港以及無黨籍的陳履安（對於臺灣化站在批判立場）。三月二十三日，選舉開票，李登輝擊敗其競爭者，高票當選總統，他是臺灣第一位全面直選出來的具有民意基礎的總統。長期關注和研究臺灣總統選舉的日本學者小笠原欣幸評論說：「一九九六年的總統大選，可說是完成臺灣政治體制民主化的最後一道重要程序。選舉是在中國軍事演習所引發的臺海

危機下舉行，國際媒體大量報導了中國發射飛彈及美國派出航空母艦的影像。但是選舉的過程本身卻是相當和平且井然有序，沒有爆發任何衝突。這第一次總統直選，不僅是臺灣民主化的里程碑，而且對接下來的臺灣政治結構造成了直接的影響。統治臺灣的中華民國建立起了新的正當性，同時也讓臺灣認同意識開始興盛。一九九六年的選舉，既是臺灣實現民主化的終點，也是後民主化臺灣政治的出發點。」臺灣學者薛化元亦指出，經過總統直選，「臺灣整個統治體制的合法性基礎，完全基於臺澎金馬人民的選票上，完成了『還權於民』的內部民主化改革。」

　　到了二〇〇〇年的大選，嚴格就法理上來說，此前修憲將總統任期從六年縮短爲四年且只能連任一次，但此一規定從一九九六年開始算起。換言之，李登輝先前承接了兩年多蔣經國未完成的任期，以及一九九〇年由國民大會選舉爲總統的六年任期，均不受此限制，他在此時還可出馬競選總統，開始其第三個任期。然而，跟終身掌權的李光耀（一九五九年，李光耀開始擔任總理長達三十一年。一九九〇年，卸下總理職務，轉任國務資政和內閣資政，繼續掌權，直至二〇一一年才從內閣退休，但仍然如鄧小平一樣垂簾聽政，直到去世）不同，李登輝爲了鞏固民主化成果，也考量自己年事已高（七十七歲），因此很早就表明自己無意參與二〇〇〇年的總統選舉。此前，蔣氏父子都是死在任內的終身獨裁者，李登輝選擇急流勇退，與美國國父之一的華盛頓一樣，爲臺灣創立了權力和平交接的典範。

　　但是，李登輝沒有跟他理念一致的接班人。由於李登輝在一九九七年推動修憲，「凍結」臺灣省，讓身爲臺灣省省長的宋楚瑜失去政治舞臺，導致一直支持李登輝的宋楚瑜與之決裂，叛出國民黨，以無黨籍身分參選。宋楚瑜的反擊，成爲瓦解國民黨體制的一股力量。李登輝支持連戰，也是無奈之舉。連戰在選舉中走回頭路，其身邊親信全都是外省權貴，他背離李登輝的本土路線，彷彿退回兩蔣時代。這讓民進黨的候選人陳水扁發現了李、連之裂隙，遂宣揚繼承李登輝理念的候選人不是連戰，而是陳水扁，引誘支持者「棄連保扁」。李登輝本人始終站在支

持連戰的立場，但由於跟李登輝關係較近的企業家紛紛倒向陳水扁，因此有很多人推測李登輝在私底下已決定要「棄連保扁」——連戰與之同為國民黨人，但連戰在意識形態上不是李登輝的門徒，甚至成了李登輝的敵人；而陳水扁雖然是反對黨的候選者，卻張揚李登輝的本土化路線，似乎更像是李登輝的精神繼承者。但李登輝是否真的暗中拆連戰的臺並支持陳水扁，則言人人殊。

開票結果，陳水扁以微弱優勢險勝。小笠原欣幸分析說：「國民黨的分裂，是陳水扁獲勝的主因。」但極有諷刺意味的是，連戰不願承擔敗選罪責，反倒煽動國民黨反李勢力逼宮，將失敗的責任全都推到李登輝身上，逼迫總統任期還有幾個月的李登輝辭去國民黨主席之職。而李登輝猝不及防地被逼辭去國民黨主席之職，似乎也顯示他此前並未料到連戰會敗選和陳水扁會勝選。

最為可貴的是在任期結束前，李登輝為即將上任的陳水扁政權提供了有力的協助。透過他的協助，不僅確保了平順的政權交接，也為未來常態性的政權輪替奠定了寶貴的先例。即使他的政黨和他的繼任者在選舉中慘敗，李登輝這一慷慨舉動也進一步讓其贏得公眾的尊重。大多數臺灣人基本上對於李登輝執政都給予正面評價，整體而言，他非常成功地終結舊時代，在建立健康的新體制方面則取得了部分成功。小笠原欣幸評論說：「臺灣民眾已經清楚地意識到，所謂的總統選舉，就是靠自己的選票選出國家的領導人，這可說是形成臺灣認同的重要環節之一。後民主化的政治結構，政權的接班人並不是靠領導人的一句話，或是派系領袖的私下遊說就可以決定。當臺灣的選民對政治感到不滿的時候，採取的反應不是放棄或漠不關心，而是『換黨做做看，換人做做看』，這種乾脆爽快的風格，成為臺灣政治的運動定律。二〇〇〇年總統選舉所實現的政黨輪替，不僅證明了李登輝推動民主化有成，同時也證明了中華民國已經以其本質轉變本土化了。」

雖然政黨輪替，本人也在黨內遭到千夫所指，但李登輝並不後悔，因為他的政治改革和本土化路線傳承了下去。

王金平認為，李登輝十二年任內完成「寧靜革命」，包括：一、終結萬年國會；二、回歸民主憲政；三、建立政黨政治；四、撫平歷史傷痕；五、建立生命共同體觀念；六、倡導自由經濟，使臺灣產業轉型成功。尤其是政權和平轉移，在華人五千年的歷史上是第一次。李登輝卸任時，立法院以一座「民主先生」銅像贈送給他。

　　二〇〇一年，臺灣人公共事務會（FAPA）向李登輝頒發「民主之父特別獎」，以表彰肯定他推動臺灣民主、促進和平政黨輪替的貢獻。陳水扁曾引用此美譽，稱李登輝為「臺灣民主之父」。李登輝當之無愧。

第七章

從「二龍相會」到「李不見李」

臺灣太民主、太自由，再這樣下去，你們國家早晚要倒楣。

——李光耀

李光耀的思想和我不同，我是主張「民主社會」：他是主張「亞洲價值」，亞洲的價值就是中國社會五千年歷史，皇帝制度，一家族管到底。

——李登輝

　　蔣經國比李光耀年長一代，兩人卻結成莫逆之交。李登輝與李光耀是同齡人，兩人一開始的交往頗為融洽，但隨著交往深入，兩人「三觀」的重大差異逐漸突顯。他們的友誼始於誤會，他們的決裂終於了解。

　　美國政治學家杭廷頓曾對二李有截然不同的評價：「臺灣民主主義在李登輝死後應該繼續存在，但是李光耀的政治體制，當他去世，應該會一起被埋葬掉吧？」在一九九九年六月出版的《臺灣的主張》一書中，李登輝進一步闡述說：「我和李光耀先生是朋友，對他身為政治家的能力也給予非常高的評價。不過我對於（杭廷頓的）『這句話』卻有著複雜的心情。但如果比較臺灣和新加坡的政治，確實有深入的本質性觀察。」

冷戰時代新加坡與臺灣合作的典範：星光計畫

　　李光耀在留學英國期間，東亞大陸政局丕變，國民黨在中國一敗塗地，退守臺灣。當時，李光耀雖有反共之心，但受左派媒體影響，對中

國共產黨的清廉高效抱有幻想，而對國民黨的腐敗低能頗為輕蔑。

英國在一九五〇年一月承認北京政權，是最早承認中共的西方國家，因此中華民國撤除在新加坡和馬來西亞兩地的總領事館。至新加坡併入馬來西亞後，馬來西亞聯邦首相東姑於一九六四年十二月同意臺灣在吉隆坡設立總領事館，卻遭到李光耀反對。李光耀當時的外交路線較為左傾，而東姑的外交路線則比較親美。

在李光耀從政初期，曾將敗退臺灣的中國國民黨當作「公共污水溝」，用這個例子來抹黑政敵。一九五九年大選前夕，作為在野黨黨魁的李光耀揭露執政的勞工陣線政府教育部長周瑞麒收受來自中國國民黨的美金賄賂。在其推動下，立法議會通過一項動議，成立調查委員會調查周氏五十萬元收入的真相。周氏承認這是一筆政治獻金。李光耀指控說，這是美國人用於拉攏反共勢力的經費（通過中國國民黨轉手），新加坡政府官員拿美國人的錢，形同賣國。

在法庭上，周瑞麒被迫交代捐款人身分，但法庭予以保密，至今捐款人身分仍不為公眾所知。李光耀調查到，周氏將這筆錢的一部分投資到跟中國國民黨有關的媒體和公司，他認為這筆錢來自國民黨以及親國民黨的中國天主教會于斌大主教。他聲稱：「五十萬元事件不轟動，更轟動的資料多著呢。」然而，此後他並未發表任何轟動性資料，在回憶錄中對此事件隻字不提。

當時，李光耀在法庭上說：「法官閣下，我有非常重要的情報可以使本調查庭達到目的。中國國民黨人令人難解的謎團，可以難倒別人，可難不倒我，我打算提出證據……」但法官打斷他的話：「我對這個謎沒有興趣……」那時，新加坡還有英國人建立的獨立司法系統，法官敢於打斷政客的發言。當李光耀成為新加坡獨裁者之後，法院如同他自家開的公司，他對法官召之即來、揮之即去，在新加坡的法庭上從未敗訴過。不是因為他精通法律，而是因為他掌握了權力。民主和法治的遺產很脆弱，自我殖民主義比外來殖民主義更暴虐，新加坡如此，後來「回歸」中國的香港也如此。

多年後，李光耀傳記作者陳加昌經過調查發現，這筆錢來自急於舉家移民來新加坡的華人藥商曹文錦，跟于斌和國民黨並無關係，所以是「倒霉的國民黨背下黑鍋」！李光耀則成功地利用此一事件抹黑了政治對手。

此一時彼一時，李光耀執政之後，尤其是在新加坡獨立後面臨國防建設的難題時，他對在臺灣的國民黨政權的態度來了一百八十度的大轉彎。當時，李光耀與英國和美國的關係很僵，跟馬來西亞和印尼勢同水火，印尼發生的軍事政變讓他如芒在背。建立新加坡自己的軍隊，既能衛國，又能保護他本人。他先是尋求印度與埃及的協助，未獲正面回應。澳大利亞、泰國、韓國等也不願幫忙。他改向以色列求助。一九六五年十一月，以色列祕密派遣埃拉札里上校率領一小隊軍人到新加坡幫助組建軍隊。新加坡建軍模式仿效以色列，先是在中學成立全國學生軍團和全國學生警察團，讓人民認同軍隊和警察。隨後，新加坡從以色列購買大量武器。

李光耀曾邀請當年攻占馬來亞和新加坡的日本名將山下奉文的參謀杉田一次訪問新加坡，向其求教，並聘任其為國防顧問。當杉田在新加坡內閣會議室就當年日軍侵略新加坡道歉時，李光耀說：「如今是人事幾番新，我們不能老是受歷史牽絆，必須往前看，消除雙方的疑慮。」這種不惜求教於昔日敵人的做法，體現出李光耀政府極度渴望建立堅固國防的心態。這跟蔣介石在臺灣組建「白團」和毛澤東感謝日本侵華如出一轍。在獨裁者眼中，只有利益和權力，沒有是非善惡。不過，這些退役日本軍官受制於日本和平憲法，只能象徵性地給予指導和建議，無法給予實質性幫助——如幫助訓練軍隊和裝備武器等。所以，李光耀必須另闢蹊徑。

新加坡國土狹小，無法實施類似實戰的軍事訓練。李光耀最後想到了臺灣。臺灣華人眾多，又是反共國家，對新加坡不會有野心。地形、語言、文化、氣候、生活習慣，各種條件樣樣符合，說它是新加坡的天時、地利、人和並不誇張。新加坡國防部長吳慶瑞對日本駐新加坡大

使上田常光說：「新加坡如果一天有事，還是臺灣靠得住，沒有其他國家能幫得上忙和靠得住的。」一九六七年，臺灣派遣高階官員前往新加坡，會見李光耀和吳慶瑞，並幫助新加坡起草了一份國防報告，面對新加坡有限的海島陸海空空間，建議首先建立空軍。新加坡軍方制定相關預案，認為在遇到外部攻擊時，只要能夠將周圍控制六個小時，新加坡就能得救。臺灣空軍可以在六小時內以便裝飛來新加坡，再換上當地軍服，可馬上上陣。

隨後，臺灣空軍將領、空軍官校第九期畢業的陳鐘琇將軍來到新加坡，以顧問身分幫助新加坡組建空軍。陳氏在抗戰和國共內戰中參與過多次戰役，一九五四年曾被派往美國空軍大學受訓。後來，他曾在臺灣空軍副司令任內，主持臺灣空軍防空自動化系統之採購與換裝。與此同時，到新加坡的還有國安系統三名將軍：汪奉曾（曾在金門前線作戰）、朱國勳、黃德美。

當時，臺海局勢緊張，國軍和共軍的空軍經常在臺海上空發生小規模空戰。臺灣空軍已有五百多架美國提供的先進戰機，一千多名飛行員，飛行員的平均飛行時間超過兩千小時，作戰經驗相當豐富。一位到新加坡當教官的臺灣空軍軍官說：「懂得借用臺灣的空軍是高度的智慧。」

一九七二年初，臺灣空軍應新加坡政府邀請，從各作戰中隊挑選出首批九位優秀戰鬥飛行員，由劉文書上校帶隊，至新加坡協助建立空軍部隊。經過短短兩年多時間，他們為新加坡訓練出兩個中隊，提前完成任務。李光耀在總統府接見這些借調的臺灣教官並讚譽說：「在新加坡所有外聘飛行員教官中，只有臺灣的飛行員最具愛國情操，你們是我的最愛……」

一九七〇年代，新加坡國防部任命了空軍建立後的第一任司令，為來自臺灣的劉景泉少將。劉氏是出身於馬來西亞怡保市的客家人，曾任臺灣空軍第四聯隊中隊長。他是中華民國空軍王牌飛行員，曾擊落中共空軍三架米格戰機，有一次中彈受傷，昏迷中跳傘掉落在澎湖海面被救

起。三年後，劉卸任回臺，新加坡空軍司令之缺由臺灣駐新加坡空軍教官傅純顯中校兼任。

新加坡建國後的首任海軍司令邱永安，也是從中華民國海軍官校畢業的新加坡華人。新加坡國防部長吳慶瑞到臺灣訪問時，邀請時任建陽號艦長的邱氏回新加坡服務。臺灣政府樂觀其成：「我們海軍中很多邱永安這樣的人才，我們能幫就幫，邱永安不僅曾是一艦艦長，還率領過一支艦隊。」

兩國在空軍和海軍領域展開深度合作，新加坡的海空司令皆由臺灣人士出任，陸軍的合作亦水到渠成。一九七四年，李光耀第二次訪問臺灣時提出要求，希望臺灣能為新加坡軍隊提供訓練基地，得到蔣經國首肯。一九七五年四月，新加坡和臺灣在臺北簽署絕密協定——「訓練協助協定」，開始執行「星光計畫」，目的是為新加坡訓練部隊、提升雙方軍事合作。這項協定由原以訓練空軍為主的「聯星計畫」轉換而來。當時蔣介石剛去世兩個月，蔣經國開始執掌大權。該計畫為期一年，新加坡派遣人數在千人左右的「星光」部隊，包括步兵、砲兵、裝甲部隊和突擊部隊等到臺灣使用特定軍事基地，每次約六到八週。後來，「星光計畫」長期續約，並延伸出「星光部隊」、「星光演習」。代號「星光計畫」初期在臺北被人破解為：「星」是「星」加坡和李「光」耀的意思。臺灣只酌收微薄費用。從一九七五年簽署以來，該計畫一直是一個公開的祕密。一九八〇年代中期，該計畫到達頂峰時，每年約有一萬五千名新加坡官兵赴臺灣受訓。

臺灣依山傍海地形多元，解決了新加坡地狹人稠、國內場域不足的困境。裝甲和步兵人員訓練時落腳新竹湖口、雲林炮兵單位也是據點之一、海軍陸戰隊則在左營、實彈演習就到恆春的三軍聯訓基地。新加坡部隊入境臺灣是以觀光名義持團體簽證入境，在臺期間的言行都由新加坡自行負責，若遇刑事案件，司法管轄權屬臺灣所有。新加坡官兵穿著臺灣軍裝，只有一個徽章作區別。

據一九九〇年時任臺灣國防部長的鄭為元披露：「自一九七五年開

始以來，臺灣提供基地、設施、演習場所，允許新國部隊在臺訓練，長達十五年間，有炮兵、裝甲兵、陸戰隊、工兵、傘兵、政戰、飛彈、防空及海空軍都在臺灣受過訓，前後共十四萬人。新方的戰車、大炮等軍事裝備也獲准留在我國。」他又說：「其次是雙方的軍事科技交流，軍事人才交流，互購武器，以及我國透過新國轉手獲得他國的軍備武器等。」

李光耀曾表示：「臺灣提供新加坡武裝部隊一個野戰訓練的機會，幫了我們一個大忙。……我永遠感激他（蔣經國）和臺灣的其他領導人。」新加坡的國防力量，從無到有，目前是東協各國中武器準備最先進、現代化程度最高的國家，擁有東協各國中第二大裝甲師，戰鬥機數量也位居第二。這些成就的取得，跟臺灣的幫助是分不開的。

即便後來新加坡與中國建交，「星光計畫」計畫亦未終止，一直延續至今。自一九八九年起，臺灣與新加坡海軍每年在臺灣附近海域舉行「基本戰艦訓練」，臺灣海軍協助新加坡海軍從事訓練項目。一九九〇年代，李光耀說，新加坡部隊在臺灣受訓將近二十年，以後繼續如此做。中共總理李鵬在訪問新加坡時表示：「這是既成事實，因此我們不應該太在意。」後來，中國企圖挖臺灣的牆角，殷勤邀請新加坡軍隊到海南島訓練。二〇一九年，新加坡與中國簽署「國防交流與安全合作協定」，兩國展開一定規模的軍事交流。但新加坡軍隊的武器多為美式，美國不會同意新加坡軍隊攜帶美式武器到中國領土上訓練，新加坡自然也不會如此不智，因與中國合作而切斷美式軍備供應。當時的臺灣國防部長嚴德發表示，「星光計畫」的推動目前一切正常，並沒有任何變化，都在進行當中。

李光耀與蔣經國惺惺相惜，因為他們都是威權人物

在新加坡官方出版的《李光耀言論集》中，李光耀評價蔣經國：「沉默冷靜、想法務實」，他認為蔣經國從不擺出思想家的模樣，但想

法務實，社會知識豐富，善於識人，確保留在身邊都是可靠之士，隨時願坦誠提出己見，哪怕是逆耳忠言。蔣經國在開口前，必定經過一番深思熟慮，絕不信口開河。

李光耀一生很少敬佩他國家元首或政治領袖，即便表示肯定，也是「官場外交語言」。他對蔣經國卻不吝褒揚之詞。他與蔣經國認識只有十五年，友誼卻顯得天長地久。他表示，很榮幸能與蔣經國建立友誼：「蔣經國是個仁慈而溫和的人……他的信念及政策有相當的一貫和持續性，我深為欣賞，即使我們有時意見不同，但我也不會強求說服他，他也不會強求說服我，只會詳細解釋給我聽。當時他突然得知，美國卡特總統宣布與中國大陸建立外交關係後，卻非常冷靜、鎮定，一點也不驚慌失措，在那樣的形勢下，他能莊重自強，處變不驚，周詳地考慮所有的可能方案，我非常欣賞他這一點。」李光耀與蔣經國都是實用主義者和威權人物，彼此聲氣相投。

一九七三年五月十四日，李光耀從日本訪問結束後，首次祕密訪臺，還帶著妻子柯玉芝和女兒李瑋玲，前後四天日程。李光耀不會說國語，與時任行政院長的蔣經國會談只能通過翻譯進行。但李瑋玲能說流利華語，言談舉止是個華人，讓時任行政院長的蔣經國對李光耀夫婦和李瑋玲產生相當正面的看法。蔣經國邀請李光耀前往南部的空軍基地參觀，然後前往日月潭度假，也展開了兩人之間的私人友誼。當時的蔣經國與李光耀同仇敵愾，皆視共產主義（中共和馬共，馬共為中共之傀儡）為最大威脅。這乃是雙方得以建立軍事合作的前提。

耐人尋味的是，此時蔣介石還健在，但李光耀並未與蔣介石會面。蔣介石對宋美齡說：「告訴經兒，新加坡要什麼給什麼，只要臺灣有的。」國際上同時期的領導人，李光耀絕大多數都見過面了，連毛澤東都見過了（三年後的一九七六年，李光耀訪問中國時與重病的毛澤東見過面），偏偏不願見蔣。大概是因為李光耀以成敗論英雄，對蔣介石頗有成見？蔣介石去世時，許多國家領袖紛紛致電哀悼，李光耀卻冷漠地表示：「蔣介石的政治影響力，如丘吉爾在他生命最後十年一樣微不足

道。我認為世界缺少了他也照樣生存。」宋美齡對此耿耿於懷。李光耀看不起老蔣，卻與小蔣相談甚歡。

同年十月，李光耀再次訪問臺灣，過後便成了慣例，訪臺為「私人性質」，李光耀向主人要求形式低調、低姿態、不要隨扈、不要媒體採訪、不公開行程，所謂「二低三不」，主要是免得刺激北京政府。

一九八一年二月二十八日，李光耀夫婦由蔣經國陪同到金門參訪，並走訪金門民俗文化村，還特別在戰地金門過夜，也曾以閩南話和路邊巧遇的農婦聊天，讓一旁的蔣經國感觸深刻。雖然李光耀是客家人，卻能夠用流利的閩南語跟臺灣居民溝通，而過去李光耀也曾用閩南語跟新加坡國民宣布政策。當時，蔣經國非常震驚，跟隨從講：「一個外國元首可以跟我國的農民溝通，我身為總統卻聽不懂老百姓說什麼，真是丟臉。」從那時開始，蔣經國就勤練臺語，後來雖然還是說不好，但也能聽得懂一些了。

一九八五年，李光耀訪中會見鄧小平時，兩人談到蔣經國的接班人事宜。鄧小平擔心蔣經國一逝世，臺灣便會陷入混亂，可能引發「兩個中國」的局面。對此，鄧小平想利用過往的「莫斯科同窗情誼」尋求與蔣經國合作。他委託李光耀將此意願傳達到臺北。

李光耀將中共方面的意願傳達到臺灣，蔣經國靜默不答，這或許是源於他對中共所採取的「三不政策」（不接觸、不談判、不妥協）。

耐人尋味的是，正是在一九八五年十一月，李光耀訪臺近十七次之後，才由兩國政府宣布，李光耀訪問臺灣的新聞管制解禁，從此不再遮遮掩掩。或許，李光耀在北京與鄧小平多次會晤之後，鄧小平意識到李光耀與蔣經國多年結成的私人友誼是一個不可否定的事實，中國或許可以利用這個既成事實，請求李光耀充當兩岸之間破冰的傳話人——李光耀是承擔此使命的唯一人選，他本人也十分樂意扮演該角色，該角色超越了新加坡這個小國政府首腦的身分，讓其有機會躍上東亞乃至世界政治舞臺。

新加坡華人社會身處大中華邊陲，與中國沒有直接的利害關係。李

光耀身爲華裔，有扮演兩岸聯絡人的先天優勢。礙於身分，蔣經國無法自由訪問各國，李光耀成了他了解國際形勢之消息來源。每回李光耀訪臺，蔣經國都從他那裡獲取國際情報，同時得到中共形勢的訊息。兩人還會交換意見，蔣經國得以確認他對大格局的判斷正確與否。鄧小平則透過李光耀傳話給蔣經國，並屢次詢問後者的消息。李光耀將此種私人關係轉化爲新加坡的外交紅利，這對新中、新臺關係的延續功不可沒，難怪新加坡媒體會公開表示：「臺灣與中國分離，這對新加坡來說是有利的，是好處成倍的。」

一九八六年秋，李光耀來臺灣訪問。那時蔣經國身體已經不好，長期身患糖尿病讓兩腳行走都有困難，但爲了歡迎李光耀來訪，他堅持到桃園機場迎接。當李光耀下機走入國賓接待室時，蔣經國拖著蹣跚步伐，一步一步迎上前去。李光耀雙手緊握蔣經國的手，頻頻說，「你不必那樣的呀！」還有一次李光耀訪臺前夕，蔣經國的眼睛因白內障要開刀，無法親自去機場迎接，就事先派遣英文祕書錢復到新加坡，提前告知這個情況。李光耀聽了之後，眼淚就掉下來了，

蔣經國非常重視李光耀，不只是以國家元首的禮儀接待，規格之高甚至到了外人難以想像地步。年輕時抽菸的李光耀，戒菸後非常討厭菸味，爲此每次圓山飯店都會在李光耀訪華前三天全面通風，盡絕菸味。由於新加坡只有夏天，李光耀喜歡臺灣的四季變化，也特別想要親近山，有一次希望赴阿里山一遊。但那時阿里山賓館實在太老舊，爲怕怠慢，外交部撥出專款讓阿里山賓館重新粉刷，改善設備。阿里山賓館整修好了，又想到李光耀偏好吃西餐，但阿里山賓館沒有供應西餐，外交部拜託圓山飯店派廚師，帶著食材及鍋盤刀叉，塞滿阿里山小火車一節車廂運上來。「這招非常有效，李光耀用餐時發現是圓山餐具嚇了一大跳」，當時負責接待任務的臺灣駐新加坡代表邱進益說，事後李光耀給蔣經國的謝函中特別提到「此行您待我猶如國王，眞使人終生難忘」。

同時，體悟到鄧小平對後蔣經國時代的臺灣政局有疑慮，李光耀在處理兩岸歸屬問題上謹愼爲之，避免在尙未明瞭新任總統的兩岸政策

下，表達新加坡在兩岸政策上的官方立場。

江南案發生後，在美國的壓力下，蔣經國被迫將當作接班人培養的次子蔣孝武外放到新加坡擔任商務代表，也是希望愛子能得到李光耀的照顧。李光耀對待蔣孝武，遠超一般的大使。

蔣經國去世後，新加坡對蔣經國去世所表達的敬意，在世界上任何一個國家表示的禮節中沒有先例。蔣經國突然去世的消息傳來，蔣孝武立即趕到新加坡總統府向李光耀報喪。李光耀聽聞噩耗，悲痛欲絕、忍不住潸然淚下、哽咽無語。李光耀這樣的傷心，除去失去家中的至親外，對外人還是第一次，也是唯一的一次。李光耀在第一時間致電蔣方良夫人，除備極讚揚蔣經國外，還表達他個人無限的傷痛和追念：

致蔣經國夫人

您的兒子孝武在星期四（一月十三日）下午告訴我蔣經國總統的死訊時，我深感到我痛失去一位朋友。

剛好在去年（一九八七年）十二月十七日，我和我的夫人及女兒還在您府上，和您及蔣總統喝茶，當時他還是那麼爽朗。

您的先生為臺灣人民留下來不可磨滅的功績。他把臺灣從一個貧困的農業社會改造成一個繁榮的工業國。臺灣在社會及教育方面取得的進展是巨大的，臺灣人民也為這些進步而充滿信心：這些進步讓臺灣人民深深體會，社會的穩定和繁榮和他們是息息相關的。

我和夫人會永遠珍惜蔣總統留給我們的回憶，還有多年來他給我們的孩子的深厚友誼及仁慈，對於您的不幸，我們向您和您的家人深表同情。

李光耀

一九八八年一月十三日

除致唁電外，包括李光耀總理及夫人在內，總共有五內閣部長及軍方總參謀長朱維良和海軍總司令梁振連等人，親自到臺灣參加蔣經國的

奉安大典。李光耀對記者說：「我親自來到表達對故總統蔣經國先生的敬意，他是我很要好的朋友。」那麼，這種個人關係能否延續到蔣經國的接班人李登輝身上呢？

一場並不美麗的誤會：李登輝與李光耀的「二龍相會」

　　一九八八年，李登輝上臺後，延續蔣經國與李光耀的友誼，雙李一度交往甚密。

　　李登輝繼任總統後，出訪的第一個國家就是新加坡。一九八八年十一月一日，曾任駐新加坡代表的邱進益受命到總統府任副祕書長，剛到差不久，李登輝就告訴他：「李光耀來了一封信，有意邀請我到新加坡訪問，有關細節你與新加坡方面連繫一下。」李光耀甚受蔣經國敬重，對蔣經國有感懷知遇之恩的李登輝，非常願意與李光耀加強互動；而李光耀在李登輝擔任總統之後立刻提出邀訪，其希望臺新關係保持發展的目的，也不待贅言。

　　然而，總統府祕書長、前外長沈昌煥等人卻反對李登輝出訪。在兩蔣時代「漢賊不兩立」政策之下，兩蔣從來不出訪沒有邦交的國家，外交部擔心接待規格低，有損國格。李登輝卻認為：「我現在要走出去，即使是無邦交國也應該要去。」訪問新加坡，是李登輝務實外交的起點。

　　一九八九年三月，新加坡以總統黃金輝的名義對李登輝發出邀請，總統邀請總統，在情理之中。當時黃氏已臥病在床，所有接待工作都由李光耀親自安排。新加坡並未以正式元首禮相迎，但李光耀說他像歡迎任何一位來訪的國家元首，盡一切禮儀歡迎李登輝。

　　為了避免中國反彈，新加坡官方和媒體均使用「來自臺灣的總統」稱呼李登輝，李登輝則說出「雖不滿意，但可以接受」的名言。據接近李光耀的人說，「來自臺灣的總統」是李光耀親自定案的。不過，在李

登輝下榻的酒店，門口有一個巨大霓虹電子字幕，用英文寫著：「歡迎中華民國總統閣下及第一夫人。」在國宴菜單上，也赫然印著「中華民國總統」字樣。邱進益回憶，當年正式邀請函上寫的是「中華民國總統」。新加坡的這種做法，是典型的明面一套、暗地裡一套的東方式智慧。

李光耀公開表示：「李登輝總統訪問新加坡，將為新臺的密切與友好關係樹立新的里程碑。新加坡很榮幸地被李登輝總統選為第一個來訪的國家。」他稱讚說，李登輝「親民愛民，活力充沛，對臺灣的鄉土了解很深入。博覽群書，是一個美國大學的農業經濟博士，每天看三份日文報紙，也看很多英文報紙，和他討論問題，是另一種經驗。他對民情、歷史、文物也如數家珍」。

臺灣行政院新聞局出版的英文月刊《自由中國評論》刊登了李登輝訪問新加坡的照片與評論文章。封面是雙李會談的照片，說明文字為「二龍相會」。內頁有兩篇文章，一篇是臺灣學者寫的〈彈性外交〉；另一篇是邀請新加坡政治學者謝志森寫的，形容新臺「太極式的關係」。兩者都談新臺的務實外交。兩篇文章共占十多頁，有十來張照片。每一頁上頭都繪有一龍一獅，象徵中華和獅城。

李登輝以新加坡為起點，踏出「務實外交」的第一步，之後便猶如康寧祥所形容的「外交上的政治運動兒」般，再赴菲律賓、印尼、泰國、阿聯酋、約旦等中共的建交國訪問，使臺灣在國際間的能見度大增，國際知名度與兩蔣時期不可同日而語。

一九九○年十月三日，新加坡與中國建交。李光耀多次在公開場合表明支持中國統一的立場。甚至說中國同意符合他本人及新加坡的利益。與此同時，李光耀察覺到李登輝有意淡化臺灣與中國的共同性，顯示分離主義的傾向。當李登輝推動臺灣加入聯合國，反映了他要突顯中華民國臺灣與中國是分開的。針對這一點，江澤民表示，李登輝要的是「兩個中國」或「一中一臺」，中共對此不能接受。有鑒於此，李光耀呼籲臺灣有責任避免走向獨立，避免蓄意擴大兩個社會的距離。他的反

臺獨立場與李登輝的臺灣獨立的願景格格不入。

　　儘管如此，基於此前新加坡邀請其出訪的善意，李登輝決定「回禮」，在兩岸關係的推展上，給予新加坡若干地位，來進一步促進兩國的互利雙贏。李光耀非常願意在其中扮演關鍵角色，這也就等於是提升了新加坡在區域及國際政治中的地位。李光耀在一九九二年二月十一日訪臺，帶去此前訪問新加坡的中國國家主席楊尚昆願意與臺灣高層展開經濟對話的口信。李登輝對此表示感謝，並決定將「辜汪會談」的地點選在新加坡。

　　一九九三年四月，海峽兩岸在新加坡舉行歷史性的首次正式會晤。新加坡和李光耀因此處在全球媒體聚光燈下，被外界視為「兩岸調人」——這是已退休（退而不休）的李光耀非常享受的特殊身分。

　　當時，新加坡政府一再表示，他們只是提供會談場所，對會談持中立態度。新加坡媒體對會談報導也是極盡公平，見報文字數相同，照片尺寸大小一致，電視新聞播報時間分秒相等，避免厚此薄彼，引起不必要的誤會。

　　在會談揭幕前兩個星期，李光耀接見了應新加坡全國職工總會之邀來訪的臺灣在野黨主席許信良。李光耀知道主張臺獨的民進黨對兩岸會談頗多疑慮，便告知，新加坡在兩岸問題上採取「不介入」、「不干預」、「不參與」等「三不」政策。他同時建議，民進黨應當派代表團到中國去看看，如果有困難，他願意幫助解決，這顯然又不符合「三不」政策。

　　「辜汪會談」具破冰意義，但沒有太多實質內容。在會談中，中共持僵化的意識形態，態度居高臨下。即便被譽為黨內開明派的中方代表汪道涵（任上海市長時曾提攜江澤民），亦對臺灣的民主化進程一無所知，仍是一副中央政府對待藩屬國的態度。會後，汪道涵私下表示：「臺灣處處要相等地位，臺灣有什麼本錢以相等地位談？以我個人身分來說，在中國算是第三、第四線的人物，而辜氏卻是第二線人物。我與江澤民只是私交甚篤，在制度上距離甚遠。」他又說：「臺灣絕對不可

能獨立。臺灣吃硬不吃軟，你一對他軟，他就逼進。你一硬，他就軟。我們很清楚，臺灣要在會談中爭面子，我們給他。在會場外，我們也順著他。他們現在面子上贏了，可是在形勢上我們勝了。」

「汪辜會談」之後，李登輝在出訪南非途中轉機新加坡，與新加坡總理吳作棟會面，主動提出一個經濟合作方案：臺灣、中國及新加坡合資成立船務公司，兩岸各占股份百分之四十五，新加坡占百分之十，專門經營兩岸之間的航線。

新加坡迅速將此訊息轉告北京。江澤民就此事寫了一封信給吳作棟，感謝新加坡傳達的訊息，強調現在兩岸溝通的渠道是暢通的，只要臺灣有誠意，透過兩岸直接商談，可以合作。

新加坡將江澤民的信轉給李登輝。李光耀認為，此案應大有可為。不過，在李光耀與吳作棟詳細評估後，新加坡自行提出新方案，主張由新加坡籌組一個專營兩岸海空運的公司，初期由新加坡出資百分之三十四，其餘百分之六十六由兩岸均分，即各百分之三十三（這樣，新加坡成了占股最大的股東），三年後新加坡讓出股權、減為百分之十。隨即，在八月六日就此案徵詢臺灣的意見。然而，事情很快起了變化，此案胎死腹中，亦成為雙李關係破裂的導火線。

一九九三年九月二十一日，李光耀再度訪臺，直奔大溪鴻禧別館，受主人晚宴款待。晚宴菜色，大都是李光耀平日所喜歡的清淡口味。除了主人李登輝，作陪的有行政院長連戰、總統府祕書長蔣彥士、經建會主委蕭萬長及外交部長錢復等人，都是李光耀的老朋友。

席間，李登輝話鋒一轉說：「新加坡是個小巨人，連美國人都要尊重三分，這就是文明，不像中共，眼裡沒有臺灣，更別談尊重了。」他對中國處處阻撓臺灣參加十月在日本廣島舉辦的亞運會開幕式感到不可理喻。他毫不掩飾憤慨之情指出，哪有這樣的政府，嘴裡說要兩岸和平，加強交流，卻又用鴨霸的土匪作風，這樣做只能傷害臺灣人的感情。

李光耀聽後，向李登輝分析中南海的底線：「大陸不是處處都想打

壓臺灣，只是中國和日本關係並不尋常，如果讓臺灣總統參加亞運會開幕式，今後會引發連鎖效應，江澤民等領導人是不會放手的。」

李光耀是精明的商人，此次來訪，不是退休老人的觀光休閒，而是希望談成合資公司這件大買賣。二十二日上午，李光耀沒有如約與李登輝一起打高爾夫球，而是進入第二輪會談，前後長達四小時。

會談中，針對李光耀想當「老闆」的方案，李登輝並未否定，而是認為宜由新加坡自行向中國提出較好，也強調通航不是漫無限制，而是定點航行。李光耀向李登輝鼓吹，如果要取得中國的信任，促成這個公司組成，只有一個辦法，就是讓中國相信臺灣承認自己是中國的一部分，未來一定會邁向統一，不論是二十年、三十年、或五十年。李光耀還說，美國人不可靠，將來有一天會拋棄臺灣，臺灣不應該相信美國的保護。只要中國內部不動亂，三十年後中國將會非常強大。這番表示，已背離了只談經濟不談政治的原則，赤裸裸地要求臺灣在政治上低頭，以換取經濟上的好處。其立場也不再中立，自覺不自覺地成為中共對臺灣統戰政策的延伸。李光耀自認為是李登輝的前輩（就政壇資格而言），當初不敢在蔣經國面前說的話，一股腦地都說了出來。

對於李光耀要求臺灣臣服於中國的建議，李登輝當然不會同意。李登輝認為，臺灣現在最重要的是進行民主化，充分自由民主後，臺灣前途由人民作決定。

兩人已然話不投機，彼此的觀點差異極大，但並未決裂。導致雙方關係進一步惡化的，是李光耀結束臺灣行程兩週後，轉往中國訪問，於十月六日與江澤民見面，當面推銷新加坡海空運公司，卻被江澤民峻拒的經歷。

這一次，江澤民一見到李光耀，臉色不像往常那樣輕鬆愉快，劈頭就說：「李登輝在與日本歷史小說家司馬遼太郎對談中罵我，你知道嗎？」江澤民認為李登輝的這篇有臺獨傾向的訪談是在「聲東擊西」，毫無信義感，決定對臺灣採取強硬政策，教訓李登輝。

李光耀有些尷尬。他的確對此事一無所知。遭到江澤民質問後，他

覺得此前在臺北，李登輝瞞著他許多事，自己被李登輝玩弄了。事後，李登輝解釋說，他與司馬遼太郎的對談是一場私人談話，不是以國家元首身分宣示國家政策，沒有必要與李光耀溝通。

然而，江澤民十分在意李登輝與司馬遼太郎的談話，李光耀也很在意——李光耀在意，或許是因為這篇在日本發表的談話中，他的名字被提及。司馬遼太郎認為，世上再沒有比「中華」這個詞更混淆不清的了。李登輝回應說，「中國」一詞也混淆不清。司馬進一步闡發說，連「中國人」這個詞也是——「聽說新加坡領導人李光耀去澳洲時，說過如下的話：『就像當今的澳洲人不認為自己是英國人那樣，我們也不是中國人，是新加坡人。』德國人與瑞典人都是日耳曼民族，但是，德國人不會為了在瑞典銷售產品，而說『你我同樣是日耳曼人呀』。西班牙人跑到法國也不會說：看在同為拉丁人的份上如何如何吧。所以，儘管同是漢民族，但是臺灣是臺灣人的國家才是。」李光耀不願自己的話被引用來為臺獨背書，對李登輝的這番言論相當不滿。

十月三十一日，李光耀寫信給李登輝，形容他與江澤民見面時，他講了十五分鐘，江澤民講了三十分鐘。江澤民最後對李光耀說：「這是家事，而你並不是家中的成員……」等於否定了李光耀的兩岸調停人的身分。這讓李光耀很在意，也很傷心。此後，不僅航運公司的生意告吹，兩岸關係也出現了停滯甚至退步。

李光耀不敢譴責江澤民的霸道，卻將責任全都推到李登輝身上，認為是李登輝惹怒了江澤民。一九九七年，李光耀在接受英國《金融時報》專訪時，回憶說：「臺灣問題，是亞洲太平洋地區的安全與和平最大的威脅」，但「李登輝在公開支持兩岸統一問題上卻不具誠意，只想盡可能讓臺灣自中國大陸分離」，以此論斷、批評李登輝。他還說，他已被李登輝「潑了冷水」，決定鞠躬退出，不再充當兩岸調人。其實，潑他冷水的是江澤民，他卻對江澤民及中共對臺灣的打壓乃至武力威脅隻字不提。這符合李光耀一向的立場——選擇站在強者一邊，即便強者是惡者，他也絲毫不在乎。

對於此事，李登輝的解釋是：江澤民權力基礎脆弱、無法當家作主，受制於軍方和強硬派，才應是兩岸關係難以進一步推展的重要因素。而李光耀在給李登輝的信也曾自承此點。但在一九九四年以後，李光耀便開始言論轉向，將新加坡「生意」作不成的原因完全怪罪李登輝，並不斷發表言論，指責李登輝「在兩岸統一問題上不具誠意」是最大禍首。顯見李光耀對於兩岸問題的處理有了片面的認知。

李不見李：「三觀」對立的人不可能成為朋友

吃癟一次後，李光耀並未在兩岸關係議題上「鞠躬退出」。他好於兩岸穿梭的性格，在一九九六年臺海危機期間仍有發揮。當時，他曾向臺灣聲稱，美國希望他出面當調人，化解兩岸危機。他還表示：「中國領袖說我是他們的老朋友，而我和臺灣卻是更老的朋友。」這句話說得滴水不漏。

但李光耀不知道，針對中國發射飛彈武嚇的行動，臺灣與美國早已連上線，國安會祕書長丁懋時與美國國家安全顧問建立了固定連繫管道。針對李光耀所謂的美方支持他做調人的說法，經臺灣與美方查證，證實並無此事，美方明確表示無意要李光耀插手，美國並不信任已經偏向中國的李光耀。陳水扁上臺後，一位美國共和黨重要人士在李光耀訪臺前曾到臺灣私下會見李登輝、陳水扁，向臺灣暗示千萬不要找李光耀當兩岸傳話的中間人，該人士更直陳「與其找李光耀，還不如找南韓的金大中」，表明美國認為李光耀已成為中共的應聲蟲，不具有中間人的公正性；而美國更看重諾貝爾和平獎得主、韓國總統金大中的地位——一九九八年在韓國總統大選中獲勝的金大中，是五十年來首位當選總統的在野黨領袖，實現了韓國現代史上朝野政黨首次政權和平交接。

一九九九年，當李登輝提出「兩國論」之後，李光耀對李登輝的態度更加冷淡。次年，李登輝卸任，臺灣實現第一次政黨輪替。李光耀更

願意看到國民黨像新加坡人民行動黨那樣萬年執政，對於臺灣的民主化進程不以爲然。

二〇〇〇年九月，李光耀受新當選的臺灣總統陳水扁的邀請訪問臺灣。陳水扁在就職演講中公開表示不追求臺獨，李光耀希望直接會晤陳水扁，觀察其眞實意圖，再向北京匯報。來臺之前，他先訪問中國，並公開抨擊李登輝曾經「傷了他的耳朵」，並「寄語」陳水扁應「實事求是」，千萬不要「走李登輝的老路」。在臺灣訪問期間，李光耀繼續宣揚他的中國統一理論，讓很多臺灣人有尊嚴受損之感。民進黨中央公開呼籲李光耀應當多看少說，以免增生無謂困擾。

已經卸任的李登輝聽到了李光耀對他指名道姓的指責——李光耀說：「如果有天臺灣被中國以武力統一的話，歷史對李登輝的評價不會是好的。」這等於是批評李登輝的想法是站在歷史錯誤的一邊。李光耀不譴責試圖用武力侵略乃至毀滅臺灣的中共極權政府，反倒譴責李登輝和追求獨立的臺灣人，正應了一句臺灣諺語：西瓜偎大邊。對此，性情同樣倔強的李登輝，不願唾面自乾，決定不與下榻在自家門口的鴻禧別館的李光耀會面。李光耀訪臺期間，李登輝到宜蘭去參訪農場，遠離「是非之人」的態度不言而喻。臺灣媒體多次詢問李登輝關於李光耀訪臺之事，他只回了一句：「我不管事了，我耳朵聾了，沒有用了！」

隨後，李登輝公開對李光耀發出否定性的評價：「他（李光耀）的思潮很『妙』，個人成分比較強，例如他希望他的兒子來接他的位置，我從來都沒有這樣做的觀念，我也最討厭這種想法，爲什麼自己做總統，兒子就要做總統？這樣不是太好。」

李光耀在拜會已經成爲李登輝政敵的國民黨主席連戰之後，步出寶鼎別館，有記者問他如何看待李登輝批評他的話，他用英文「I will find it!」（意思是「進一步了解」）四個字。這是李光耀此行唯一對媒體公開說的與李登輝有關的話。

二〇〇四年五月，李顯龍在擔任新加坡副總理期間訪問北京，兩個月後又以「私人身分」訪臺，同行的卻有國防部長張志賢，可以看出李

顯龍有意在兩岸間維持平衡，其做法與李光耀相似，應該也經過李光耀的評估，認為可行。因為新加坡擔心若與臺灣關係鬧僵，「星光計畫」等軍事合作會受影響。國防部長同行，是與臺灣繼續商討軍事上的合作。結果此舉卻引發北京強烈抗議，表示不需要新加坡在兩岸中間奔走，甚至對新加坡提出恫嚇之語，悍然取消官員與商人參訪新加坡的計畫。這是此前李光耀從未遭遇過的羞辱。或許，中共認為，李顯龍的身分不及李光耀，不能仿效李光耀的做法。這也是對李光耀的一種警告。

新加坡在北京的壓力下低頭，再加上陳水扁政府逐漸展現出跟李登輝一樣的臺獨立場，李光耀遂用更嚴厲的言辭批判作為李登輝「私淑弟子」的陳水扁。同年，新加坡外長楊榮文在聯合國發表演說，宣稱臺獨團體的作為可能會引發與中國的戰爭。這個說法引來臺灣外交部長陳唐山的批評，稱新加坡一個只有三百萬人的「鼻屎大的國家」都能在聯合國批評臺灣，並說新加坡在「拍中國的馬屁」。

在北京奧運前夕，李光耀再次發表言論，認為世界重視和平、穩定和成長更甚於臺灣。另外，李光耀分別會晤謝長廷、蘇貞昌時，也說他對於兩人對中國的「冷漠、仇恨與反感」讓人「無法置信」。對於像李光耀這樣的聰明人來說，他不可能不知道中國對臺灣威恫武嚇，宣稱擁有臺灣主權；既然是這樣的作為，怎麼可能不引起臺灣人的仇恨與反感？他卻一句都不敢批評中共，而對作為受害者一方的臺灣橫加指責。

二〇〇八年九月一日，李光耀向美臺商會致詞時，批評陳水扁在「打賭」，因為他的貪汙案已讓他失去一切政治上的可信力，也因此沒什麼可以再失去了。李光耀藉由批評陳水扁的臺獨立場，以此當作他靠向中國的跳板。他不只數度警告臺灣，還警告國際社會，倘若臺灣「激怒」中國會面臨什麼樣的可怕後果。

李光耀晚年遊走各國進行演講時，更趨明顯的表達主張兩岸應該儘速統一的想法。他猛烈抨擊李登輝說：「臺灣與大陸的重新統一是時間的問題，這是任何國家無法阻擋的。事實上，臺灣的國際命運在一九四三年的開羅會議上就被確定了。當時的羅斯福、邱吉爾和蔣介

石，就將臺灣回歸中國達成了協議。李登輝當總統時，他發起臺灣化進程，強調該島脫離中國。但是這不會改變最終統一的結果，這樣做只能使臺灣人在重新統一實際發生時更多痛苦。」這個說法是對歷史、國際法和聯合國憲章的無知。第一，開羅會議上三巨頭的協議，是臺灣回歸中華民國，而不是回歸中華人民共和國，那時根本沒有中華人民共和國；第二，開羅會議三巨頭決議，並未經過臺灣住民認可，不符合聯合國憲章中「住民自決」的原則；第三，大一統並非正面價值，中國解體對中國及世界（包括新加坡）而言未嘗不是好事。

坊間流傳，因李光耀頻頻警告陳水扁過於直接的言論，臺灣駐新加坡代表曾經直接問他：「那麼，你想跟中國統一嗎？」按照中共的理論，新加坡也是一個華人占人口多數的地方，就應當跟中國同意。李光耀楞住了，不知如何反應。此時他是否想起《論語》中所說的「己所不欲，勿施於人」的道理？新加坡初獨立之時，李光耀曾對外說：「我不是中國人，就如甘迺迪總統不是愛爾蘭人。慢慢的，世人會知道，新加坡姓李、姓高、王、楊、林的人們，外表上是中國人，說著華文，然而卻與中國人不同。我們有中國人的血統，我們不否認這點；但重要的是，我們以新加坡的立場思考，關心新加坡的權益，而不是以中國人的立場，為中國人的權益著想。」他確認新加坡人不是中國人，卻又否定臺灣人不願做中國人的願望，這明顯自相矛盾。在臺灣的民調中，支持獨立的人比支持統一的人更多，李光耀仍居高臨下地否定臺獨主張：「這種民調是毫無意義的。如果你是一名臺灣人，你是希望獨立，還是保持現狀，或者成為中國的一部分？臺灣的未來能按你的想法確定嗎？南部的臺灣人絕對不希望與中國融合，他們將始終是這樣。但是他們的觀點能得到大家的贊同嗎？臺灣的前途不是根據臺灣人民的意願確定的，而是由臺灣與中國力量對比的現實，以及美國是否打算進行干預來確定的。這不是以民意調查來決定。」

然而，幫助中共恐嚇臺灣的李光耀或許不知道，得到習近平支持的中共鷹派法西斯勢力早已勾勒出一幅比納粹第三帝國還要廣袤的中華天

下帝國地圖，這張中華天下帝國地圖幾乎將整個亞洲包括在內，小小的新加坡自不待言。若新加坡淪為中華帝國的殖民地，中國這個劣質殖民者必然會在新加坡實施比昔日的英國、日本更為嚴峻暴虐的新殖民政策。李光耀和新加坡人會對此照單全收、逆來順受嗎？

李光耀不認同李登輝的本土化政策——其理由是，臺獨有可能引發戰爭，新加坡的國家利益會在戰爭中遭受重大損失；他也不認同李登輝的民主化政策——他無法說出口的理由是，若是臺灣成功實現民主化，會讓威權主義的新加坡模式黯然失色：華人並非只能過有經濟自由而無政治自由的生活，華人跟西方人或日本人、韓國人一樣，不僅需要經濟自由，也需要政治自由，熱愛自由是人的本性。所以，當李光耀發現李登輝在一九八〇年代末開啓民主化改革時，立即表達不同看法，認為李登輝背離了蔣經國的威權主義路線。

一九八九年二月下旬，李光耀來臺灣訪問。據當時任臺灣外交部長的錢復回憶，二十二日下午，錢復去圓山飯店總統套房與李光耀交談。兩人先討論了老布希政府的外交政策，然後李光耀話鋒一轉，說他到臺北三天看了許多本地報紙，發現臺灣的媒體已偏離正道，對於國家造成很大的傷害。他說，過去臺灣的媒體沒有自由，一味奉承政府，這是不對的；現在鐘擺偏向另一極端，把政府所做的說得一無是處，對於政治人物之間極盡挑撥離間的能事，這也是不對的。媒體應該秉持忠誠報導的精神，不偏不倚，作為社會的良心。他接著說：「你們的政黨也是一樣，反對黨沒有扮演國家忠實反對黨（loyal opposition）的角色，只是使用過激的手段、苛酷的批評政府，並且在國會中動武，這不是民主國家應該有的。」

錢復聽了李光耀一連串的批評，知道對方對臺灣快速的民主化、自由化不能認同。當時，他是李登輝政府的外長，當然要為自己的政府辯解。他委婉的解釋說，以臺灣的國情，這些措施應該更早進行，因為民眾普遍有受教育的機會，經濟發展的結果，民眾也較過去更為富有，去國外旅行的機會大大增加，在國內也很容易接觸到國外的媒體和資訊。

在這種情形下，政府倘若不積極的民主化、自由化，可能會受到嚴重的挑戰。至於李光耀所提到的偏差情形，很可能是快速改革開放所引起的「陣痛」，希望不久就能結束。對於李光耀所提出對於民主化、自由化的質疑，錢復說這是一項持續不斷的進行程序，不但無法收回，也沒有辦法停止，一如水過了壩頂（water over the dam），不但不能停，更不會倒流。

李光耀聽了錢復的說明，冷冷地說了一句：「你有一天會後悔的。」數年後，錢復因失勢而加入國民黨頑固派陣營，成為李登輝的反對派，成為臺灣本土化和民主化的反對者，反過來認同李光耀當年的批評：「我們的『陣痛』遠超過預期的時間，不但沒有改進，反而越演越烈。最近幾年我每次想到李總理那天很簡短的一句話，我對他的預言正確，更感無語。」錢復的「反水」，正表明了李光耀、國民黨頑固派與中共，分享的是同樣的價值觀——威權主義或極權主義、穩定壓倒一切、政府是民眾的家長或保姆。

而李登輝的核心價值是：重視自由、民主和人權，並將這些價值在臺灣實踐。日本學者小笠原欣幸指出，臺灣軟實力的核心是民主政治，對此李登輝推動民主轉型的貢獻非常大。雖然臺灣還有許多待改善的問題，但是，過去四分之一世紀以來，臺灣的政治、經濟、社會都穩定發展。政治方面，民主化已經經歷了三次政黨輪替，同時推動了各種改革。經濟方面，人均GDP超過兩萬八千美金，許多臺灣企業都已發展成國際企業。社會方面，臺灣有先進的醫療水準以及國民健保制度。臺灣的民主政治與臺灣認同是一體兩面，臺灣人絕對不會放棄。李登輝創立的總統選舉的歷史也不會中斷。李登輝與李光耀的世界觀、人生觀和價值觀都是截然對立的，少有交集，兩人關係破裂也在情理之中。

西方民主國家對李登輝的評價高於李光耀，對臺灣模式的評價也高於對新加坡模式。美國前眾議院議長裴洛西訪問臺灣時表示，臺灣是「韌性之島」，臺灣人民向外界證明了只要有希望、勇氣和決心，定能打造和平、繁榮的未來，她也強調美國「絕對不會背棄對臺灣的承

諾」。捷克議長艾達莫娃訪問臺灣時在立法院發表演講說，臺灣與捷克雖然遠隔千里，卻存在眾多相似之處。她相信，那些走過荊棘之路才獲得民主自由的人，才能真正珍惜自由和民主。「如果停止珍惜這一切、保護這一切，我們就會很快的失去這一切。捷克會一直和民主、自由、人權站在一起。」前北約祕書長、前丹麥總理及現任「民主聯盟基金會」主席拉斯穆森在訪臺時表示，他上回訪問臺灣是一九九四年，當時他是年輕的國會議員。三十年來、臺灣發生巨大改變，不僅成為經濟強國，在全球供應鏈扮演關鍵角色，且是蓬勃發展的民主國家，是區域和世界的自由燈塔。「臺灣的民主轉型已讓人印象深刻，每天更得面對核武鄰國的威脅和挑釁，尤其令人驚嘆。」因此，他藉此行表達對臺灣及其自由、和平、獨立選擇自己未來的支持。這才是「得道多助、失道寡助」。

中國的朋友，多是李光耀式的酒肉朋友或趨炎附勢之徒；而臺灣的朋友，多是分享共同的民主自由價值觀的君子之交。一旦到了關鍵時刻，中國的朋友必然作鳥獸散，而臺灣的朋友將堅定地與臺灣站在一起。

第八章

共產中國是友邦，還是敵國？

中國會期望我們更尊重他們——你必須尊重我。他們口口聲聲對我們說，國家不分大小，人人平等，說他們「不稱霸」。但只要我們做不合他們心意的事，他們就會說，看吧，你們讓十三億人不高興。要是反過來，他們讓我們不高興了呢？我們也只不過「百萬」，讓幾百萬人不高興而已。

——李光耀

李光耀是靠中國，但是我不愛靠中國，臺灣應該靠自己站起來。

——李登輝

　　李光耀早年靠馬共的支持將人民行動黨壯大，但很快與黨內左派及馬共分道揚鑣，並辣手將新加坡的左派勢力摧毀。他知道馬共背後是中共。一九七三年，他向印尼反共的蘇哈托政府保證，新加坡絕不會被馬共掌控，更不會成為幫助中國進入東南亞的「第五縱隊」。一九八〇年代，李光耀看到中國開始改革開放，逐與鄧小平開始互動，是利字當頭：「因為與中國的合作，我們有了更大的平臺。」一九九〇年代，兩國建交後，建立互利的經貿關係，而且在意識形態上互相支持——李光耀利用「亞洲價值觀」作為聯合中國的一項戰略，共同反駁西方宣揚的人權價值的普世性，此一策略對當時的新加坡而言是成功的。然而，習近平執政後，中國回到天下帝國及馬列原教旨主義的老路上，對「亞洲價值觀」這副面具棄之如敝屣，新加坡模式不再對中國有吸引力。李光耀在生命的最後歲月看到了這讓他黯然銷魂的一幕。

李登輝早年曾加入共產黨，隨後脫離共產黨，不是因為國民黨白色恐怖的壓力，而是發現共產主義忽視乃至踐踏人的價值。於是，他拋棄唯物主義走向唯心主義，以日本武士道精神和基督教價值重建其生命哲學，並用以批判共產主義。李登輝反共，與兩蔣反共有一個很大的不同：他不僅反共（在黃俄的意義上），還批判大中華意識：「二十世紀的共產革命即使脫離了亞洲的停滯狀態，卻沒有脫離『中國的傳統』，而是讓誇大妄想的『皇帝統治』──『中華思想』與『霸權主義』──再度復甦。共產革命失敗的三個根本原因在於：第一，政策決定沒有傾聽人民的聲音便進行，全由領導者個人掌控；第二，對於社會構造的變化長期疏於觀察（資訊造假，思想僵化）；第三，領導者沒有認真為國民的生命福祉著想。」一言以蔽之，李登輝既反共，又反中（大中華思想和儒家文化），將中國看作是敵國，比美國和西方早覺悟了三十年。

李光耀：新加坡必須能對中國扮演為它增值的角色

中共尚未建政，就介入東南亞各國的共產主義革命。輸出革命，在亞洲建立一個蘇聯在東歐那樣的共產主義陣營並充當老大哥，是毛澤東的一個夢想。一九四八年，得到中共支持的馬共展開武裝叛亂，英國當局實施緊急法令和內部安全法令，全面鎮壓馬共。新加坡獨立後也一直沿用此法令對付共產黨。

一九五〇年代中期，馬來西亞和印尼的共產黨都遭遇重大挫敗，蘇聯希望及時轉變鬥爭形式，暫時放棄武裝鬥爭。但毛澤東在一九五六年初突然接見馬共中央代表團，同意陳雲所說的「即使戰到最後一個人，我們也要戰下去」，並總結說：「在我們共產黨人的字典裡，是找不到『投降』兩個字的。向敵人投降，一輩子抬不起頭，見不得人呀！」於是，馬共就只能以武裝鬥爭一條路走到黑的。

其實，新加坡並不適合馬共活動。多次祕密會晤李光耀的馬共代表

方壯璧在回憶錄中指出：「新加坡的幅員畢竟太小，人口也太少。它能夠提供地下隱蔽活動的迴旋地太過局限，它的人力資源也相對短缺。鬥爭長期延續，頻密交錯，短兵相接。這些對我方戰鬥力的恢復與補充、對組織的穩定安全，以及對群眾的休養生息，都產生消極的影響。」而馬共總書記陳平也承認：「以暴力為基礎的革命不適用於現代的馬來西亞和新加坡。就這些地區的國情而言，不存在有利武裝鬥爭的條件。」但是，中共下錯了指導棋，馬共及其在新加坡的分支放棄議會和憲制內的鬥爭，等於是自決於人民。而最大的得利者就是李光耀。當左翼政黨都退出議會後，李光耀的人民行動黨就一黨獨大，牢牢掌握政權。

　　一九五七年，李光耀安排其新聞祕書與中國接觸，一度計畫訪問北京，負責此事的是後來任中國外交部長的喬冠華的夫人、中國外交部情報司司長龔澎。中共認為，李光耀試圖建立一個親中國家，對其反殖民與族群態度頗為滿意。但李光耀並未成行。一九五八年至一九五九年，李光耀又派遣易潤堂、陳翠嫦等部長級官員祕密訪華。他在意識形態上反共，但在國家利益上卻希望利用中國——開拓中國市場，以利於新加坡在南北兩個伊斯蘭教國家對他的夾擊做部署，並向百分之八十以上的新加坡華人派發「定心丸」。

　　一九六二年，李光耀在訪問倫敦回國途中，前往蘇聯訪問了三天。這趟蘇聯之行從未公開過，李光耀稱之為「私人訪問」。冷戰時代，資本主義國家領導人訪問蘇聯絕對不尋常。當時正是新加坡加入馬來西亞聯邦的前夕，馬來西亞領導人東姑對此很不高興。但李光耀說，他希望看看這個世界上最大國家之一的蘇聯「到底是什麼樣子」。之後，他途經印度、泰國、柬埔寨，與中國駐柬埔寨大使陳叔亮見面，這是他與中國外交官的首次正式接觸。

　　然而，隨著冷戰的加劇，中國進入文革、變得更加激進好鬥，李光耀試圖在兩大陣營之間保持中立的嘗試無果而終。貧困的中國跟新加坡也沒有多少貿易可做。李光耀與北京的關係越來越惡化，中國官方媒體對李光耀展開口誅筆伐。

一九七○年代後期，李光耀領導的新加坡政府開始與中華人民共和國有非正式的交往，雙方都放棄了之前的敵對政策——周恩來曾指責李光耀是「帝國主義的走狗」、「內白外黃的香蕉」，李光耀也指責北京是馬共及新加坡左派的幕後支持者。雙方一度劍拔弩張。但當美國改變孤立中國政策，希望拉攏中國對抗蘇聯後，東亞的國際政治局勢驟變，包括新加坡在內的亞洲國家，紛紛改變對華政策。

李光耀是最早開始布局「開拓中國」的亞洲國家領袖。他每次訪華，在北京會見高層領導人之後，都會花一個多星期，由一位中國副部長陪同遊覽各省，幾次下來已參觀了十多個省市。那時，兩個未正式建交，但彼此之間越來越了解，每次他都很坦率地說出心中的想法，並突顯新加坡的重要性。一九八五年，兩國實現了經貿方面的一個重大突破，李光耀為新加坡商人打開了門，讓他們可直接跟中國各省洽談生意，中國政府也聘請曾是李光耀副手的吳瑞慶為中國沿海經濟特區經濟顧問。

一九八八年，李光耀認為：「他們已經了解我們，我們也明白他們的意思。他們知道我們是前後一貫的、有信用的，我們也知道他們是言出必行的。這是一種很好的關係，它不是建立在錯覺之上，而是在真正評估對方對於整個關係的看法——不只是雙邊關係，而且是整個與亞洲和整個國家關係——之後建立起來的。」換言之，他不僅要在中國做生意（中國急需新加坡的資金和技術），更要自告奮勇地充當打開國門初期的中國與亞洲其他國家及西方交流的橋梁。

新加坡與中國最大的一個合作項目是蘇州工業園區。一九九二年九月，李光耀赴江蘇考察，選擇在蘇州金雞湖邊一片農田上啟動建設蘇州工業園區。二○○七年，在蘇州工業園區成立十五週年大會上，他用不流暢的華語發表演講，強調當初選址蘇州是正確的：「蘇州工業園區成功的關鍵在於中國高層領導的智慧與才幹，以及各層人員的辛勤努力。」這是場面話。實際上，他後來寫道：「我給蘇州工業園區的建設成績打七十分，這是個相當高的分數。那裡風景怡人，總體規劃給人一

種很新加坡式的印象。不過，它要達到新加坡已取得的成就，還需要一段很長的時間。……事實並非那麼簡單，而是涉及了一個整體的概念。它不單是個工業區，而且更側重如何將不同的行業、企業、人員、商店及銀行等零零碎碎的元素，以和諧方式集結在同一個地方。」

新加坡先後安排兩千名中國的園區官員和管理人員到新加坡接受培訓，讓他們親身體驗新加坡的實際運作方式。他們完成培訓後，新加坡官員也跟著過去從旁指引。但是，園區最高負責人並未到新加坡接受培訓，當受過培訓的下屬介紹一些新事物時，如果最高管理層認為這將干擾他們的制度，就會放緩實行或加以否決。這是其內部矛盾——李光耀沒有說出來的真相是，這種內在矛盾，靠中共自身的體制是無法克服的。

同時，李光耀承認，當涉及關鍵問題時，「是他們的利益與我們的利益之爭，而不是講什麼語言」。新加坡隨後發現，蘇州市政府從新加坡工業園區學習模仿其生產和經營方式，很快在另一邊自行開發一個工業園區，和新加坡園區打對臺，開始招商進駐，土地價格只有新加坡園區的十分之一，導致新加坡工業園區銷售情況不佳。李光耀向中央政府抱怨，中央政府以更換蘇州市長作為回應，但新加坡園區還是虧損。於是，李光耀只好讓新加坡持股由百分之六十五減少到百分之三十五，並由中國接手管理，「我不得不如此決定，因為他們把所有的費用成本都記在我們的頭上，製造了很多麻煩」。

儘管中方背信棄義，李光耀仍對到中國淘金興致勃勃。他認為，既然中國崛起為世界經濟大國的趨勢越來越明顯，他考慮的焦點就是：新加坡該如何繼續扮演對中國有用的角色？他的答案是：「新中關係的發展關鍵在於新加坡對中國的價值。不管新加坡人的雙語能力有多強，或是在文化上有多接近中國，我們都必須清楚地意識到新加坡必須能對中國扮演為它增值的角色。」他舉例說，新加坡在中國的項目，比在世界其他地方都要快和多，把新加坡投資印度、越南等地的所有項目加起來，都不如在中國的多，因為中國是如此之大，機會如此之多。他沒有

說出來的真相是：中國政府比新加坡政府更加專制，幫助他搞定工人，在中國投資設廠，不會遇到強勢工會的對抗。中國的奴隸勞工源源不絕，是資本家永遠割不完的韭菜或人礦。

李光耀聲稱，中國被共產主義制度束縛住了，但「在他們還需要我們時，我們最好助他們一臂之力，以奠定友誼的基礎」。就像森林裡的一隻小鳥為了自身安全，騎在大河馬背上，並同時幫忙啄掉大河馬身上令人討厭的小蟲。新加坡三成以上的投資集中在中國，在經濟上已過於依賴中國，甚至危害到其國家安全。在經濟上，中國牢牢鎖定的國家，其實不是臺灣、日本、美國或歐洲諸國，而是新加坡。在經濟上，世界上最親中的國家，不是俄羅斯、北韓、古巴、巴基斯坦、伊朗，而是新加坡。

投之以桃，報之以李。中國讓李光耀來發大財，李光耀在國際社會幫助中國塑造正面形象的貢獻，沒有第二人能比擬。「李光耀說話，全世界要人都在傾聽」，但他的很多觀念都是錯的，他的很多預測都落空了。比如，他對中國的各種讚美，在他死後短短幾年就一一成為笑話。他曾預言：「中國能以一個重要大國再現國際舞臺，是我們這個時代最引人矚目的事件之一。它的經濟取得了不尋常的發展，其成長速度之快，在四十年前是不可想像的，也是人類歷史上前所未有的，而且在今後幾十年還可能繼續。到二〇二〇年，中國的國內生產毛額將名列世界之最。」二〇二〇年已過去，中國的國內生產毛額並未超過美國，與美國的差距拉得更大。

李光耀是中國所謂的「東升西降」理論的呼應者——這裡的「東」，既指地理位置的東方，新加坡也在東方，能利益均沾；也是指政治制度上的非民主、集權或「亞洲價值」，這也是李光耀一生津津樂道的東西。他認為，全球勢力均衡正在發生變化，在今後二十至三十年內，中國將希望與強國平起平坐。他預測說：「在軍事方面，中國將大力發展能展現其實力的技術和能力。現在美國人還能來到離中國海岸只有十二海里的範圍進行觀察。最終，中國將能夠把美國推出十二海里的

範圍。接著，它會將目標定在把美國人推出其兩百海里的專屬經濟區，並阻止他們在其東部沿海地區兩百海里的範圍內從事間諜活動。」因此，新加坡要未雨綢繆：「他們會逐步讓美國離開沿海地區。那是我們不得不接受的變化。他們會成爲太平洋西岸占據優勢的國家。我們自己必須做出調整，你得開始適應他們。」然而，李光耀說出這一觀點之後十多年，美國並未退出亞太地區，美國的航母艦隊仍在西太平洋游弋，美國的戰略重心從歐洲轉向印太，並實施「印太戰略」。習近平則因爲霸凌周邊國家，成爲眾矢之的，中國的野心與它的實力並不成正比——中國至今連第一島鏈也衝不出去。中國根本無法成爲海權國家和海洋國家。海權國家和海洋國家的背後，是自由貿易的觀念、保護私有產權的法治和遵守契約的精神，這些都是極權中國不可能具備的必要條件。

李光耀從來都是「見人說人話，見鬼說鬼話」，他的很多話都當不得真。他對中國人說中國人喜歡聽的話，一轉頭在西方或東協的平臺上卻又是另一番說辭。中國在南海問題上咄咄逼人之時，雖然新加坡與中國不存在領海或領土爭端，但出於脣亡齒寒之感，他忍不住提出含蓄的批評：「亞洲很多中小國家很擔憂中國可能想恢復昔日的帝國地位，他們擔心可能再次淪爲不得不向中國進貢的附庸國。」他公開表示，新加坡積極加入美國所領導的東南亞條約組織等區域軍事聯盟，目的就在於遏制共產主義勢力在東南亞的擴張。他先後與日本、澳大利亞、美國、韓國等友好國家大談「要提防中國」，並主動要求美國多多參與亞洲軍事事務，以抑制中國的擴張。

在其晚年，李光耀逐漸調整對中國過於樂觀的期待，屢屢提出批評意見：「今天的中國可說是接近於帝制；這個巨大的國家裡有些小皇帝在一大塊地區施展極大的地方勢力；文化習慣限制想像與創意、鼓勵墨守成規；中文透過雋語影響思想，而四千年積累的古籍經典，能說的都說了，而且古聖先賢說得更好；中文非常難學，使得外國人無從擁抱或被其社會接納，並且嚴重限制了中國吸引、融合外來世界的才智之能力。」他主要批評中國傳統的皇權文化無法實現現代轉化，卻小心翼翼

地避開對共產黨做出直接批評。

二〇〇九年，李光耀提出必須平衡中國的看法，「亞洲地區還需要美國來維持勢力均衡」。平衡一詞在中國被翻譯成「制衡」，被中國媒體報道為「李光耀呼籲美國參與亞洲事務，制衡中國軍事經濟崛起」，在中國網路上引起軒然大波。中國的戰狼和五毛們紛紛辱罵李光耀身為華人竟然提出這樣的觀點，抨擊他與西方為伍與中國為敵，還說中國一直把新加坡視為「自己人」，李光耀卻顯然把中國視為「外人」。其實，李光耀從來不是中國的「自己人」，那他豈不淪為中華人民共和國「新加坡特區」的「區長」？看到來自中國的鋪天蓋地的辱罵，李光耀終於感嘆說：「嶄露頭角的是一股未成熟的力量，猶如一個未知的龐然大物，過度地彰顯其力量，面對外界任何有關其政治野心的疑慮，太過急於替自己抗辯」。

李光耀晚年對中國的看法越來越負面。有一次受訪時，他反覆強調新加坡與中國，以及海外華人與中國人的差距：「你可以隨時去看，他們越是成功，就越不把你放在眼裡，對你的態度也會跟傲慢。」他舉例說，新加坡公關行業的翹楚林少芬幫中國人辦奧運，也為央視、中國銀行做行銷，但中方要求她在北京開分公司，她拒絕了。她認為，千萬別在那裡開辦事處，不然你會成為他們的一員，然後隨時被差遣。她選擇留在新加坡。李光耀幫她化解了來自中國政府的壓力。李光耀通過這一個案勸說新加坡華人不要對中國太過戀戀不捨，「那種一廂情願要回到心愛祖國懷抱的浪漫情懷，是癡心妄想。我們已經變得很不一樣了，就是這麼簡單」。他強調，沒有所謂世界公民，你只能是一個國家的公民，這你可以選擇，「是要做新加坡或馬來西亞公民，或者，你也可以回到中國尋根，也許你會選擇到香港或臺灣」。但海外華人即便回到中國，也不會有歸屬感——因為中國人根本不會信任這些「遊子」或「浪子」。李光耀又舉馬共後代的例子來說明：馬共在馬來亞森林裡作戰，將孩子送到中國，但他們的孩子在中國並未受到同等對待。他們的家屬被安置在湖南長沙聚居，自成一個特殊社群，上特殊學校，隸屬於特殊

單位。他們沒有機會跟當地的中國人打交道。李光耀跟馬共領導人方壯璧的兒子見過面，這個孩子天資卓越，考上了清華大學，結果娶了個馬來西亞華人為妻，而不是跟中國女子結婚。「你以為你是華人，就可以融入他們；但不是這樣的。你和他們已經很不同了，我們已經很不一樣了。就好像美國人和英國人之間，或者是跟南非白人，是有不同的，還有澳大利亞人，紐西蘭人、英國人。同樣的，旅居大陸的臺灣人和在大陸土生土長，從不曾在臺灣生活過的中國人也是如此；雖然血脈相連，同文同種，但有著各自不同經歷、不同立場，對世界有著不同的見解。我們是華人嗎？是，在族群意識上是。但我們可以和中國人一塊兒坐下來，感覺自己就是他們的一分子嗎？不可能。就因為你會講華語？不可能的。大前提是，你的心態和思維，都不再一樣了。」

　　李光耀對美國有諸多非議，認為美國太過自由，「陷入困境但優勢仍在」。他一廂情願地希望中美不要發生衝突，以免殃及新加坡，「美國與信奉市場經濟的中國之間的關係，並不存在激烈、不可調和的意識形態衝突。美國沒有必要與中國長期為敵」——這個判斷又錯上加錯，中國何嘗信奉市場經濟了？而且，不是美國要遏制中國崛起，而是中國的天下帝國觀念一定要主宰世界。儘管如此，在中美之間，李光耀還是不由自主地偏向美國。他承認，「對於美國的存在，新加坡是相當自在的」。回顧歷史，他認為美國基本上是一股溫和的力量，它向來不好侵略，對占領新領土也不感興趣。它出兵越南不是因為想占領越南；它在朝鮮半島戰鬥，也不是因為想占領北韓和南韓，開戰的原因是它當時反對共產主義，想阻止世界越來越受共產主義影響。作為新加坡人和東南亞人，李光耀對美國參與越戰持正面看法，因為若非美國參與越戰，馬來亞和印度等國必然遭到赤化，新加坡也無法倖免於難，他本人也不可能從容布局、清除共產勢力，然後通過選舉上臺、創造新加坡奇蹟：「如果美國沒有出手干預，並在越南堅持那麼久，其他東南亞國家抵抗共產主義的意志就會瓦解。在紅潮面前，東南亞可能就如同多米諾骨牌那樣——倒下。……南越雖沒成功，但是這額外的時間足以讓東南亞組

織起來，爲東協這個組織的產生奠定了基礎。」

李光耀聲稱不會在中美之間選邊站，但其論述仍是親疏有別：「我們發現，美國人多少還比較仁慈，他們不會強迫你。他們確實希望大家都成爲民主國家，但他們絕對不會迫使你接受。中國人不在乎你實行民主還是專制，他們只是希望你順應他們的要求。這是完全不同的方式。」他又說：「在不斷變化的環境中，新加坡的總體戰略是，確保即使搭上中國非凡的經濟成長列車，也不切割與世界其他國家的連繫，尤其是美國。新加坡對美國依然重要。我們處於一個群島中心的戰略位置，而如果美國想要保持在亞太區域的影響力，它就不能忽略本區域。即使我們與中國的關係日益加強，它也不能阻止我們和美國保持強韌的經濟、社會、文化和安全關係。……我們不會選邊站，接待一方而踢開另一方。在一段很長的時間內，我們可以繼續採取這個立場。」也就是說，在經濟上靠攏中國，在政治和軍事上靠攏美國，以確保新加坡自身的最大利益。然而，在李光耀去世幾年之後，中美新冷戰態勢驚濤駭浪，新加坡的這種虛假中立不可能長久持續，它與亞洲的其他國家一樣，即將抵達一個必須選邊站的時刻了。

李光耀：中國共產黨已不再是原有字面概念上的共產黨了

李光耀在本國反共，到中國卻親共，他如何對其反共卻不反中共的矛盾立場做出自圓其說的解釋？他的敘事方式猶如一九四〇年代的西方左派——他們將延安的中國共產黨視爲一個爲農民謀求福利的中國本土政黨，而非蘇聯共產黨那樣信奉共產原教旨主義的列寧式政黨，他們一廂情願地認爲毛澤東不會與史達林結盟。他們厭惡蔣介石政權的腐敗無能，將希望寄予看似清廉而高效的毛澤東政權身上。直到韓戰爆發，毛的新中國毫不猶豫地站在蘇聯「老大哥」一邊，西方左派才希望破滅、竹籃打水一場空。

李光耀重新讓這套自欺欺人的話術死而復生：「中國共產黨是什麼？它已不再是原有字面概念上的共產黨了。它是一個貼著舊標籤的舊瓶子裡倒入了新酒。」他特別舉例證明其論點：「中國共產黨現在熱衷於探索黨內民主，第十七次黨代會比第十六次黨代會要開放多了。在部分黨內最高職位的候選名單中，有了更多的選擇。黨內民主可以擴大到這個制度的其他方面。」然而，此後習近平主持的中共十八大、十九大、二十大，黨內民主成爲海市蜃樓，集權程度不亞於毛時代，李光耀被狠狠打臉。

李光耀一生訪問中國多達三十三次，見過毛澤東、鄧小平、江澤民、胡錦濤和習近平等五代中國最高領導人，大概是外國元首中絕無僅有之人——訪問中國次數和會見中國官員人數之多，能超過他的，大概僅有美國政客季辛吉。

一九七六年五月，李光耀首次訪華，見到了「事業末期」的毛澤東，「只看到了一個傳奇人物的影子」。即便如此，這個後輩大肆讚美說：「毛是一個偉大人物，他使中國站了起來。……作爲一個革命者，他是最偉大的。」他斷然不敢如此讚美希特勒，而實際上，毛比希特勒更壞，殺人更多。此時此刻，李光耀大概忘記了，在新加坡和馬來西亞跟他屢屢交手、被他關進監獄的共產黨人，都是毛的崇拜者，都是毛「輸出革命」的產物。若這些人將他推翻，他必死無葬身之地。後來，他對毛有了越來越多負面看法，並認爲毛是在二十世紀對世界發揮巨大負面作用的邪惡人物，「如果他繼續活著，肯定會是一場大災難，因爲他的信念是不斷地革命……中國會就此潰敗，整個遠東地區也會因此而遭殃」。

跟李光耀交往時間最久的是鄧小平。李光耀敲開中國大門始於一九七八年鄧小平訪問新加坡。鄧小平以國務院副總理的身分訪新，獲得國家元首級別的高規格接待——李光耀觀察到，鄧小平即將取代華國鋒掌握中國的最高權力。兩人有許多共同點，例如在經濟上皆力主政府控制下的不完整的市場經濟，在政治上崇尚威權主義，將民眾視爲有待

規訓和管教的幼稚園孩童，政治鬥爭經驗豐富，冷酷無情且極端自信，不願容忍不同意見。他們彼此都能提供給對方所需的東西。兩人一見如故，友誼一直維持到鄧小平去世。

李光耀聲稱，他見過的政治領袖中，鄧小平是最偉大的人物。鄧小平「個子不過五英呎高，卻是個魄力超凡的領袖」，「不看稿發言，論述起來有條不紊，明確清晰」。一九七八年十一月，他們第一次見面時，鄧建議彼此聯合起來防範蘇聯北極熊，李回應說：「可我和周邊國家反而希望能團結起來防範中國。威脅他們的不是北極熊，而是你們的廣播電臺，你們為潛伏泰馬邊境和其他各地的游擊隊提供的資助，這些讓他們覺得深受威脅。」鄧沒有被激怒，沒有反駁，頓了一下，然後說：「那你想我怎麼做？」李說：「停止這一切。」鄧說：「給我一些時間。」不到一年，鄧小平終止了對東南亞共產黨游擊隊的資助，停止了在中國境內設立的對東南亞廣播的馬共電臺。鑒於中共長期以意識形態掛帥、不斷「輸出革命」，鄧小平展現了同儕中少有的務實態度，與持現實主義外交觀的李光耀意氣相投。

李光耀認為，鄧看到新加坡作為一個沒有天然資源的小島，繁榮昌盛、貨源充足，人民口袋裡都有錢，鄧觀察著，深入提問，然後總結出一個道理：新加坡對外開放吸引外資，外資把技術、管理技巧和市場帶進來。鄧知道，中國就是因為一昧學習蘇聯模式，所以不成功，當他看到新加坡的繁榮富足，他說：「啊！這才是成功模式。」回到中國後，鄧循著新加坡模式開設六個經濟特區，逐步開啟了中國改革開放之路。

李光耀曾公開為鄧小平鎮壓學生運動辯護（「六四」事件發生後，新加坡也曾向香港居民發出兩千張移民簽證，這不是同情香港人，而是吸引香港高級人才移居新加坡，是一件對新加坡有利的事），並認為「此類舉措與人權問題無關，是為維護國家穩定的必要手段」。他甚至赤裸裸地表示：「鄧小平說，如果必須槍斃二十萬學生，那就槍斃他們吧。我了解這是什麼意思。因為如果不這樣的話，中國就要亂上一百年……鄧小平很清楚，因此他分階段開放。沒有鄧小平，中國就會從內

部爆炸。」他很羨慕鄧小平的殺人手段。

江澤民比李光耀小三歲，算是同一代人，兩人更是「哥倆好」。李光耀說，江澤民「熱情、友好」，將鄧小平的現代化計畫視爲其目標，「他會大聲唱意大利歌曲《我的太陽》，他抓住我的手臂說：『你認爲美國人對我們是怎麼看的？』」

胡錦濤則是李光耀的後輩，胡在其面前顯得頗爲恭敬。在李光耀眼中，胡錦濤是一位「整合者」，「沉著、思考縝密，不張揚，記憶力很強，對面臨的所有事物都進行仔細研究……在溫和、慈祥的外表下有堅強的個性」。

李光耀認爲，前面四位最高領導人都留下了各自獨特的印記：毛澤東留下的是「不斷革命」；鄧小平是「改革開放」；江澤民是「鞏固發展」；胡錦濤是「和諧社會」。

二〇〇七年十一月，李光耀訪問北京時，第一次見到還是皇儲的習近平。他起先沒有提出見習，他要求見別人，但中共安排他見習。這具有明顯的意義：他們認爲習更有優先地位。李光耀是習被提升爲政治局常委後，首次會面的外國領導人。這是爲了向世界展示，習已被確定爲接班人——李光耀爲此受寵若驚，對習更讚不絕口：習是一個心胸寬廣的人，用中國的話說是「大器」，「他絕不是胸襟狹隘，他考慮問題很有深度，不願炫耀才華。他沒有江澤民那樣隨和，也不像胡錦濤那樣拘謹。他顯得很莊重。他受過磨難，內心堅強。……他會沉著應對國內挑戰，不會驚慌失措。他是有影響力的，我相信他會得到黨的支持。他的軍方背景也有利於他對軍隊發揮影響力」。李光耀在另一個場合形容說：「他很內斂，不是說他不會跟你交談，而是說他喜怒不形於色。不論你是否說了什麼惹惱他，他臉上總是帶著微笑。他有鋼鐵般的意志，比胡錦濤堅強。」李光耀甚至將所有美好詞彙都在習身上用光了：「我將他列爲與南非曼德拉這級的人物」、「情緒上非常穩定的一個人，不會讓個人的不幸或苦難影響他的判斷，換句話說，很了不起。」

後來，當記者問李光耀，習掌權時，中國正好處於過去兩百年最強

盛時期，他會更加獨斷嗎？李回答：「我認爲這並不會使他感到洋洋得意，而到處耀武揚威。他是一個能縝密思考的人，懂得這不符合中國的利益。他將繼續鄧小平的不露鋒芒、保持謙遜的原則，即韜光養晦。」、「習領導一個各級都能力很強的政府。這可算是官僚制度的長處。中國的官員越來越多人接觸西方的教育，了解世界，並能說寫流利的英語。從嚴格的字面意義上說，他們已不再是共產黨人了，而是實用主義者，決心要塑造一個富裕發達、擁有先進技術的國家。」這些諂媚習近平的話，在短短數年之後，統統變成笑料。

李光耀在回憶錄中宣稱，中國領導人認爲他是「中國人民的眞正朋友」，習確實曾讚揚說：「李光耀是尊敬的長者，我對他滿懷敬重之情。」二〇一八年十二月十八日，在中國慶祝改革開放四十週年大會上，已經去世三年的李光耀獲頒「中國改革友誼獎章」。作爲唯一獲獎的東南亞國家政治人物，李光耀獲中國官方評價爲：「推動新加坡深度參與中國改革開放進程的政治家」。

然而，極具諷刺意味的是，李光耀去世之際，中國官方通訊社新華社第一時間發布消息並評論說：「在對華關係上，他既是中國人民的老朋友，一些時候又令我們心情複雜。」中國官方對李光耀的定位屢屢變動。據統計，二〇一三年之前《人民日報》曾十二次稱李光耀爲「中國人民的老朋友」。但在改革開放以前，曾九十四次稱李光耀爲「傀儡」（「帝國主義者的傀儡」、「新加坡李光耀傀儡政權」、「拉曼——李光耀傀儡集團」等是最常見的搭配形式），是「老朋友」稱呼的近八倍。在李光耀辭世這一敏感時刻，新華社爲什麼說他令中國「心情複雜」呢？所謂「心情複雜」這一中國式的、欲說還休的修辭，背後意思是說，李光耀的某些觀點和政策，不符合中共的期許，且與中共的利益對立。

李光耀不是未卜先知的先知，他對習近平和習近平時代中國走向的嚴重誤判，讓其政治遺產蒙上一層陰影。新加坡政府太過親中，引起美國和西方世界側目，在美國的「印太戰略」中，新加坡被邊緣化。若是

未來美國牽頭建立亞洲版的北約，新加坡恐怕難以成為其中受信任的成員。

近年來，李顯龍努力改善此一尷尬處境。二○二二年三月，李顯龍訪美，面對記者提問時辯白說，自己並不是「北京的耳語者」（Beijing Whisperer），「新加坡是以華裔為主，多種族、多宗教的東南亞國家，擁有獨立的國家利益和優先事項。他們這樣對待我們，我們也這樣提醒他們」。

新加坡國立大學政治系副教授莊嘉穎評論說，新加坡的經濟結構在金融、服務業和外來投資上依賴美國，同時中國是新加坡最大的貿易夥伴和出口市場，李顯龍試圖作為美中調停者可以理解，但是在當下的歷史背景中很難有所突破。「李顯龍是很希望走向國際化的領導人，但是碰到的實際情況跟當初的預期不同、和他給自己定位的歷史角色有衝突。李顯龍是希望這種模棱兩可的態度能持續多久就持續多久，能獲益多久就獲益多久。」莊嘉穎還指出，「新加坡是跟著利益跑，而不是純粹的親美親中，向來希望在美中之間左右逢源。但烏克蘭戰爭後美中分歧會越來越大，利益重疊會越變越少，新加坡希望從中得利也會比較困難。」美國傳統基金會亞洲項目主任沃爾特·洛曼也指出，新加坡對中國的官方口徑雖然友好，但是近年來其防禦措施並沒有鬆懈，也是支持美國重返印太的重要夥伴。「新加坡在關鍵領域也是威懾中國的一部分。他們建立海軍基地，允許美國船隻停留。美新之間有防務合作諒解備忘錄、國防戰略框架協定。最大的不穩定力量是中國，我認為新加坡懂這一點，只是沒有說出來。」

李登輝：「中共就是一個土匪政權。」

李登輝沒有在中國生活過，沒有參與過慘烈的國共內戰，在其擔任中華民國高官之前，沒有跟中共打過交道，他也沒有機會像李光耀那樣頻頻訪問中國。但李登輝對中共本質的認識，並不亞於曾留蘇、在中國

直接與中共交手、且後半生一直在臺灣「反共抗俄」的蔣經國，更是比李光耀更加切中肯綮。

李登輝曾表示，在二十二歲之前（一九四五年前），自己仍屬日本籍，但「不否認自己也是中國人，但是中國人長期以來非常可憐，不是被人管，就是被人欺負，不然就是被上面的壓制。中國共產黨成立後，原本應該照顧最基層的人民大眾，但卻同樣玩著少數權力的統治。」他還說，「中國的文化、生活、歷史觀應該要徹底改變」。

蔣介石和蔣經國反共，不是因為共產黨是一個獨裁專制的政黨（國民黨也是一個獨裁專制的政黨，只是程度比不上共產黨），而是要與共產黨爭權奪利。蔣氏父子巧妙地將這場從中國延續到臺灣的國共鬥爭嵌入到二戰之後東西方冷戰的大背景下，由此得到美國的支持和保護，才得以維持臺灣這個小小的「反共復國」基地。而李登輝反共，則是以民主自由價值反對共產黨的專制獨裁，故而在李登輝時代，反共更理直氣壯，臺灣在實力上比中國弱小，卻能在這場論戰及鬥爭中居於上風，可見李登輝的反共比蔣經國的反共高明得多。

一九八九年，中國發生「六四」天安門屠殺，李登輝於當晚發表嚴正聲明：「中共所採取毫無人性的做法，必將受到歷史的裁判，為抗議中共以武力鎮壓民主運動，登輝要以最沉痛的心情，代表中華民國政府和人民，呼籲全世界所有愛好自由，重視人權的國家與人士，對中共暴行給予最嚴厲的譴責。」此後，臺灣政府給予流亡的學運領袖和知識分子諸多支援。

一九九二年秋，海基會與海協會在香港舉行會談，雙方談了五天，對「一個中國」原則無共識，會談乃告破裂，更未簽署任何協議。八年後，當時並未參與談判的蘇起提出一個讓共產黨、國民黨和民進黨三方都能接受的所謂「九二共識」，此後，這個說法就成為一個中國企圖讓臺灣戴上的緊箍咒。但李登輝說從來沒有這個東西，當時的陸委會主委黃昆輝、海基會董事長辜振甫、海基會負責的主談人許惠祐也都說沒有這個東西。黃昆輝一語道破真相：哪有一個國家的主權可以由一個民間

團體去談的。

一九九四年三月三十一日，在中國發生了一件讓臺灣人痛心疾首的事件：千島湖慘案。二十四名臺灣觀光客與導遊，以及八名船員，都被一場原因不明的大火燒死。事件發生後，中國公安宣稱這是一場「意外」，拒絕曾在新加坡會談中碰面的海基會派員前往調查，連死者遺體也拒絕歸還臺灣。

臺灣甚感憤慨，問題不僅是對二十四名臺灣受難者的冒瀆，更攸關兩千兩百萬臺灣人民的感情與尊嚴。李登輝表示：「我故意叫他們土匪，透過報紙，盡情批判中國當局。」《聯合報》以特大號標題，描述了李登輝的憤慨：「李總統昨天蒞臨中興新村，參加臺灣省第九期鄉鎮市區長講習會。他在致詞時，講到政府主權應在人民時，話鋒一轉，指中共有如『一大堆惡勢力，結成一個黨，像土匪一樣』。接著，總統語氣憤怒的說：『在大陸這次事件，害了這麼多我們的同胞，這種是政府嗎？這個叫做政府嗎？這種政府老百姓早就該不要它了。』」

以總統的立場口出穢言，叫罵中共土匪，自然有其根據。後來，浙江省政府透過新華社發布調查結果：千島湖一案並非意外，而是強盜放火的結果，並立即處死三名犯人。不過，根據臺灣的調查，被處死的三個人並非真的犯人，而是關在監獄，已被判死刑的囚犯。臺灣國家安全局祕密取得中國公安當局發出的人犯通緝令，殺人放火的真正犯人，竟是公安警察。之後，並未聽說逮捕了真正的犯人，想必就這樣抓人頂罪，不了了之。一開始中國不允許海基會去旁聽法庭審判，後來卻邀請海基會去，但臺灣方面認為這是一場演練好的表演，就不去了。

最後還有一個插曲，中共當局同意賠償每個罹難者五萬人民幣。當這筆錢換成美金現金交給許惠祐帶回臺灣後，先存入銀行再等難屬來領取。結果，到銀行存款櫃檯發現有十幾張美金百元鈔票是假鈔。許給經辦人海協會副祕書長孫亞夫打電話，孫居然說：「沒有關係，把它用掉就好了。」許說，使用假造外國貨幣在臺灣是重罪，簡直開玩笑。孫才說：「好好，那下次你們到北京，就拿回來，我替你們把它用掉。」之

後，海基會再去中國談判，住在釣魚臺賓館，海協會真的拿那些假鈔去付了房費。

千島湖事件之後，李登輝看透了中共殘暴乖張的本性。此後與中國談判時，始終站在民主自由的價值高地上，對中國不卑不亢，對臺灣的主權寸步不讓。

一九九五年六月，李登輝成功訪問母校康乃爾大學並發表演講，打破了臺美斷交十七年來不准臺灣高層領導人訪美的禁令，更是中華民國史上首位踏上美國國土的國家元首，對於臺灣國際地位與國家主權的提升，具有無比重要的象徵意義。此行徹底激怒中共當局，正式點燃一九九五年七月臺海危機的火苗。中共機關報《人民日報》先後發表四篇「討李檄文」，將李登輝定義為「圖謀分裂的民族罪人」；央視在新聞聯播節目中對李登輝大肆謾罵，稱其為「千古罪人」，並稱「寧可把臺灣毀了再造，也不讓他人拿去」。中共政治局常委、軍委副主席劉華清直接點名批判李登輝：「近來以李登輝為代表的少數人，甚至不惜挾洋人以重，大肆從事製造『兩個中國』或『一中一臺』的活動。」

李登輝沒有強力回應，而是舉重若輕地告訴國人「免驚啦！」當時國民黨正在舉行推選黨總統候選人的大會，中共試圖以飛彈威脅影響李登輝在黨內的總統候選人資格，卻反倒讓黨內其他有意挑戰者落入尷尬位置，幫助李登輝練成金剛不壞之身，中共成了李登輝的「超級助選員」。

一九九六年三月，針對臺灣的總統直選，中國宣布在臺灣海峽試射飛彈，引發第三次臺海危機。李登輝沒有以限制自由、中止選舉的方式因應危機，不讓危機干擾臺灣內部的民主化和自由。他組建了跨越官僚科層組織的幕僚小組，制訂劇本、方案後再交由政府既有的各單位執行。李登輝後來披露，當時政府制訂了「十八套劇本」來應對中國的武力威脅。他知道中國終究是臺灣危機的來源，必須更加了解中國。為了解中國，他任命不同於既有官僚體系成員的幕僚，用全新的方法論來模擬中國的可能作為，這才是「十八套劇本」的真貌，也是李登輝危機處

理的哲學。臺灣學者張國城評論說：「就原本的目標看來，臺灣順利舉行了首次總統直選，選舉過程順利平穩，民生經濟未因臺海危機遭受嚴重損失，中國也沒有武力犯臺，當然我們不易評估『中國本身的實力不足』和『十八套劇本的成功程度』二者究竟何者對這些圓滿結果有最大的貢獻，或是二者所占比例各為多少，但總的來看，北京若認知到李登輝是一個有危機處理能力的總統，對臺灣安全的保障本身就是一大正面因素。」

一向對中國軟弱的柯林頓政府派遣兩個航空母艦艦隊至臺灣附近海峽，直接公開展示美國軍力，美國因而在東亞部署了越戰以來最強大的海軍艦隊。一九九六年三月二十三日，臺灣選民以壓倒性票數，選出李登輝連任總統——中共的武力威脅再次成了李登輝的催票機。

中共兩度弄巧成拙之後，又開始積極謀求與臺灣談判。一九九八年十月十四日，辜振甫一行啓程達到上海，展開兩岸闊別五年後的兩岸再次會晤。臺灣打出「民主牌」與中國對弈，彰顯世界主流思潮，在國際社會頗受好評，充分創造了臺灣的價值意義。

一開始，臺灣內部對是否在兩岸談判中打出「民主牌」存有不同意見。海基會認爲可在談判中介紹臺灣的民主化成就，邀請汪道涵到臺灣觀選，呼籲中共開放黨禁、促成政黨政治。外交部則認爲這樣做有可能刺激中共，被視爲挑釁，最終節外生枝。

李登輝在充分了解內部的不同考量之後做出裁斷：臺灣與中國在國際上最大的差別就是民主，民主也是臺灣最重要的安全防線，遠比飛機大炮都重要，不應只爲求談而忌憚提出。十月十二日，代表團啓程前兩天，李登輝在官邸召見辜振甫等訪問團成員，發表了一篇提示性的談話：「這次去，一定要談臺灣的民主，並且在國際文宣上強調主權對等，這兩個法寶缺一不可。」

十月十三日，臺灣全體出訪團員在國安局舉行最後一次會議，將原來被刪除的「民主牌」予以恢復。團員各有功能執掌：辜振甫代表總統，是靈魂人物；康寧祥曾爲反對黨領袖，成爲見證臺灣民主、訴求政

黨政治的代言人；蔡英文負責對國際媒體闡述政策；吳榮義則司經濟出擊；張榮恭在會後赴美進行簡報。

訪問團在上海進行了歷史性的第二次汪辜會談，隨後又赴北京，辜振甫在釣魚臺國賓館與江澤民會談一個小時四十五分鐘。喜歡表演、被人戲稱為「人來瘋」的江澤民，在會談中天南海北、東拉西扯，甚至演唱民國的畢業歌、日本童謠和京劇片段，以顯示其博學多才，這明顯就是模仿毛澤東見尼克森時的表現。

辜振甫則打出民主牌，他告訴對方：「臺灣五十年來民主化的程度已經到了一個水準，不是說臺灣的民主沒有缺點，不過世界潮流告訴我們要走上民主、自由化，才能社會穩定、政治開明、經濟發展。」他解釋說，談民主，不是說大陸一定要接受臺灣模式的民主，而是假如要走民主，中國人在中國的土地上，臺灣的民主是不是一個嘗試成功的例子？彼此可以切磋。

但江澤民立即表示不能接受，他先是大段大段地背誦《國父遺囑》，然後反問說：「你看我像是一個暴君嗎？」真是此地無銀三百兩。接著，他聲稱民主不是一個抽象而原則的概念，民主有很多模式，中國絕對是採取民主態度，但中國的民主和其他國家的民主不完全一樣。不過，江澤民畢竟不敢徹底否定民主價值，而只能拿「中國式民主」來搪塞。在這場辯論中，不在場的李登輝穩穩占據了上風。

在這一階段，李登輝巧妙地迴避統獨之爭，而訴諸於民主與專制之爭，這樣，江澤民就處於被動防守的不利位置，巧舌如簧地為「中國式民主」（不民主）辯護，而無力以宗主國身分對臺灣發號施令。

李登輝破除大一統思想，帶領臺灣走向海洋文明

新加坡從未在中華帝國的直接統治下──它離中華帝國最近的時刻，是明帝國初年鄭和下西洋時，明帝國的艦隊經過馬來半島，在這一

帶宣示象徵性的宗主國地位。與之相比，臺灣過去確實被納入過清帝國版圖，不過只有一百多年時間，在其有文明的歷史中只是一個短暫的片段。而在文化意義上，新加坡和臺灣都在一定程度上受華語（儒家）文化圈之影響——當然，同時亦受東南亞的海洋文明影響。

兩蔣時代，國民黨政權為了與中共政權爭奪正統地位，以「中華文化復興運動」來對抗毛澤東的「文革」。作為國民黨高官的李登輝，身在這種文化——權力體系中，也不得不行禮如儀。在總統就職演講中，他曾指出，要將臺灣打造成中國文化的「新中原」（新中心），一個中國文化開花結果的場所。他還說過，他平生最想去的三個地方分別是日本松尾芭蕉的俳句創作紀行「奧之細道」、孔子周遊列國的路線和摩西「出離埃及」離開埃及到西奈半島的路程（他只實現了第一個行程）。至少在公開的表達中，他對孔子和中國古典文化存有美好想像。

在退休後，李登輝可以說出更多真話了，對中華文化的評價越來越低。李登輝的女兒李安妮回憶，她曾與父親談及「戒急用忍」政策，李登輝嘲諷地說：「這四個字我都不認識，怎麼知道是什麼字，我又不是讀中國書的。」在這裡，李登輝不是否定他大力提倡的「戒急用忍」政策，他否定的是這個詞語所折射出的食古不化、六經註我的表達方式。

李登輝在晚年徹底擺脫中國文化的束縛，對中國文化的批判深度不亞於魯迅與柏楊，他引用魯迅的說法指出，中國社會整體乃是一種「輪迴戲劇」。二○○七年十二月二十四日，他在與長老教會牧師座談時表示：「如此五千年的封閉帝王政體，魯迅先生曾經有這樣的看法：『這是被囚禁在幽靈圍牆中，循環演出的戲劇，亦是在古國之中，螺旋前進的無聊表演。』對於中國人的民族性，魯迅先生說得更精準，他說：『中國人不只爭亂不為首謀、禍患不為元兇，而且還是信服不為先達。所以所有事情都無法進行改革，沒有人願意表揚先驅者與開創者角色』。」在兩蔣時代，讀魯迅的書是一件危險的事情，若干左派讀書小組成員就是因為研讀魯迅的書而被捕。不過，很多左派文人（如陳映真）並未讀出魯迅的思想真諦，只讀出魯迅最表面的反對國民黨的部

分，並仍然堅持大中華民族主義；而李登輝讀出了魯迅最深層的思想：對中國文化和中國國民性的嚴厲批判。

李登輝批判中共這個具體的政權，還指出中國文化本身的致命缺陷。中國是臺灣的敵國，中國文化也是對臺灣極為有害的文化：「中國人對擁有源遠流長的歷史感到驕傲，的確，就像『中國五千年』之說，文明圈是由長年的時間積累而成，但那只是經過很長很長的時間流逝罷了。換句話說，所謂『中國五千年』的歷史裡，大約有四個九百年都只是皇帝跟王朝的名稱更迭，一進一退，不斷重複而已，所以歐洲人稱之為『亞洲停滯』，也是不無道理，因為那只是皇帝與王朝的反覆替換而已，而中國人則把這樣王朝交替的歷史稱之為『法統』。『法統』只是皇帝統治的說法，這個法統的組織不斷交替治理的過程就是中國的五千年歷史。而歷代皇帝無的所為，無非就只是鞏固自身的地位與勢力，持續增加個人財富而已。」他批評說：「一旦持續這樣的統治，皇帝就會開始實施暴政，於是其他一族人就會以失『德』為名加以推翻，成為替代的新皇帝。這在中國屬於『易姓革命』的思考方式。……正因為長年以來皇帝統治的極權體制，中國的傳統文化才會停滯不前，阻礙了社會的進步與改革，造成許多弊病橫生。」所以，必須從中華思想的束縛中解放。不僅中國如此，受中國文化影響的其他亞洲國家也應當如此。李登輝在訪問沖繩時指出：「日本人亦和臺灣人一樣，非得從中華思想這種精神束縛中解放出來不可。東西文明的融合中最重要的是，脫離中華思想的束縛。」

由此，李登輝竭力掙脫中華大一統天下主義的束縛，重新定義臺灣，也重新定義中國，進而重新定義臺灣與中國之關係。他帶領臺灣人在精神上「出中國」，走向海洋文明。他在以下三個方面做出重大貢獻。

首先，李登輝打破了兩蔣時代中華民國領土仍涵蓋大半個東亞大陸的虛構的「秋海棠」敘事。他在抑制國民黨內部反彈的同時，執行「在寧靜革命中完成讓『臺灣成為臺灣，而不是中國』的想法」，換言之，

「拋棄虛構」是其基本想法。用臺灣資深媒體人卜大中的說法，就是不惜違背國民黨大老們的中國情結，從「中華民國到臺灣」進化成「中華民國在臺灣」，並為蔡英文「中華民國臺灣」的溫和中間論述搭建舞臺。卜大中高度評價李登輝的這一歷史貢獻，將其視為如同啟蒙運動一樣的「去魅」工程：「李登輝的影響力使臺灣跳脫中共力推中國民族主義的泥沼與威權主義的誘惑。李登輝憑直覺感應，刺穿了象徵的神祕性（民族主義）；憑藉科學、邏輯與常識的經驗主義，消除了中國民族主義的魅力，誠如韋伯所指出的『除魅的現代化過程』。」

臺灣學者李弘祺從另一個角度闡述李登輝的此一貢獻：「李登輝以一個國民黨的主席，能看出中國歷史如果要從那個狹隘的『一統以馭天下』的民族主義中解放出來，來建造一個近悅遠來、不分貴庶，表裡如一的政府，以塑造一個合乎近代理性價值的中國文化，這是非常不容易的。他更體認到國民黨必須從腳踏實地，豐裕臺灣的社會經濟、提升公民的民主素質做起。」他繼而指出，李登輝從歷史宏觀的角度來解釋臺灣地方文化的重要性和獨特性，以及中國民主化所應該走的路程。他設身處地，從近代西方及日本的經驗來規劃他的理想和經營。

其次，李登輝再三強調，臺灣容易被大中華吞併，不單單是因為中國的武力比臺灣強大，更是因為臺灣內部深受中華傳統、中華思想的影響，無法加以擺脫而取得精神獨立。他認為，「中國傳統」無非是「崇拜寫成文字的宗教，利用不願面對現實的口號追求心理滿足」。臺灣學者葉柏祥認為，在此，所謂「寫成文字的宗教」，指的就是儒家。這種宗教和一起支撐皇帝型權力的科舉制度一樣，就意識形態而言，都是基於空想的理想社會，卻無法帶給人們真正的平安。

李登輝指出，長期以來，臺灣的學校教育所教授的都是大中國的內容，使臺灣年輕人無法了解臺灣的歷史、文化和地理，也難以培養認同臺灣的心。因此，要強化對臺灣的認同，就必須從教育改革著手。不過，李登輝時代的改革重點在政治體制上，文化教育上的很多工作都只開了一個頭，未能充分展開。到了陳水扁時代，臺灣的本土化教育才得

以全面實施，而太陽花學運一代就是本土化教育的開花結果。

第三，在推動民主化的同時，李登輝提出不僅是種族意義上更是精神意義上的「新臺灣人」的概念。他在臺灣完成的民主改革，是打破幾千年來「封建思想與社會體制」的產物，是一個全新歷史的開始。在此基礎之上，「新臺灣人」是超越省籍、族群、出生地的差異，合理鞏固臺灣這個「生命（命運）共同體」的連帶關係。「如果是新臺灣人的話，就可以清楚了解，臺灣與中國是屬於不同的國家，臺灣並非中國的屬國這個事實。而且，如果是新臺灣人的話，當然很清楚不應與中國進行任何關於統一的對話。」

臺灣不是「小中華」，而是面向太平洋的島國。自古以來，臺灣就有開放而多元的海洋文明。面向黃色的東亞大陸，與面向蔚藍色的太平洋，臺灣將迎來迥異的未來。臺灣未嘗不能成為亞洲的英國——英國雖小，卻能以英國秩序影響整個歐洲大陸的歷史進程。而李登輝復活了此前被壓制數十年的臺灣固有的海洋文明。臺灣資深出版人郝明義在《臺灣的未來在海洋：探索新時代的挑戰與希望》一書中指出，國民政府來臺灣的幾十年間，先前一代代人置身的社會環境儘管有變化，很像是高山、丘陵、平原的不同，再怎麼變化還都是陸地景貌，適用在陸地生存的思維。而太陽花運動前後，是一九八七年解嚴那年出生的年輕人長大成年的時候。隨著政治、經濟、兩岸關係、科技、媒體及國際情勢都出現劇變，他們已經置身有異於過去的海洋環境，也發展出屬於海洋的思維和價值觀。「陸地思維，講究穩定，習慣於避免震動。陸地的價值觀，重視秩序、權威、由上而下的分配。海洋思維，必須習慣於風浪的波動，把波動化為前進的助力。海洋的價值觀，重視自由、個人意志、公平透明的分配。陸地思維裡的海洋，是隔斷大陸的分界，充滿風急浪高的危險。海洋思維裡的海洋，是連接世界的通路，充滿乘風快意的機會。最關鍵的，陸地思維注重與中國的連結，海洋思維重視臺灣本土意識。」

李登輝賦予臺灣人以海洋國家的文化自信心。日本小說家司馬遼太

郎說過：「應該向臺灣期待人類文明的未來，而不是中國。」在他看來，臺灣是諸文明合流的地方，在苦難的歷史當中不斷在忍耐學習。因此之中潛藏著很多可能性。旅日評論家黃文雄也認爲，臺灣只不過是一個小島，若從「量」的視點來看的話，和中國相比，簡直就像小人和巨人。然而在「質」的方面，在文明的層面上，臺灣遠遠超過中國，臺灣很大，中國很小。臺灣人民的生活與文化水平、知性、智識能力、近代精神、社會成熟度，這些並沒有輸給彼岸的巨人。

　　作爲臺灣象徵人物的李登輝，從世界各地得到很多好評，那是因爲他挑戰中國的精神大受肯定的緣故。李登輝所完成的偉業，不僅止於作爲世界史一環的臺灣，有必要將目光擴展到其「臺灣經驗」的世界史意義。

第九章

新加坡奇蹟與臺灣奇蹟，誰更持久？

當務之急就是以國家經濟安全的概念，打造臺灣成為一艘安全又有續航力的諾亞方舟。

—— 李登輝

新加坡通過扮演影響世界的角色藉以其生存與保持繁榮。

—— 李光耀

昔日從加工出口崛起的「亞洲四小龍」—— 新加坡、香港、韓國、臺灣，如今已成長為「新工業四強」。這四個國家的產業結構原本都以農業與輕工業為主，在一九七〇年代引進西方資本與技術，配合本地廉價勞力，經濟成長速度飛快。它們成為後來政治經濟學上重要的研究題材，也為後來發展中國家的效法標竿。

任教美國的華裔學者劉平鄰在論文〈亞洲四小龍經濟快速成長的政治條件〉中指出，這四個國家的經濟快速成長，主要依靠有現代知識的「發展專家」，比如新加坡的李光耀和臺灣的李登輝。然後，政府力量與市場機制相得益彰。按照美國學者詹森的分析，成功祕訣至少有五個：首先，政府利用財政和金融政策來動員私人企業；其次，獨立和中立的計畫經濟，經濟策劃包括長期性的目標即各環節和部門的配合；第三，一個持平的勞工政策；第四，確立有效能的中央政府；第五，利用外資但不受外資的控制。

新加坡和臺灣僅用四十年就完成歐洲花五個半世紀建立的局面，它

們的經驗明顯地證實政治和經濟的互相作用。「經濟發展需要有利的政治局面。經濟發展到了相當程度，社會成員的結構起了變化，中產階級崛起，產生新的政治文化，政治制度和國策必須跟著演進。」

若繼續深入探究新加坡奇蹟與臺灣奇蹟，亦會發現兩則在以上諸多相似之處之外，更有若干重大差異。這些差異將決定兩者未來的可持續發展度。

李光耀及其同仁如何創造新加坡奇蹟？

二○二三年十一月一日，財經網站《Insider Monkey》以「人均GDP」為計算基礎，發布「全世界最富裕二十國」排行榜。這項評比，採用國際貨幣基金（IMF）公布數據，加入「購買力平價」調整後，計算出各國「人均GDP」，依序列出全世界前二十大富裕國家。新加坡以十五萬七千三百五十四美元奪冠，臺灣則以七萬三千三百四十四美元排名第十二。

新加坡是如何成為世界冠軍的？新加坡學者陳思賢在《新加坡模式》一書中指出，對新加坡政府而言，保持國家經濟增長是凌駕一切的管治目標，理由是新加坡作為脆弱國族國家，為求生存，政府需要得到資金，為超過八成人口提供高素質且價格相宜的公共房屋，為所有國民提供教育與醫療服務，為提供國家生產力與宜居度而興建基礎設施配套。李光耀一生都充滿危機感，他在回憶錄中寫道：「當我開始主持國政時，問題是新加坡要如何在天然資源、人力資源、國土空間都比我們大的強鄰環伺下生存。我們要如何與他們（馬來西亞、印尼等鄰國）區隔？他們沒有清廉的制度，我們就要有清廉的制度；他們的法治不穩定，我們就堅持人人守法。一旦我們達成協議或做出決定，我們就堅持到底。我們變成很可靠，在投資人心目中有信譽。世界級的基礎建設、世界級的支援幕僚，全都接受英文教育訓練。空中、海上、電纜、衛星乃至現在的網際網路交通傳播，都是第一流。」他如此總結新加坡成功

的經驗：「打從新馬分家那一刻起，我們就淪爲被切割在外、與腹地斷了紐帶的港城，注定只能藉著與世界各地建立廣泛連繫才得以生存發展。正因爲與世界相通，我們才能乘著二戰之後席捲全球的快速成長勢頭取得繁榮。」

　　一九八〇年代，李光耀抓住二十世紀下半葉世界經濟中心向亞太轉移以及石油成爲最重要的能源的契機，以工業政策刺激經濟增長與增加國民收入，將新加坡發展成爲亞洲乃至世界的貿易、金融、造船、航運、煉油的中心，讓彈丸之地的新加坡在東南亞乃至全球的地位超過了比之大若干倍的馬來西亞和印尼。沒有人比李光耀更把自己和新加坡視爲一體，李光耀將其回憶錄第一卷取名爲《新加坡的故事》。

　　美國學者約翰・培瑞認爲，新加坡展開主權獨立的海洋城市國家的新生命時，湊巧也是海洋發生重大變化的時候。二十世紀頭幾年，海運的燃料快速地從煤變成石油。二戰後，波斯灣成全球石油交易的中心，亞洲經濟蓬勃發展，新加坡靠其地理優勢，不僅成爲海運中轉站，而且成爲煉油基地。全球主要經濟活動從大西洋轉移到太平洋，利用散裝輪和標準型貨櫃在過去五十年爲海運帶來全面改變。船隻越來越專業化。資本密集的船貨處理方式取代了勞動密集。李光耀掌握到這個趨勢，並善加利用，獲得顯著的成功，直到今天依然如此。這就是新加坡奇蹟的祕訣所在。

　　從一九六〇年代中期到一九九〇年代中期的三十年間，新加坡每年的經濟成長率都高達百分之八，比西方先進工業國家的平均成長率百分之四至五要高出許多。新加坡獨立建國之初，人民的國民平均所得大約是四百多美金，五十多年後已超過五萬兩千美金，比美國、日本和大部分歐洲國家還要高。據世界貿易組織提供的資料，新加坡的貿易總額占GDP的四成以上，超越其他在現代化初期、以出口導向爲策略的亞洲經濟體。

　　同時，新加坡政府努力改善民眾生活，增加社會流動，實現用人唯賢精神。新加坡政府所用的資源再分配策略是在公屋、教育、醫療、城

市發展等方面積極投資，讓一般勞動人口能享受中產式的生活，從而確保勞資關係相對融洽。這樣，新加坡的中產階級及富裕起來的勞工並不熱衷於追求國家民主化，這與西方的現代化理論的預測並不一致。而且，新加坡政府著力於創造有利營商的環境，吸引外國投資者前來投資，為新加坡現代經濟奠下基石，所用之方法包括：第一，興建高素質基建；第二，提供具吸引力的財政誘因；第三，確保勞動力溫順且廉價。

　　新加坡奇蹟，李光耀居功甚偉，但絕非他一人的功勞。在後來新加坡的官方敘事中，若干重要人物的貢獻被壓低、忽略乃至抹殺。比如，新加坡年輕一代大都不知道新加坡現代化的重要推手吳慶瑞，而李光耀曾說過，「他是個思想家，而我是個執行者」、「他是專門替我排除困難的人」。吳慶瑞在內閣中先後擔任多項要職，包括財政部長、內政及國防部長、副總理，為新加坡的獨立和繁榮做出卓越貢獻，享有「新加坡經濟發展總建築師」、「新加坡經濟發展之父」和「新加坡經濟塑造者」等美譽。一九八四年十二月，吳慶瑞因與其教育部下屬潘瑞良搞婚外情而導致政治生命結束，卸下內閣職務，同年退出政壇。退出政壇後，他曾擔任新加坡金融管理局主席、貨幣局主席與政府投資公司副主席等職。一九八五年至一九九〇年，他還擔任中國沿海開發區經濟顧問兼旅遊業顧問，在此六年間，鄧小平每年都會見他，詳細聽取他的匯報和建議，負責經濟工作的谷牧副總理同他的交往則更加頻繁。

　　另一名重要的新加坡經濟規劃家是以色列經濟學麥爾。李光耀一向憂心國家的存亡絕續，因而對強敵環伺的以色列的經驗情有獨鍾。吳慶瑞也說：「我們在一個不熱情好客的環境中追求正常生活所經歷的甘苦酸甜，與以色列非常相似。」吳慶瑞多次訪問以色列，不僅與以色列展開軍事合作，還學習以色列的經濟政策，他曾對以色列經濟學麥爾說：「如果你被不想要或不需要你產品的鄰國團團包圍，你在經濟上必須『蛙跳』過他們，讓他們回過頭來需要你的產品。」吳慶瑞向李光耀推薦麥爾，李光耀邀請麥爾出任新加坡經濟發展局第一任局長。一九六二

年成立的經濟發展局統籌設計五年計畫事項，其業務包括吸收外資、協助建廠、科技研究、人員訓練等，匯集了一大批從國際上招聘來的一流人才，對新加坡經濟快速成長貢獻最大。麥爾在任職期間，主張新加坡必須跳過走向先進經濟體的傳統步驟，直接邁入「高科技、知識產業」，他的很多建議都被新加坡當局採納而成為國家的經濟政策。

第三位對新加坡早期經濟騰飛做出重大貢獻的顧問是荷蘭航運出身的經濟學家溫思敏。溫氏規劃了戰後荷蘭的重建，深受荷蘭政府器重。後來，李光耀邀請其到新加坡提供戰略諮詢服務。溫氏在訪談中說，一九六〇年代他到新加坡時，歐洲人都認為「新加坡即將完蛋」，但「它是否會完蛋，我不知道，也不想知道，我只想要研究它，試圖提供一些意見。希望它不會完蛋，能夠重新站起來」。當他剛到達時，發現全市陷於罷工、動盪，彷彿一艘「失去舵的船」。他認為共產主義的威脅和缺乏就業機會是新加坡的兩個大問題。他對李光耀說：「新加坡正行走在剃刀刀刃上。」他建議新加坡摒棄農村心態，擁抱全球觀點，尤其強調優先發展國際金融業，並快速邁向運輸、科技和觀光旅遊等服務業。這樣，就業機會和經濟繁榮隨之到來。他認為，新加坡人有能力處理人流和物流。溫思敏的荷蘭人血統和航運業背景使他明白利用海上資源以達成全球布局的價值。他為新加坡服務了將近四分之一世紀，自認為是「新加坡人」。

領導階層固然重要，但新加坡的經濟奇蹟也離不開普羅大眾的勤勞奮鬥。然而，李光耀蔑視工農大眾，將功勞全都歸功在自己身上。學者酈健銘指出，新加坡的治理，信奉菁英主義。一九九八年，李光耀曾說，如果一架載滿三百個公務員與政治菁英的飛機失事，那麼新加坡便會瓦解——這個說法太過自戀，卻也從另一方面說明民眾在國家發展的方向上全然沒有發言權。這種說法顯然是假設民眾普遍愚昧、不能自理，故此需要小撮菁英引領他們「走上正確的路」。

實際上，包括李光耀在內的新加坡權力菁英身上存在著若干先天缺陷，這些缺陷為新加坡未來的發展埋下巨大隱憂。這些權力菁英面對著

起碼三點批評:第一,權力菁英之中不少是獎學金得主,意味在國家的特定選材標準下,這些菁英的世界觀,乃至社會背景,都有相當高的同質性,因此容易予人不擅理解基層生活與社會多元需要的印象,這是近年多來新加坡人不滿政府高官高薪的一大背景;第二,權力菁英工作透明度不高,公眾不容易了解如淡馬錫控股這樣的國有投資公司的具體運作。二○一四年,有民眾示威抗議公積金制度運作不透明,博主鄞義林發表文章〈你的公積金到哪裡去了?〉,卻被總理李顯龍發律師信警告、繼而控告;第三,權力菁英不願意糾結於任何意識形態,奉行實用主義,但結果之一是「國家沒有清晰的價值觀,除『惟利是圖』發展經濟外,不能建立和奉行一套提升整個國家文明境界的價值體系」,這種重實利的社會文化狀態,也為李光耀祈望未來新加坡「成為真正國家、國民願意為之犧牲」的願景增添障礙。

學者約翰‧培瑞指出,「新加坡控制」可以是一種疾病,也可以用來描述新加坡政體的特徵。政府堅定地追求成長,有能成功達致目標,提升了民眾的生活水準,使得人民願意犧牲權利,追求繁榮。領導階層以下兩點合理化政府的干預。他們相信經濟健康和政治穩定需要中央規劃和指導,而且人民本身沒有能力做出明智的決定。經濟務實主義和政治整合的原則強化且使新加坡的機制順暢地運作。為了換取管理權,新加坡國家機關承擔起提高國民生活水準的責任,包括住宅、衛生、教育和年金等。在這個「準馬克思主義」社會,技術官僚的唯物主義主宰一切,而經濟則凌駕一切。但是經濟根基轉向知識經濟則令人不免懷疑,新的嘗試要如何才能在威權國家蓬勃發展,尤其是威權政府傾向管控資訊的流通,並且壓制在政治上為其長期隱憂的反對派。

新加坡人會永遠滿足於生活在「有錢的北韓」嗎?

在聯合國公布的幸福國家指數中,新加坡在亞洲排名第一,但新加

坡人真的幸福嗎？有人諷刺新加坡是「有錢的北韓」或「地球上最大的幼稚園」。這兩個比喻不無道理。學者喬西・拉賈指出，新加坡就像一座「全景監獄」，因為它特別小，國家機構特別霸道，並且在公共領域不斷提醒人們國家的監督無處不在。如果新加坡這個「國家」類似「全景監獄」，那麼「中央塔樓」的監督空間必須保持黑暗。當美國批評新加坡對美國公民費伊使用鞭刑，對新加坡政府的合法性、現代性和合理性投射下光線。於是，新加坡政府將此類事件定性為「東方」與「西方」不同（這也是中國政府的敘事策略），使得政府轉移外界對新加坡人權狀況的批評，並使「西方」作為質疑的源頭失去效力。政府確立自己是道德的根源，強調新加坡經濟的發展全部是它的功勞（也就是李光耀的功勞），如果人們不聽話就沒有經濟的發展，正如李光耀所說：「我此生最大的滿足感，就是自己曾經花了這麼些年，爭取支持、激發民心，打造了一個任人唯賢、沒有貪污、種族平等的地方，並且在我之後還會持續下去。不像我當初剛上臺執政時，林有福政府極其貪污。……處在一個貪污腐敗風氣甚盛的區域，新加坡沒有貪污的情況，顯得格外突出。」

　　然而，新加坡真的的像李光耀所說的那樣完全沒有貪污嗎？新加坡又為這種表面上的「沒有貪污」付出了怎樣的代價？

　　首先，新加坡的「高薪養廉」讓很多從政的人享有優渥生活，卻讓納稅人為官僚系統付出巨大代價。新加坡總理年薪高達一百六十萬美金，是新加坡人均GDP的二十倍，是美國總統年薪的四倍——美國總統需要管理三百萬雇員的聯邦政府和統轄三億多民眾，是新加坡的數十倍。李光耀承認「世界上沒有其他國家像新加坡這樣付給部長如此高薪」，但其理由是「世界上確實也沒有其他島嶼能像新加坡如此發達——閃光、整潔、安全、沒有貪污、犯罪率低。這一切都不是偶然發生的，而是憑藉一套需要高薪受僱的部長才有辦法建構而成的生態系統。」此一解釋並不成立——新加坡並非例外，同樣是島國且規模遠大於新加坡的日本，官員以低得多的薪水打造出一個同樣整潔而現代化的

國家。

其次，新加坡大量的政府官員退休後轉入各公營財經部門任職，享受更高的薪資待遇。這些職位被官僚系統壟斷，而非像西方民主國家那樣從民間社會公平招聘。這種「旋轉門」等於是一種合法賄賂和合法貪腐。如成立於一九七四年的新加坡主權基金淡馬錫，新加坡財政部對其控股百分之百，其CEO為李顯龍的妻子何晶──這對夫婦一點都不在乎「避嫌」。李光耀在一次受訪時為之辯護說，任命何晶的是丹那巴南和吳作棟，李顯龍不用承擔委任她的責任，而且新加坡圈內人都知道何晶的能力，何晶在任以來，就為淡馬錫重新定位，「我不擔心人言可畏，但我不會允許人們不斷地誣蔑我們有裙帶關係，甚至傳到國際社會都信以為真」。評論人肯尼思‧惹耶勒南（其父曾因為揭露李光耀夫人經營的律師事務所的腐敗而被法院判處賠償巨款而傾家蕩產）指出：「總理任命或允許妻子被一個受制於他的委員會任命為主權財富基金的主管，像李顯龍處理何晶的任命，在大多數國家會被視為腐敗，也顯然違反良好治理和法治的基本原則。……工人黨在國會就淡馬錫和新加坡政府投資公司三名高管的薪酬提出質詢。財長黃循財提出一個令人反感而又滑稽的論點：這些公司都是私營企業，因此沒有義務披露它們付給高管的薪酬。」

第三，李光耀家族從未申報財產。直到今天，新加坡沒有人知道李氏家族在新加坡或國外擁有多少財產；相反地，人們看到的卻是具嘲諷意味的假象：何晶帶著一個十五元的手袋與歐巴馬夫婦共進國宴，或者官方媒體刊登李氏夫婦在植物園野餐的照片，好像他們只是一個普通的新加坡家庭。連被李光耀看不起的馬來西亞都通過了法律，要求政府官員和國會議員公布財產，馬來西亞前首相納吉及其夫人因貪污被調查，且被判處重刑──具有諷刺意味的是，新加坡欣然成為納吉夫婦洗錢的基地之一。如今，輪到新加坡效仿馬來西亞了──以法律確立所有官員公開申報資產，並對虛假申報予以嚴厲懲罰。

新加坡已超過香港成為僅次於倫敦和紐約的世界第三大金融城市。

它擁有數十位億萬富翁，電影《瘋狂的亞洲富豪》就是講述這個階層的故事。他們的巨額收入並非全都是合法、合理所得。與當年的瑞士一樣，新加坡對各種髒錢、黑錢進入其金融系統通常睜一隻眼閉一隻眼。大量來自中國貪官的贓款被轉移到新加坡的銀行之中。若干中國官二代攜巨款移民新加坡──包括中國前總理李鵬的兒子李小鵬。新加坡政府見錢眼開，根本無所謂錢是否乾淨。新加坡嚴厲處理販毒，其政府和金融機構卻私底下與販毒團夥合作洗錢，很多販毒團夥的高層管理人員在新加坡合法活動。新加坡從毒販那裡得到天文數字般的金融服務費用。新加坡對此毫無道德上的愧疚感，錢就是錢，何必過問其出處？這對於新加坡的禁毒政策乃至一種莫大的諷刺。

「新加坡沒有腐敗」的神話，是個色彩斑斕的肥皂泡，正在被雨打風吹去。二〇〇五年七月中旬，新加坡政府贊助的慈善機構「全國肝臟基金會」的醜聞事件震驚全國，其執行理事長杜萊被檢舉支領每年六十萬新幣高薪，其家中裝潢設備極盡奢華之能事，連水龍頭也是鍍金的。新加坡人對杜萊身為一個慈善機構的負責人，卻領取如此高薪，群起譁然。然而，新加坡前總理、資政吳作棟的夫人陳子玲卻公開支持杜萊，說其領取的薪水只是「花生米」。聽聞此說，民眾更是群情激憤。這一事件突顯出新加坡的貧富懸殊問題相當嚴重，權貴階層不了解低收入者的心情，亦不了解他們的生活困境。

二〇二三年七月十一日，新加坡交通部長易華仁與房地產開發商「旅店置業」執行董事王明星被貪污調查局逮捕，隨後獲准保釋。易華仁是印度裔資深部長，從政前曾出任淡馬錫控股、貿易及工業部等機構高層，於一九九七年步入政壇，代表人民行動黨在西海岸集選區獲勝，當選國會議員后在政壇平步青雲，在多個部會擔任部長。與之同時被捕的王明星則是新加坡酒店與房地產大亨，他與妻子克里絲汀娜・王是新加坡有名的夫妻檔富豪──早在二十七年之前，王明星所經營的地產項目中，李光耀和李顯龍父子購買了四套公寓且享受異於常人的折扣，王明星多次揚言，他跟李家關係密切，沒有人敢動他。後來，吳作棟在回

憶錄中寫道：「王明星是個精明的商人，我的擔憂是，與其他開發商一樣，王明星會不會是在利用他們（李氏父子），在他們不知情的情況下，為自己謀利。如果是這樣，那麼，李氏父子就有可能無意中被王明星利用或擺布。」這一次，王明星終於被反貪部門「動」了一下，但後續調查結局如何，尚需觀察。此前，內政部長兼律政部長尚穆根及外交部長維文為租住國有房產一事協助貪污調查局調查，也都全身而退。但是，內閣有三名部長在短短數月之內即因涉及貪腐被捕或接受調查，新加坡政府還能標榜自己是全球最清廉的政府嗎？

新加坡社會的結構性不平等問題也被長期掩蓋。新加坡學者陳思賢坦承，新加坡被視為亞太私人銀行中心、富人和名人的樂園，但新加坡低薪一族的工資卻被擠壓，新加坡人均收入中位數已然停滯多年。新加坡已成為全球生活成本最高城市之一。新加坡人工作時間之長名列世界前茅，大部分人睡眠不足，抑鬱症患者比例在亞洲數一數二高。新加坡的貧困人口高達百分之二十。

新加坡社會學家張優遠深入走訪底層社會，歷時三年與低收入者聊天、訪談及觀察，了解弱勢階層面臨的困境，以《不平等的樣貌》一書，揭露出新加坡繁榮神話的背後，社會底層的悲歌。她因此受到民族主義者和親政府人士攻擊：「你們為什麼要這樣講新加坡？」她感嘆說，民族主義是醜陋的野獸，吸引人們餵食，「我們不能只是頌揚自己有多麼出色，這麼做是對社會抱持過度簡化和不尊重的想法，也是和劃清界限出於相同的本能，沒有思考當前社會的不平等現象，以及對未來公平正義的希望。」

新加坡在上一波產業化浪潮中成為弄潮兒，變得很有錢。但它會永遠有錢嗎？它能在某些新的產業競爭中繼續領先或取勝嗎？

李光耀在晚年意識到，經濟是由知識、科技型發現以及創業家的創新所驅動。投資的全球環境正在改變。第一，科技的進步及全球化已降低委外代工的成本，距離遠近不再是重大障礙；第二，科技與創新已成為攸關經濟成功更重要的因素；第三，競相爭取投資已日益激烈。但李

光耀蔑視古典研究和基礎研究，認為「把自身所學運用在研究與發展、管理與行銷、銀行與金融，以及形形色色需要精通的新項目」。他卻忘記了，美國之所以在資訊時代的競爭中擊敗蘇俄、歐洲、日本和中國，就是因為美國非常重視基礎研究，美國也有強大的人文科學研究，這些「無用之學」，經過時間的沉澱之後，能夠為「有用之學」提供源源不斷的動力。漠視基礎學科和古典研究，新加坡的實用技術優勢終將後繼乏力、曇花一現。

李光耀也認識到，國家的競爭歸根結底是人才的競爭，他深知新加坡是個人口有限的小國，必須放鬆移民政策，吸引全球一流人才移民新加坡。但沒有民主自由制度的新加坡，對移民（尤其是西方國家的優質移民）遠沒有美國及「五眼聯盟」國家那麼有吸引力。李光耀試圖在新加坡實施「優生」政策，但其思路與納粹和希特勒有異曲同工之處。一九八〇年代初期，他擔心受過高等教育的新加坡女性選擇不婚，乃提出備受詬病的「優生學」設想。他認為，人的聰明才智有百分之八十與遺傳有關，百分之二十同教育和環境有關，文化程度高的婦女生的孩子智商高、素質好，而且家庭教育環境也比較優越，孩子的發展前途遠大。他決定鼓勵受過高等教育的女子結婚生子，反之，教育程度偏低的女性若選擇不生或少生也可獲得現金「獎勵」。他的這一理論受到國人尤其是職業婦女的強烈反對，被視為對女性的侮辱。李登輝曾試圖將這一想法轉變為國策，終因國內過大的反對聲音而作罷。他始終堅持這一設想絕對正確，並在自傳中引用劍橋大學教授的研究為佐證來支持其觀點。

李光耀曾表示，要把新加坡打造成區域甚至是國際媒體中心。但是，新加坡根本沒有新聞自由和言論自由，這一設想根本就是建造空中樓閣。新加坡政府認為，外國媒體是新危機的來源，所以媒體的「所有權、管理權和編輯控制權必須掌握在新加坡人手中」，政府有權查禁那些「想要挑唆我們人民情緒」和「試圖影響我們人民」的報導，而「政治」是公民不可以公民身分踏進去論述的領域。新加坡政府在新世紀制

定了一系列新的法律來約束和遏制網路等新媒體，監視和恐嚇公民，嚴重削弱了新形式的媒體在公共討論領域成為有力的參與者之可能性，也使得新加坡不可能成為媒體經濟的基地。資深記者李慧敏評論說：「雖然其構想是以發展媒體科技和數碼媒體為主要方向，而儘管政府投入龐大的資金去發展這塊領域，然而缺乏一個適合各種理想綻放和互相激盪的開放環境，我不相信這個『中心』能走多遠，能具多少影響力，充其量只不過是成為一個製作中心，讓一些國家機構到這裡利用先進的設施罷了。」

根據美國《商業週刊》報導，在一項蓋洛普（Gallup）針對全球超過一百四十國家所進行的調查顯示，新加坡是全球最無感的國家。在這次調查中，新加坡人民針對以下四項題目回答「是」的人數比例最低，僅有百分之三十六——昨天是否感覺有得到充分休息；昨天一整天是否感覺被尊重；昨天是否常微笑或大笑；昨天是否感覺快樂、身體疼痛、焦慮哀傷、壓力憤怒？可見，新加坡人對工作滿意度極低，也面臨巨大的生活壓力。

新加坡奇蹟，未必能持久下去。曾準確預測房市泡沫的美國經濟分析師傑西·柯倫波在《富比世》雜誌發表的一篇專欄文章中發出嚴重警告，二○○八年的金融危機將再度出現，新加坡很有可能成為「第二個冰島」。新加坡一直被西方國家譽為「亞洲的瑞士」，以金融和房地產為經濟主力。全球各地的金融菁英，逃離本國的蕭條，希望在這東南亞小國尋求第二次翻身致富的機會。在新加坡，房地產熱潮持續不退，建築業必須引進大量的外籍勞工。資產價格快速飆升，讓新加坡的財富排名不斷往前攀升。然而，這很可能又將是另一個美麗到讓人信以為真的泡沫。

當「有錢的北韓」變得不那麼有錢時，新加坡的年輕世代還能忍受李氏家族和人民行動黨的專制統治嗎？新加坡邪教般的政治與經濟結構還能維持下去嗎？有學者指出，在「亞洲四小龍」中，一旦經濟不能再維持高速增長，而年輕人失去向上爬的機會，族群分裂危機就大大增

加。李顯龍沒有其父的威信和魄力，如果經濟放緩，造成威權政治無以為繼，「民主化」自然是必然，在利益不均下，族群之間分歧自然進一步增大，社會危機就會出現。

臺灣奇蹟的第一功臣，不是蔣經國，而是李登輝

臺灣智庫二○二○年民調指出，臺灣人認為臺灣民主化之後的李登輝、陳水扁、馬英九與蔡英文等四位總統，以李登輝最有「領導力」。民眾對於「國際經貿戰略」的評價，以李登輝的分數最高。而在「兩岸經貿戰略」方面，民眾給予四位總統的評價，仍屬李登輝為最高分。

李登輝是臺灣的「民主先生」，也是臺灣經濟轉型的重要功臣。被外界視為李登輝的「大掌櫃」的劉泰英指出，工業革命後，歐洲用了兩百年工業化，美國用了一百年，日本用了五十年，臺灣才用了二十年。二○○○年李登輝卸任時，臺灣已經高科技化了，後來經濟的發展只不過是高科技化的延伸而已。李登輝先照顧好農業，再規劃「進口替代」產業政策，且帶領臺灣順利度過一九九七年的金融風暴。在李登輝執政十二年期間，實質工資初步估計增加了兩、三倍。李登輝卸任後二十多年，實質工資卻沒有增加，由此可見他與其他總統的差距了。

學者林宗弘指出，李登輝時代十二年多的經濟政策應該區分為「六年國建」、「亞太運營中心」與「戒急用忍」三個時期，剛好各約三至四年。

李登輝是農業專家，還未進入政壇時，就提出臺灣經濟的轉捩點將由農業轉向工業。後來，他進入內閣，負責農業政策，關注到城鄉差距大、農村人口流失，臺灣農業以小規模經營的小農、兼農業為主，但將難以適應自由化的競爭。所以，他希望培育農民成為有技術且有經營管理能力的農業主力。他也意識到，如果要將農業資本過渡到工業資本，必須把農業部門、本省人的利益和情緒照顧好，所以推動廢除肥料換穀制度解決農民問題，這樣社會才有支持基礎。

李登輝執政後，成立經濟顧問小組，召開國家發展會議，找專家甚至反對者討論經濟問題，有共識政府就找人做。劉泰英指出，一九九三到一九九四年，李登輝先後提出振興經濟方案、十二項建設計畫，在政府領導下大幅提升民間投資意願。在其執政十二年間，民間投資成長率達兩位數，創造許多就業機會，年輕人找工作容易，至少同時有兩個機會。那也是臺灣工資成長最快的時候，工資成長兩位數，經濟成長百分之七，臺灣所得分配越來越平均，勞工所得比重越來越高。

　　學者呂曜志亦指出，在產業結構急劇轉型的一九八八年至二○○○年間，資訊科技工業的發展，政府在人才與資金政策上提供的支持尤為重要，李登輝在擔任總統的十二年間，在高等教育政策上開放，以及對於創業投資制度上的積極支持與建立制度，使得臺灣成功在石油危機後的通脹壓力下，避免陷入「中等所得陷阱」，更進一步打造臺灣成為世界矚目的資訊王國、綠色矽島。

　　李登輝的經濟政策智囊陳博志撰文指出，李登輝執政期間在經濟上的挑戰很大且很多。臺灣當時已達開發中國家的頂峰，要成為已開發國家，必須在產業結構、政策制度以及人民的觀念和做法上做很多改變。臺灣在正要轉型之際，恰逢民主化及國際情勢的改變，使很多經濟相關問題同時爆發，各問題相互交纏，人們的目標、利益、觀念以及意見的衝突，甚至比公開的政治意見衝突還大。若非李登輝堅持國家整體的目標，很多問題和政策可能會被個別的利益或見樹不見林的想法扭曲到不正確的方向。李登輝身為經濟學家而了解政策整體性及私人和社會利益的不同，堅持較正確的整體政策。

　　李登輝最重要的經濟政策是「產業升級」。臺灣的經濟發展是從傳統的紡織業、塑膠業開始的，逐步發展上游產業如石化工業。李登輝認為，要改善既有產業及發展新產業，使國家有夠多的產業能在薪資、所得及其他成本提高後仍具國際競爭力，並創造夠多更高薪的就業。這是國家繼續經濟發展一定要走的方向。「產業升級」到在國際上具有關鍵性時，可提高臺灣的國際地位，其方向就是積極發展晶圓生產。李登輝

很早就意識到此一產業的重要性，並從政府層面予以鼓勵和扶持——這步棋走對了，締造了臺灣的經濟奇蹟能持續且升級的美好願景。

一九八〇年，臺灣第一家積體電路製造商「聯華電子」成立，首創政府研發機構技轉民間企業模式。一九八七年，臺積電成立。一九八八年，李登輝接任大位時，整個IC產業正要往中、上游的製造與設計發展。劉泰英對此有生動的回憶：一九八七年，當張忠謀的IC晶片在工研院研發成功之際，劉泰英向李登輝解釋，臺灣正好要面臨工業升級，恐怕要冒一點險，幫助其成立公司。李登輝當場說：「Go ahead.」，這才有今天的臺積電。當初，臺積電面臨好幾次要倒閉的狀況，都是李登輝指示，投入開發基金，幾次把它救回來。「在晶圓代工製造資本支出龐大，初期業務不穩定的狀態下，若沒有國家政策性投資的挹注，加上國內科技人才的支撐，絕無今日之局面。」

李登輝十分重視高科技產業發展，政府分別在一九八八、一九九〇年陸續推動「微電子技術發展四年計畫」與「次微米製程技術發展五年計畫」，讓臺灣正式進入八吋晶圓時代。一九九四年，更衍生出第一家具研發與量產DRAM實力的「世界先進」公司。一九九六年，政府持續推動「深次微米製程技術發展五年計畫」，研發十二吋晶圓微米製程技術。

另一方面，在李登輝主政期間，隨著民主化與自由化進展，政府在高科技產業扮演的角色，也從主導者、贊助者，甚至夥伴關係淡出。李登輝認為，就長期言，健全股市讓民間豐沛資金投入科技產業，遠比租稅優惠措施重要，他曾公開表示，他自己用儲蓄購買了某指標性科技公司的股票，目的即在鼓勵民間資金投入。

不只臺積電，包括聯電、宏碁，都是李登輝執政時創造出來並迅速成長的，半導體變成臺灣主流產業也是世界級產業。半導體這一尖端科技產業的發展，與臺灣的民主化進程幾乎同步，這絕非偶然的巧合。此類尖端科技產業，幾乎全都在民主國家誕生和茁壯成長。蘇聯和中國曾以舉國之力發展軍工和航天工業，卻在資訊時代的技術競爭中敗下陣

來，這是因爲專制獨裁制度壓抑創新思想和科技發明。臺灣的民主化，成爲半導體產業蓬勃發展的溫床，而半導體產業的發展，又爲民主臺灣樹立起一道保護牆。

更重要的是，李登輝在反對聲中將臺積電等高科技根留臺灣，讓臺灣在全球供應鏈之中保有關鍵地位。張忠謀曾談到一九九七年他跟李登輝講跳電問題。李登輝拍了一下桌子說：「假如政府還是不能夠供應給你可靠的電源，那我們這個政府要來幹什麼。」張忠謀表示他非常敬佩這種態度。當時，李登輝竭盡所能爲臺積電等企業提供服務，他曾表示，臺灣的晶圓代工廠能晚一天去大陸，就晚一天，這樣對臺灣來說才是好事。多年後，財經專家謝金河曝光李登輝的親筆手稿，標題寫著「物聯網IOT」與臺灣產業，透露了李登輝對於臺灣產業的遠見，不只提到半導體產業，連IOT物聯網也在其規劃中，將IOT視爲第四次產業革命。

當初，臺積電與聯電在臺灣的晶圓產業中雙峰並立。前者在李登輝的壓力下留在臺灣，後者則偷跑到中國投資，二十年後，兩者的發展軌跡迥異。

一九九〇年代，曹興誠主導的聯電產生前往中國生產的想法。聯電總經理宣明智帶團到中國，在蘇州投資和艦，陷入訴訟案。曹興誠放棄中華民國國籍、成爲新加坡公民，以此規避李登輝的政策限制。之後，馬英九政府開放八吋晶圓廠登陸大陸，和艦合法併入聯電。二〇一四年，聯電在廈門設廠，從動工到量產只花了二十個月。卻沒想到，開工後，由於高昂折舊費用，二〇一八年虧損新臺幣一百一十七億。一度因在中國投資而成爲統派，主張「統一公投」的曹興誠，因在中國投資失敗和眼睜睜看著中共將香港摧毀，痛定思痛，發文〈保衛中華民國，需要兩國論〉，稱保衛中華民國需要李登輝的「兩國論」：「自一九九九年『兩國論』提出至今，中共從不敢越臺海雷池一步」。這是對李登輝遺產的肯定。這位曾對李登輝口誅筆伐的企業家，如今對李登輝心悅誠服。

與聯電相比，臺積電留在臺灣，並非創辦人張忠謀的主動選擇。張忠謀曾多次在公開場合批評李登輝政府限制投資中國的政策，說這一政策讓臺積電無法順利西進中國：「這更誇張，政府說這是為了你好，必須戒急用忍，不然你就會賠錢。」二○○○年十一月二十八日，宏碁集團董事長施振榮聯合張忠謀，在「新經濟時代中如何創造企業價值」研討會上對政府呼籲，政府對高科技產業赴中國發展不能再設限。隔年一月二十九日，張忠謀在「企業全球化經營策略研討會」上，嚴厲批判說，就算政府是基於國家安全考量而干預廠商投資，但這種不當干預企業決策的作法，會對企業營運造成後遺症，最後將會損及國家經濟發展，也不利國安。但在李登輝的堅持下，張忠謀只好選擇配合政府政策，將關鍵技術根留臺灣。

二十多年之後，臺積電的這一被動之舉創造了其研發和經營的傳奇成就。二○二二年一月十七日，臺積電在股市創下天價。謝金河表示：「臺積電又往前踏出新一步，是臺股最穩定人心的磐石」。財經專家王百祿在《臺積電為什麼神？》一書中指出，臺積電市場占有率超過整體產業的百分之五十，掌握全球各技術密集產業，電腦、電子、通訊網路、精密機械、汽車、航太、國防、智慧家電等動脈，是所有這些產業的核心組件的主要關鍵供應中心。臺積電就像中央山脈由北到南延伸鎮守臺灣，帶動全臺灣半導體上、下游產業一片蓬勃發展的空前榮景。

臺積電留在臺灣，已不單單是經濟安全問題，更具有政治安全和國家安全的高度。臺積電董事長劉德音接受美國CNN專訪，罕見地談及臺灣的地緣政治。主持人問及若中國武力犯臺，是否將對臺積電造成衝擊時，他表示：「沒有國家能用武力控制臺積電。」他解釋說，半導體是複雜且精細的產業：「從原料、化學產品、設備零件、工程軟體與檢測等，都需要和歐洲、日本、美國等同步合作。」假使中國運用武力奪取，臺積電將無法正常運行。言下之意是，中國不可能奪取臺積電後，自己關起門來生產。對此，臺經院產經資料庫總監劉佩眞分析說，以臺積電三奈米來說，下半年量產後市占率可能達百分之九十八，加上臺積

電客戶廣布世界，若眞發生戰爭，高度全球化的供應鏈將陷入一片混亂。臺積電的停擺，對世界各地都將造成衝擊。劉德音指出，臺積電能創造晶片奇蹟的原因來自於教育制度以及員工的努力，是臺灣軟實力的典型代表。他希望臺灣不再因臺海關係而被歧視：「臺灣是充滿活力的社會，希望能爲全世界的創新提供動能。」他再三強調，臺灣是「一個和平的小島」，希望藉由呼籲，引起各方更加了解「中國犯臺、各方皆輸」的情況。

臺積電的重要性，全世界都看得清清楚楚。美國學者克里斯·米勒在《晶片戰爭》一書中指出，全球的晶片業，以及晶片促成的所有電子品組裝，對臺灣海峽的依賴程度，超過了美國矽谷以外的所有其他地區。如果中共武力侵犯臺灣，在此一產業造成的損害將是上兆美元計算，每年損失百分之三十七以上的運算力產出，其代價超過中國病毒肆虐及封城造成的全球經濟損害。中共當然夢寐以求將臺積電納爲己有，但他分析說，中國軍隊入侵並直接占領臺積電的設施是不切實際的想法：「他們很快就會發現，關鍵材料以及機臺的軟件更新，都必須從美國、日本和其他國家取得。此外，如果中國眞的入侵臺灣，也不太可能把臺積電的所有員工都抓起來。要是中國眞的那樣做，只要有一些憤怒的工程師反抗，就足以破壞整個行動。」要奪走全球最複雜的工廠，裡面又充滿爆炸性氣體、危險化學品、全球最精密的機器，那是幾乎不可能的事。

學者吳聰敏在《臺灣經濟四百年》一書中指出：「臺灣與美國關係友好，因此臺積電的晶圓技術超越英特爾，雖非美國所樂見，但這對於美國並不構成國防上的威脅。但是，在美中關係緊張的情況下，美國要確認臺積電的尖端製程技術不會流入中國，也不會同意中國所主張的『臺灣是中國的一部分』的政策。臺灣一旦被中國併吞，中國即擁有臺積電的先進製程技術，可以拒絕爲國外的IC設計公司製造高階晶片，這對於美國或者歐洲國家都是莫大的威脅。一九八七年臺積電成立時，政府的目標是要從勞動密集的封裝與測試，升級到資本與技術密集的

IC製造。經過三十年的努力，臺灣已有相當完整的從上游到下游的IC產業鏈，也是製造業最重要的一環。除了提升產業與經濟成長之外，臺積電的成功還具有國防上的作用，這應該是出乎所有人的意料之外。」

　　川普政府翻轉了中國利用「紅色供應鏈」鎖定西方的格局。近年來，美國政府已通過《晶片與科學法案》，爲了圍堵中國，將補助晶片製造業達逾五百億美元，還限制接受補助的廠商未來十年不得在中國拓增二十八奈米或更先進的製程的產能。換言之，該領域的每一個廠商都必須在美中之間選邊站。於是，臺積電投入巨資在美國設立工廠，即表明臺積電及臺灣選擇跟美國站在一邊。一九九〇年代，美國學者艾迪森曾說臺灣的資訊與通信科技產業形成可抵禦侵略的「矽盾」；如今，臺積電被稱爲「護國神山」。曾任臺中市長和交通部長的林佳龍評論說，臺灣過去是「角落生物」，必須獨立奮戰，現在全世界都重視臺灣，臺灣成了中國崛起或美中角力（G2供應鏈競爭）中間的砝碼，扮演關鍵角色，是因爲李登輝打下的基礎。

　　臺積電成爲「護國神山」，與其說是張忠謀的成功，不如說是李登輝的成功。財經專家徐嶔煌指出：「李登輝其實是擋住了臺積電，讓臺積電先不要去，當時如果臺灣的人才這麼快就把技術帶到中國去的話，今日臺灣的半導體跟臺積電的盛況可能就要打個折扣。」律師林智群表示，沒有李登輝的苦心經營、軟硬兼施，阻止臺灣核心產業過去中國，臺積電不會留在臺灣，中國現在早就可以建立成熟的半導體供應鏈，現在不會每個月捧一堆錢跟臺灣買晶片。如果當年臺積電過去了，臺灣整個半導體產業會被掏空，沒有臺積電，現在股市不可能上一萬兩千點，所以他感嘆說：「知道李登輝下棋看多遠了嗎？」

「戒急用忍」政策，是與「紅色生產鏈」脫鈎的先聲

　　臺灣學者龔明鑫指出，如果說李登輝在政治上留給臺灣「民主」，

那麼經濟上，他在面對中國崛起及磁吸效應下，爲臺灣留下跳脫中國框架的「香火」。

一九八〇年代中期後，臺灣原有的勞動密集型產業和經濟發展模式遇到瓶頸：臺幣升值、工資上漲以及環保要求提升。而此時中國開始改革開放，臺灣企業界和商界便萌生了將產業轉移到中國的想法。相對於其他外商來說，在中國做生意的臺商擁有文化及語言優勢，中國各級政府也大打溫情牌。中共血腥鎮壓天安門學運後，遭到西方國家嚴厲制裁（儘管制裁只持續短短數年），臺商（還有港商）利用這個千載難逢的機會，迅速西進，占領中國龐大的市場。一九九〇年代初，臺灣赴中國投資及雙邊貿易日益增加，兩岸經貿關係日益緊密。

一九九〇年代初，李登輝因應臺塑在中國大規模投資的「海滄計畫」，下達「三大通牒」：若臺塑與中國簽訂「海滄計畫的協議」，政府將停止臺塑股票交易、下令相關銀行凍結臺塑集團資金、與限制臺塑集團高層主管出境等三大禁令。臺塑企業爲求生存，只得忍痛放棄投資，於廈門投資的「海滄計畫」以失敗告終。臺塑集團創辦人王永慶嚴詞批評說，「政府有些想法相當沒有邏輯，這會導致臺商未來沒有競爭力可言」。

到中國投資設廠的潮流與力道有多大，從一件事情上即可得到證明：一九九五年一月，李登輝聽取報告後，同意行政院推動「亞太運營中心」。該政策是要將一些國際企業設在香港的亞太營運中心或區域總部吸引來臺，這些企業擔心香港九七之後會失去法治和自由。因此，該政策是推動臺灣自由化以強化臺灣與亞太各國的經貿關係，並壯大臺灣的經濟體制，以更大的範圍及格局來稀釋兩岸經濟依賴。然而，有些政客和商人卻發揮說，可以藉中國做腹地，讓臺灣成爲亞太中心──雖名爲「亞太」，其實是「兩岸」。一個源自國際對中國不信任的政策，竟被扭曲成要臺灣更依附中國的政策！可見中國是一個多大的磁鐵和肥肉。一九九六年八月十四日，李登輝在國民大會答覆國大代表國是建言時指出，「以中國大陸爲腹地建設亞太營運中心的論調必須加以檢

討」。他公開導正，認為此政策會有臺商途徑依賴問題，會讓兩岸產生不正常的政商關係。他已然意識到臺灣資本過度投資中國、造成臺灣產業空洞化和國安危機，此事成為「戒急用忍」政策的序幕。

一九九六年九月十四日，李登輝在「全國經營者大會」上發表演講，第一次用「戒急用忍」一詞描述臺灣對中國應有之經濟政策。因對主辦人高清愿大舉投資中國不滿，李登輝本不欲去，後改變主意，出席前晚通知祕書蘇志誠擬稿，蘇志誠回家連夜趕稿，根據老闆的談話，拿起書桌上的成語參考書，抄了「戒急用忍」四個字進文章中。因為倉促完成，沒有考證出處。「戒急用忍」，原文是「用忍戒急」，一說是康熙親筆寫給雍正，亦或佛家有言，「浮生如茶，破執如蓮，戒急用忍，方能行穩致遠」。「戒急用忍」最重要的內涵是，臺灣在經濟、政治、特別是兩岸的未來發展上，若有違背以臺灣為主體生存的戰略思維情況，請大家不要急、忍下來。這四個字被認為是政府對於企業急切西進的態度畫下紅線、對赴中熱潮潑了一盆冷水。

之後，李登輝明確界定：「高科技、五千萬美金以上、基礎建設」三種投資應對大陸「戒急用忍」，以免臺灣喪失研發優勢以及資金過度失血。一九九○年代臺灣企業紛紛西進投資、兩岸經貿熱絡之際，李登輝採取「戒急用忍」的主張，震撼兩岸政經圈，引發企業界相當大的反彈，也被視為兩岸經貿關係的重大轉折。

臺灣自一九九一年開放到中國投資，當時投資中國的金額占對外投資金額比重只有百分之九點五，一九九二年上升到百分之二十七，一九九三年更攀升到百分之六十五。一九九六年開始「戒急用忍」，投資中國的比重下降到百分之三十六，一九九九年下降到百分之二十七。

但是，在中國經濟高速發展、產生巨大的吸金效應的大背景下，「戒急用忍」政策備受質疑和反對，臺灣的商人和資本家想盡辦法予以規避，大量資金仍流向中國。「戒急用忍」並未成為事實，事實上越戒越西進。王永慶、許文龍、張榮發等人早就在中國有盤根錯節的生意，

戒都戒不了。即便在政治上傾向臺獨和反中的民進黨，在陳水扁時代也放棄了「戒急用忍」政策。二〇〇〇年任民進黨黨主席的許信良主張「大膽西進」，民進黨在經由辯論後產生「強本西進」政策。「大膽西進」派認為臺商大舉西進後，可在中國發揮相當影響力，進而成為臺灣的保障。「戒急用忍」派則認為依賴大陸勞力與市場會妨礙臺灣的自主性與多重安全，而且臺商反而很容易成為中共在臺灣的代言人。後者更符合事實，但前者占了上風。

馬英九上臺後，更是對中國洞開國門。二〇一〇年，臺灣投資中國的金額占對外投資金額比重增加到百分之八十四 —— 這是臺灣對中國投資的最高峰。

蔡英文執政之後，特別是美中關係劇變後，臺灣重新回到「戒急用忍」政策。二〇一九年，臺灣對中國投資下降到對外投資的百分之三十八。

二〇〇三年，李登輝在凱達格蘭學校演講時提及：「一九九六年九月本人做出『戒急用忍』的決策，也是兩岸研究小組經過審慎的研究、評估，才提出的建議。當時，早就預料一定會招致統派學者、媒體和若干生意人的強力反彈與撻伐。但若屈服在壓力之下，不做出果斷的決定，試想，臺灣的產業和經濟，若當時毫不設防，經過大陸磁吸效應的衝擊，今天會產生什麼樣的後果？」二〇〇七年一月二十九日，李登輝接受《壹週刊》專訪時表示，經濟原本就雙向，民進黨卻把它變成單向，「整個臺灣像一桶水，水一直流出去、沒有回來，老百姓怎麼生活？」他同時批評民進黨：「政策變來變去，積極開放又變積極管理，簡直豈有此理！」歷史證明，李登輝是對的；陳水扁是錯的。

李登輝卸任二十多年後，在中美貿易戰及中國再度閉關鎖國的衝擊之下，西方大國逐漸與中國脫鉤，採取類似李登輝「戒急用忍」之戰略，以減少對紅色供應鏈的依賴及極權政體對民主國家的威脅。學者龔明鑫認為，應當以「非紅色供應鏈」來對抗「紅色供應鏈」。過去美國下單、臺灣代工、中國生產，再賣到美國的「大一統供應鏈」將會裂

解，未來如果要將產品賣到美國，尤其是資訊及有資安因素的網通產品，將會運用到臺灣及東南亞生產的產品。臺灣的產業政策不再強調「與中國的兩岸關係」，論述的角度也不再膠著於「與中國走向世界」或「由世界走向中國」，而是在全球供應鏈重組或轉移之際，臺灣可以在「非紅色供應鏈」裡扮演關鍵性角色，臺灣的全球化再也不需要用「亞太」或「兩岸」來包裝對中國的依賴，而是真正以臺灣和世界互動。

二〇一六年，是臺灣走出依賴中國，跳脫「中國製造二〇二五」的關鍵年。臺灣的決策者和有識之士重新思考和激活李登輝的「戒急用忍」政策，透過連結未來、連結在地、連結國際擺脫中國糾纏與束縛，因為在這新模式裡不需要，也沒有中國的角色。比新加坡更早地脫離「紅色供應鏈」的臺灣，也必定能將臺灣奇蹟維持和升級得比新加坡奇蹟更長久、更絢爛。

在此一歷史時刻，李登輝的遠見卓識、高屋建瓴，被映照得熠熠生輝。正如陳博志所指出的那樣：「如今臺灣在中國病毒疫情下經濟逆勢成長，可歸功於二十年前的超前部署。當年不支持李總統政策甚至妄加批評的國家和人士，都欠李總統一個道歉。」

二〇一三年十二月十一日，李登輝在一篇題為〈全球化虛擬現時下的臺灣〉的演講中指出，在「後金融海嘯時期」，臺灣經濟該何去何從？臺灣奇蹟如何持續乃至更上層樓？他認為，首先要做的是：修正「全球化」與「自由化」的經濟理論，再來就是以「經濟安全」與「永續發展」作為臺灣經濟發展的兩大核心目標。他是最早對「反民主的全球化」或「中國化的全球化」做出深刻反思的前領導人之一。

李登輝指出，國際方面，過去三十年在主流經濟學的鼓吹下，各國認為「全球化」之下的經濟整合與對外開放，可以提升資源配置效率，卻忽略了自由市場理論本身的缺陷，以及「全球化」之下，風險管理的難度，與規範管制的必要性。國際貿易與對外投資自由放任的結果，使得許多國家製造業的工作機會大量流向中國，讓中國躍升為「世界工

廠」，這些國家的產業因此被掏空。國內方面，臺灣在參與「全球化」的潮流，逐漸形成「臺灣接單，海外（中國）生產」的模式，這個模式對臺灣經濟產生多重的不利影響：首先，是臺商大規模雇用中國勞工取代原在臺灣工作的勞工，以致國內工作難找與薪資不漲；其次，是對國內投資與創新產生「排擠效應」；第三，臺商超額投資中國，對國內工業基地與產業鏈的完整性所造成「毀滅性破壞」；第四，對國內消費力量的傷害。由此，他強調說，臺灣身爲小型開放的經濟體，雖沒有能力主導或改變國際經濟的遊戲規則，但國家領導人要有堅定的發展主體意識，否則，臺灣在全球經濟的汪洋大海中，就會淪爲漂流木，無方向的航行，無動力的漂泊，讓臺灣的民衆對未來不再有希望，面對不確定性充滿恐懼與不安。

最後，李登輝的結論是：當務之急就是以國家經濟安全的概念，打造臺灣成爲一艘安全又有續航力的「諾亞方舟」，而不是一昧地追求數字的成長，就像「鐵達尼號」爲求快而忽略了結構的安全，結果一撞到冰山就沉沒了。經濟發展不能只強調自由開放而忽略國家經濟安全，不能只重視出口而忽略農業與能源自主的重要性。「過去，我們對於自由市場有太多的迷思，把許多屬於國家的責任丟給市場解決，未來，政府應該積極保障全球化下人民維持基本生活的權利，恢復人民對市場經濟的信任，讓這艘船上所有乘員體認到生命共同體的眞實。唯有如此，臺灣社會才能重新找回國家的榮耀感，到達我們的命運之地。」

李登輝的思想，是臺灣的政治經濟政策的「定海神針」。雖然目前臺灣的「人均GDP」只有新加坡的一半，但臺灣若能堅持正確原則的方向，在未來二、三十年，必定能夠超越新加坡。臺灣奇蹟比新加坡奇蹟更經得起歷史的考驗。那麼，在全球範圍，人們對李登輝的評價將越來越高；而對李光耀的評價將越來越低。

李登輝與李光耀的競爭，在他們去世後仍然沒有結束。他們的歷史定位，將在一個更寬廣的歷史視野中加以確立。

參考書目

因篇幅所限，本書不加注釋，僅列出參考書目，供有需要之讀者深入研究

李登輝部分

李登輝，《見證臺灣：蔣經國總統與我》，允晨文化，2004。

李登輝，《新臺灣的主張》，遠足文化，2020。

李登輝，《餘生：我的生命之旅與臺灣民主之路》，大都會文化，2022。

李登輝，《臺灣要到哪裡去？》，遠流，2013。

李登輝，《經營大臺灣》，遠流，1996。

李登輝，《為主作見證：李登輝的信仰告白》，遠流，2013。

李登輝，《「武士道」解題》，前衛，2004。

張憲炎主編，《李登輝總統訪談錄》，國史館，2008。

任育德、李福鐘、李鎧揚、林孝庭、林果顯、洪紹洋、許瑞浩、連克、陳世宏，《李登輝先生大事長編》，國史館，2023。

郭壽旺，《華府智庫對美國臺海兩岸政策制定之影響——對李登輝總統九五年訪美案例之研究》，秀威資訊，2006。

葉柏祥，《李登輝人生攻略書》，費邊社，2020。

汪浩，《借殼上市：蔣介石與中華民國臺灣的形塑》，八旗文化，2020。

汪浩，《意外的國父：蔣介石、蔣經國、李登輝與現代臺灣》，八旗文化，2017。

林孝庭，《台海・冷戰・蔣介石》，聯經，2015。

林孝庭，《意外的國度：蔣介石、美國與近代臺灣的形塑》，遠足文化，2016。

黃文雄，《哲人政治家李登輝之「我」》，前衛，2011。

鄒景雯，《李登輝執政告白實錄》，印刻，2001。

徐宗懋，《關於李登輝同志的若干歷史問題》，時英，2004。

財團法人李登輝基金會，《生命之旅：李前總統2012-2015臺灣深度訪察實錄暨言論集》，允晨文化，2016。

董思齊主編，《李登輝學與李登輝：民主臺灣的時代精神、歷史意識與政治領導》，釀出版，2021。

河崎真澄，《李登輝祕錄》，前衛，2021。

汪昊崙、陳慧萍，《永遠的農業人：李登輝與臺灣農業》，豐年社，2022。

若林正丈，《戰後臺灣政治史：中華民國臺灣化的歷程》，臺大出版中心，2014。

小笠原欣幸，《臺灣總統選舉》，大家出版，2021。

方鵬程採訪整理，宋楚瑜口述歷史，《從威權邁向開放民主：臺灣民主化關鍵歷程1988-1993》，商周出版，2019。

陳柔縉，《總統的親戚》，麥田出版，2022。

莊芳華，《解構李登輝》，前衛，1995。

張慧英，《超級外交官李登輝和他的務實外交》，時報出版，1996。

李靜宜，《近寫李登輝》，遠流，2001。

李靜宜，《漫長的告別》，東美，2020。

國史館編，《李登輝與臺灣民主化學術討論會論文集》，國史館，2022。

蘇佳善，《非暴力抗爭：1977-2019臺灣社會運動》，獨立作家，2022。

湯錦台，《千年客家》，如果，2014。

王輝生（大田一博），《李登輝訪日秘聞》，前衛，2020。

上坂冬子，《虎口的總統：李登輝與曾文惠》，先覺出版，2001。

斯迪芬‧海哥德、羅伯特‧R‧考夫曼，《民主化轉型的政治經濟分析》，社會科學文獻出版社，2008。

梅森直之，《日本早期社會主義思想史》，上海譯文出版社，2022。

春山出版編輯部，《李登輝100年專輯》，春山，2023。

吳聰敏，《臺灣經濟四百年》，春山，2023。

陳儀深等訪問，《李登輝總統僚屬故舊訪談錄》，國史館，2023。

郝明義，《臺灣的未來在海洋：探索新時代的挑戰與希望》，網路與書出版，2023。

克里斯‧米勒，《晶片戰爭》，天下雜誌，2023。

松田康博，《台灣一黨獨裁體制的建立》，政大出版社，2019。

李光耀部分

李光耀，《李光耀回憶錄》，世界書局，1998。

李光耀，《李光耀回憶錄：新加坡雙語之路》，聯經，2021。

李光耀，《李光耀觀天下》，天下文化，2014。

李光耀，《李光耀談治國、管理和人生》，上海譯文出版社，2018。

艾利森，《李光耀：論中國與世界》，中信出版社，2013。

韓福光、朱萊德、蔡美芬、林惠敏、劉意慶，《李光耀：新加坡賴以生存的硬道理》，大地，2013。

葉添博、林耀輝、梁榮錦，《白衣人：人民行動黨執政史》，季風帶，2022。

哈・弗・皮爾遜，《新加坡史》，福建人民出版社，1972。

陳烈甫，《李光耀治下的新加坡》，臺灣商務，1985。

顧長永，《新加坡蛻變的四十年》，五南，2006。

顧長永，《東南亞各國政府與政治，持續與變遷》，臺灣商務印書館，2013。

梁展嘉，《幹嘛羨慕新加坡？》，聯經，2015。

韓福光、華仁、陳澄子，《李光耀治國之鑰》，天下文化，1999。

白勝輝，《吳作棟傳》，天下文化，2019。

湯姆・普雷特，《李光耀：是狐狸？還是刺蝟？》，聯經，2011。

李慧敏，《新加坡，原來如此》，聯經，2015。

陳加昌，《超越島國思維》，天下文化，2016。

艾利森、布萊克維爾、韋恩，《去問李光耀》，時報出版，2013。

約翰・培瑞，《新加坡的非典型崛起》，八旗文化，2020。

陳鴻瑜，《新加坡史》，臺灣商務印書館，2011。

張優遠，《不平等的樣貌》，聯經，2021。

施仁喬、劉浩典，《威權政治之困境：新加坡未來政治想像》，季風帶，2021。

黃庭康，《比較霸權：戰後新加坡及香港的華文學校政治，群學，2008。

郭慧英，《帝國之間，民國之外：英屬香港與新加坡華人的經濟策略》，季風帶，2021。

喬西・拉賈，《依法治國：新加坡國家威權法治史》，季風帶，2021。

陳思賢，《習近平模式：城邦國家建構簡史》，季風帶，2021。

謝裕民，《不確定的國家：李光耀與新加坡》，時報出版，2023。

新加坡國家檔案館，《李光耀執政方略》，人民出版社，2015。

陳國強，《李光耀傳：一個人和一個時代》，人民日報出版社，2015。

周清海，《君子之交──憶李光耀先生》，中國對外翻譯出版公司，2022。

楊振寧等，《學者談李光耀》，八方，2015。

魏煒，《李光耀時代的新加坡外交研究（1965-1990）》，中國社會科學出版社，2007。

藍嘉祥，《小國新加坡的生存與發展：以新古典現實主義研究新加坡的對外關係》，蘭臺網路，2022。

蔡裕林，《新加坡模式：挑戰與應變》，八方，2017。

呂元禮、劉歆、劉宇紅、曾圍俐，《問政李光耀：新加坡如何有效治理？》，天津人民出版社，2015。

約西‧拉賈，《威權式法治：新加坡的立法、話語與正當性》，浙江大學出版社，2019。

盧正濤，《新加坡威權政治研究》，南京大學出版社，2007。

李志東，《新加坡國家認同研究》，中國人民大學出版社，2014。

吳元華，《新加坡良治之道》，中國社會科學出版社，2014。

林金聖，《新加坡特色的選舉制度：人民行動黨每選必勝的奧秘》，民主與建設出版社，2015。

陳玲玲，《新加坡的政黨政治：在野黨的參政議政空間》，湖南人民出版社，2016。

唐睿，《體制性吸納與東亞國家政治轉型──韓國、新加坡和菲律賓的比較分析》，中央編譯出版社，2014。

孫景峰，《新加坡人民行動黨執政形態研究》，人民出版社，2005。

國家圖書館出版品預行編目(CIP)資料

小國巨人：李登輝與李光耀／余杰著.--初
版.--臺北市：五南圖書出版股份有限公司,
2024.06
面；　公分
ISBN 978-626-393-198-5(平裝)

1.領袖　2.世界傳記

781.057　　　　　　　　113003747

1WBC

小國巨人：李登輝與李光耀

作　　者 — 余　杰

系列主編 — 丘為君

發 行 人 — 楊榮川

總 經 理 — 楊士清

總 編 輯 — 楊秀麗

副總編輯 — 黃惠娟

責任編輯 — 魯曉玟

封面設計 — 韓衣非

出 版 者 — 五南圖書出版股份有限公司

地　　址：106台北市大安區和平東路二段339號4樓

電　　話：(02)2705-5066　　傳　真：(02)2706-6100

網　　址：https://www.wunan.com.tw

電子郵件：wunan@wunan.com.tw

劃撥帳號：01068953

戶　　名：五南圖書出版股份有限公司

法律顧問　林勝安律師

出版日期　2024年6月初版一刷

定　　價　新臺幣400元

經典永恆・名著常在

五十週年的獻禮——經典名著文庫

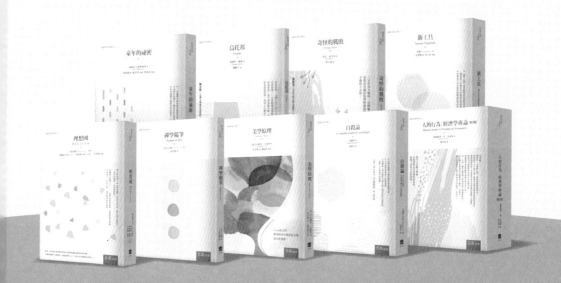

五南，五十年了，半個世紀，人生旅程的一大半，走過來了。

思索著，邁向百年的未來歷程，能為知識界、文化學術界作些什麼？

在速食文化的生態下，有什麼值得讓人雋永品味的？

歷代經典・當今名著，經過時間的洗禮，千錘百鍊，流傳至今，光芒耀人；

不僅使我們能領悟前人的智慧，同時也增深加廣我們思考的深度與視野。

我們決心投入巨資，有計畫的系統梳選，成立「經典名著文庫」，

希望收入古今中外思想性的、充滿睿智與獨見的經典、名著。

這是一項理想性的、永續性的巨大出版工程。

不在意讀者的眾寡，只考慮它的學術價值，力求完整展現先哲思想的軌跡；

為知識界開啟一片智慧之窗，營造一座百花綻放的世界文明公園，

任君遨遊、取菁吸蜜、嘉惠學子！